성보 내 운명학 백서 3

술술 풀리는
사주명리 입문
신강사주, 신약사주, 합과 형충파해

晟甫 안종선 지음

중앙생활사

❖ 들어가는 글 ❖

명리학(命理學)은 수많은 운명학(運命學) 중 하나다. 따라서 명리학이 운명학을 대변할 수는 없다. 그러나 우리에게 가장 많이 알려진 운명학이 명리학이라는 점에는 의심할 여지가 없다. 명리학은 달리 사주학(四柱學)이라 한다. 기둥이 네 개이니 사주(四柱)라는 말을 쓴다. 명리학, 사주학, 사주팔자(四柱八字), 추명학(推命學, 追命學)이 모두 의미가 같다.

명리학을 공부하기는 쉽지 않다. 흔히 말하기를 초급은 어떻고 중급은 어떻고 고급은 어떻다고 한다. 처음 배우는 사람에게는 그다지 의미 없는 이야기다. 어찌 생각하면 초급이나 중급이나 고급도 의미가 없다. 배우려면 모두 배워야 하기 때문이다.

사주 공부는 어려운 공부임이 틀림없지만 조금이라도 쉽게 배우는 방법이 있을 것이다. 쉬운 것을 배우고 점차 어려운 것을 배워야 한다. 그러나 그 순서도 사실은 모호하다. 무엇부터 배워야 할지도 모호하다. 그렇다면 사주학을 공부할 때 가장 중요한 각론(各論)을 중심으로 생각할 필요가 있다.

무엇을 먼저 배울 것인가. 아니, 무엇을 먼저 이해할 것인가?

가장 중요한 이치는 오행론(五行論)이라고 생각한다. 물론 오행이 동양학의 시작이자 끝이라는 말이 있기는 하다. 많은 사람이 명리를 배울 때 오행으로 시작해서 오행으로 끝난다는 말을 한다.

오행은 모든 상황에 적용된다. 명리도 마찬가지다. 천간(天干)을 이루는 열 개 글자는 물론이고 지지(地支)를 이루는 열두 글자가 오행을 나타낸다. 이 오행이 천간지지에 배정되어 어떻게 작용하는지 기본적인 개념을 명확하고 폭넓게 이해해야 올바른 이해가 가능하다. 마음이 급하여 앞서 나가면 결국 다시 돌아와 공부해야 한다. 또한 이 오행은 바탕이며 실전에서 바로 쓰이는 재료이다. 이론적으로 공부하지만 사용하지 않는 이치나 덕목이 아니다. 바로 사용하고 분석하는 기본 이치가 오행론이다.

사람들이 무시하는 이론 중에는 합(合)과 형충파해(刑冲破害)가 있다. 물론 누구나 이 합과 형충파해를 중요하게 다룬다. 사실 처음 명리를 배울 때 이 합과 형충파해는 귀가 아프게 듣는다. 즉 현상은 이 합과 형충파해에서 일어나기 때문이다. 그러나 다른 고급 이론을 배우면 때로 이 합과 형충파해를 무시하거나 잊어버리는 경우가 생긴다. 어쩌면 이는 매우 큰 실수가 아닌가 생각된다.

음양오행을 바탕으로 한 천간지지 각각의 글자를 인식해야 한다. 이 글자가 어우러져 생극제화(生剋除禍)를 이루는 과정과 이치를 분석해야 한다. 그 후 합의 작용을 파악하고 형충파해를 확연하게 이해하고 적용해야 한다. 그러나 많은 술사가 합과 형충은 적용하지만 파해는 무시하거나 슬쩍 쳐다보고 지나간다.

사주는 음식상을 차리는 도구이자 재료이다. 상 위에는 다양한 재료가 있고 그것을 먹는 방법이 있다. 사주를 이루는 8개 글자는 그야말로 상위에 놓여 있는 재료에 불과하다. 이 재료를 버무려 음식을 만들어야 한다. 다양한 식재료가 동원되어 음식을 만들어 나간다. 육친(六親)과 같은 기본적이고도 중요한 요소는 각종 조미료와 같다. 이 음식의 원재료와 조미료를 이용하여 버무리고 무치는 현상은 합과 형충파해이다. 이 과정에서 반드시 참기름 같은 도구가 필요한데 이 도구는 오행이고 음양이다.

명리를 이해하려면 보조 재료가 많이 필요하다. 내 인생은 물론이고 타인의 인생을 들여다보는데 하나의 시선으로 볼 수는 없는 법이다. 경험이 필요하고 학문이 필요하며 요령도 필요하다. 이를 적용하는 방법은 다양하다. 천간을 논하면서 갑(甲)에서 계(癸)까지 살피는 방법으로 하나의 방법만 고집할 수는 없다. 아주 다양한 시선이 필요한데 십간론(十干論), 물상론(物象論), 허자론(虛字論)과 같은 상론(相論)의 개념을 이해해야만 한다. 또한 음양과 오행, 기후와 일주만의 작용을 살필 줄 알아야 한다.

그뿐 아니다. 지지를 논하지만 자(子)에서 해(亥)까지에서 장소성, 시간성, 방향성은 물론이고 자의론(字意論)도 인식해야 한다. 그 뿌리를 통해 열매를 맺기까지 결과를 논하는 근묘화실론(根苗花實論)은 물론이고 궁위론(宮位論)의 개념도 공부해야 한다.

또한 간지(干支)를 이루는 육십갑자의 운동성을 연구하고 개척해야 한다. 명리를 배운다는 사람이 육십갑자의 원리조차 이해하지 못한다면 앵무새에 불과하다. 용신이니 격국이니 하는 말이 어려운 것은 사실이지만 시간이 흐르면서 점차 해결될 것이다. 그것보다 더 어려운 궁성론과 같은 학문이 곧 찾아올 것이다. 무엇보다 중요하지만 가볍게 지나치기 쉬운 지합, 삼합, 방합의 이치를 정확하게 알지 못하면 깊은 공부는 도로아미타불이다. 기초가 부실하면 고급 단계로 진입하기는 요원하기만 하다.

무엇이든 시작이 중요하다. 가장 기초적인 것부터 계단을 밟아 올라가면 최고는 아니라 해도 최적은 이룰 수 있을 것이다.

轟轟軒에서 晟甫

들어가는 글 3

1장 신강과 신약

1. 용어와 이론 정리 12
2. 신강과 신약의 통론 41
3. 강약의 계절별 구분 45
4. 신강과 신약의 적용과 분석 49

2장 합과 형충파해

1. 천간합 70
2. 지지합 134
3. 형(刑) 164
4. 충(沖) 223
5. 파(破) 241
6. 해(害) 266
7. 원진(元嗔) 289
8. 합과 형충파해, 원진 조견표 293

참고문헌 296

이 책은 이 시대를 살아간 선배들이 남긴 산물을 정리한다는 마음으로 기술하였고 지금도 현장에서 열심히 연구하는 많은 명리학자의 의견과 임상도 도입하였다.

따라서 과거와 현재의 이론이 모두 적용되어 있으며 가능한 한 임상에 가까운 시스템으로 기술하였다.

이 과정에서 이 책을 이해하는 데 필요한 사항이 발생하였다.

1. POINT : 내용 곳곳에 가장 중요한 요점을 정리하였다.
2. 아차! : 착각하기 쉽거나 일반적 개념에서 오류가 있는 경우를 기술하였다.
3. 앗, 잠깐! : 아주 세세한 내용을 기술하였다.
4. 집중! : 자세하게 보충해야 할 내용을 기술하였다.
5. 성보명리 : 성보가 명리학을 배우며 깨닫거나 꼭 필요한 정의 혹은 생각해야 할 문제들을 정리하였다.

....

한자 병기

1. 한글만 있으면 무슨 뜻인지 이해하기 어려운 단어는 한자를 병기하였다.
2. 처음 나오는 전문용어는 한자를 병기하였다.
3. 같은 음이지만 의미가 다르면 한자를 병기하였다.
4. 의미가 중요한 한자는 반복해서 병기하였다.
5. 같은 한자어가 반복될 때 의미상 헷갈리지 않으면 뒤에는 한자를 넣지 않았다.
6. 한자를 병기하지 않아도 의미를 알 수 있는 한자어는 한자를 넣지 않았다.
7. 두음법칙에 따라야 하지만 명리학에서 통상적으로 쓰는 단어는 그대로 적었다(년주, 년운 등).
8. 여러 가지로 불리는 개념은 한 가지로 통일해서 사용하였다(태세, 해운, 세운, 년운 등).

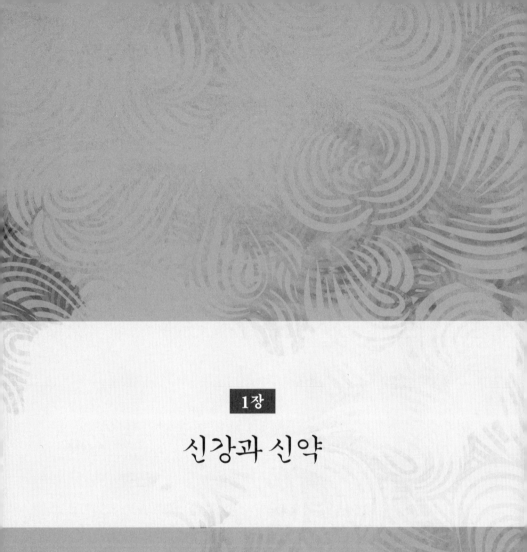

1장

신장과 신약

일반적으로 사주를 분석할 때 신강과 신약을 논하는 것은 대부분 용신을 찾는 바탕으로 삼는 경우다. 그러나 반드시 용신을 찾기 위해서만 신강과 신약을 논하는 것은 아니다. 사주를 펼쳐 4개 기둥과 8개 글자를 살펴 사람의 운명을 판단함에 간지 오행에 육친을 적용하고 상생상극을 적용하여 추명할 때 가장 중요한 것을 용신이라고 했다. 용신은 사주의 조화와 균형을 잡아주는 기능을 하니 가능하면 중화를 지향하는데 사주 풀이에서 열쇠와 같다.

사주를 익히고자 하면 가장 중요한 것이 용신이라고 한다. 야구가 투수놀음이라 하듯이 사주는 용신놀음이라고 해두자. 그런데 용신은 그냥 얻어지는 것이 아니다. 용신을 구하고자 하면 반드시 사주원국의 신강과 신약을 알아야 한다. 신강이라는 말과 신약이라는 말에 공통적으로 쓰이는 신(身)은 일간을 말한다. 즉 신강이란 일간이 강한 것이고 신약이란 일간이 약한 것이다. 그런데 어떻게 일간이 강하고 약하단 말인가?

일간은 혼자 살지 않는다. 우리가 형제나 이웃, 동료와 같이 어울려 살듯 일간도 어울리는 일정한 무리가 있다. 일간이 강하면 신강인데, 이를테면 일간을 돕는 무리가 많으면 신강이 된다. 육친에서 일간을 돕는 비견과 겁재 혹은 편인과 정인이 많으면 일간은 강해지니 신강이 된다. 반대로 일간이 약해진다는 것은 일간을 설기시키는 식신과 상관, 일간의 기운을 소모시키는 정재와 편재, 일간을 극하는 정관과 편관이 많은 것이다.

일간이 강해지려면 여러 조건이 필요하다. 그 조건을 충족하기 위해 가장 먼저 살펴야 하는 것은 일간을 돕는 오행에 해당하는 달에 태어났는지 확인하는 것이다. 일간을 돕는 계절에 태어났거나 일간을 돕는 오행이 일지에 자리하면 신강의 지름길로 가까워지는 것이다.

1. 용어와 이론 정리

모든 학문이 그러하고 이론이 그러하듯 어떤 사실을 인지하려면 학문과 이론에 사용되는 용어를 숙지해야만 한다. 더구나 역사가 오랜 학문이나 이론의 경우는 더욱 많은 전문용어가 등장한다. 연구자들의 각기 다른 환경적 배경과 연구에 따라, 각 지역의 풍습에 따라 같은 상황이나 결과에 다른 용어들이 사용되는 것도 이해를 어렵게 하는 요인이다.

뿌리 깊은 역사나 학문, 설(說), 원전(原典), 이론을 이해하려면 우선 용어를 정리할 필요가 있다. 명리학도 크게 다르지 않아 다양한 전문용어가 등장한다. 이 용어들은 사주를 분석하는 데 반드시 필요하며 상황을 설명하거나 함축적 의미를 내포한다. 사주의 신강과 신약을 파악하려면 가장 먼저 익혀두어야 하는 용어이다.

1) 득령

사주를 분석할 때 가장 먼저 분석하는 것이 일간(日干)이라면, 이 일간의 뿌리를 파악할 때 중요하게 다루어지는 것이 득령(得令)이다. 득령은 월령(月令)을 말하는 것으로 월지(月支)를 얻었다는 뜻이다. 월지를 얻었다는 말은 일간과 같은 오행을 지닌 달에 태어났다는 것이다. 일간이 오행 중 목(木)이라면 월지가 목(木)의 오행에 해당하는 글자이거나 목을 생하는 수(水)의 오행인지 따지는 것이다.

사주를 파악할 때는 반드시 일간을 먼저 파악한다. 일간이 모든 것의 중심이기 때문이다. 득령은 일간과 월지를 비교하는 것이다. 월지는 태어난 달을 말한다. 일간과 같은 오행이 월지에 배치되거나 월지의 오행이 일간을 생하는 경우를 득령이라고 한다. 월지가 일간을 생조(生助)하는 것이니, 즉 비겁(比劫)이나 인성(印星)에 해당하는 월을 만나면 월령(月令)을 얻었다고 해서 득령(得令)이라 한다.

달리 당령(當令)이라고 부르기도 하는 일간은 월지의 힘을 얻는다. 월지가 일간과 같은 오행이나 생하는 오행이면 일주(日柱)가 강왕(强旺)해진다. 이를 신강(身强)이라 칭한다. 달리 말하면 득령은 나와 같은 오행을 월(月)에서 뿌리내린 경우에 해당한다. 아울러 생(生)한다고 하여 일간을 도와주는 오행이 월지에 있다면 더욱 든든한 힘이 될 것이며 이러한 상황을 득령했다고 한다.

나무는 목이다. 목의 오행이 일간이라 가정하자. 이 목이 묘월(卯月)이나 인월(寅月)에 태어나면 자신의 계절에 태어났으므로 득령했다고 하며 그 작용이 큰 것으로 본다.

그 영향력을 판단할 때는 득령을 먼저 살핀다. 득령을 이루고 다른 지지에 나를 도와주는 오행이 하나라도 있는 경우에는 신강이라고 판단할 정도로 중요하다. 흔히 신강과 신약을 정할 때 사주에서 숫자를 세어 강약을 따지는 방법이 있는데, 이 경우에 모든 자리는 하나로 세지만 월지는 둘의 개념으로 계산한다.

갑을(甲乙)의 오행은 목(木)이다. 이 목의 오행을 지닌 갑을이 일간이라면 월지에 비겁으로 오행이 같은 인묘목(寅卯木)이 자리하거나 목의 오행을 생하는 수의 오행인 해자수(亥子水)가 월지를 차지하면 득령했다고 한다.

갑을(木)일간의 득령								
	시	일	월	년		시	일	월	년
천간		甲,乙			천간		甲,乙		
지지			寅,卯		지지				亥,子	

목의 오행인 갑을이 일간이면 월지에 목의 오행인 인묘목이 오면 득령이다.

목의 오행인 갑을이 일간이면 월지에 목을 생하는 수의 오행인 해자수가 오면 득령이다.

병정(丙丁)의 오행은 화(火)이다. 이 화의 오행을 지닌 병정이 일간이라면 월지에 비겁으로 오행이 같은 사오화(巳午火)가 자리하거나 화의 오행을 생하는 목의 오행인 인묘목(寅卯木)이 월지를 차지하면 득령했다고 한다.

병정(火)일간의 득령								
	시	일	월	년		시	일	월	년
천간		丙, 丁			천간		丙, 丁		
지지			巳, 午		지지			寅, 卯	

화의 오행인 병정이 일간이면 월지에 화의 오행인 사오화가 오면 득령이다. / 화의 오행인 병정이 일간이면 월지에 화를 생하는 목의 오행인 인묘목이 오면 득령이다.

무기(戊己)의 오행은 토(土)이다. 이 토의 오행을 지닌 무기가 일간이라면 월지에 비겁으로 오행이 같은 진술축미(辰戌丑未)가 자리하거나 토의 오행을 생하는 화의 오행인 사오화(巳午火)가 월지를 차지하면 득령했다고 한다.

무기(土)일간의 득령								
	시	일	월	년		시	일	월	년
천간		戊, 己			천간		戊, 己		
지지			辰, 戌 丑, 未		지지			巳, 午	

토의 오행인 무기가 일간이면 월지에 토의 오행인 진술축미토가 오면 득령이다. / 토의 오행인 무기가 일간이면 월지에 토를 생하는 화의 오행인 사오화가 오면 득령이다.

경신(庚辛)의 오행은 금(金)이다. 이 금의 오행을 지닌 경신이 일간이라면 월지에 비겁으로 오행이 같은 신유금(申酉金)이 자리하거나 금의 오행을 생하는 토의 오행인 진술축미(辰戌丑未)가 월지를 차지하면 득령했다고 한다.

경신(金)일간의 득령									
	시	일	월	년		시	일	월	년
천간		庚, 辛			천간		庚, 辛		
지지			申, 酉		지지			辰, 戌 丑, 未	
금의 오행인 경신일간이면 월지에 금의 오행인 신유금이 오면 득령이다.					금의 오행인 경신이 일간이면 월지에 금을 생하는 토의 오행인 진술축미토가 오면 득령이다.				

임계(壬癸)의 오행은 수(水)이다. 이 수의 오행을 지닌 임계가 일간이라면 월지에 비겁으로 오행이 같은 해자수(亥子水)가 자리하거나 수의 오행을 생하는 금의 오행인 신유금(申酉金)이 월지를 차지하면 득령했다고 한다.

임계(水)일간의 득령									
	시	일	월	년		시	일	월	년
천간		壬, 癸			천간		壬, 癸		
지지			亥, 子		지지			申, 酉	
수의 오행인 임계가 일간이면 월지에 수의 오행인 해자수가 오면 득령이다.					수의 오행인 임계가 일간이면 월지에 수를 생하는 금의 오행인 신유금이 오면 득령이다.				

명리학을 연구하는 학자나 연구가들 중 일부는 득령 개념에서 일간을 생하는 월지의 편인이나 정인은 인정하지 않고 오로지 비견과 겁재만 인정하여 득령을 정하는 경우가 있으나 통론으로 보아서는 월지의 비견과 겁재, 편인과 정인을 모두 득령으로 인정하는 상황이다. 즉 왕상휴수사의 경우 왕상에 해당하면 모두 득령으로 살핀다.

2) 득지

득지(得地)는 땅을 얻었다는 말이다. 땅은 어디인가? 일간이 디디고 선 곳이 땅이다. 즉 일지를 말한다. 득지라는 말은 일지를 얻었다는 말이다. 배우자의 영역이 땅이다. 일간에 미치는 영향력을 판단할 때 일지의 영향력도 작지 않다. 일지에 나를 도와주는 오행이 있는 것을 득지했다고 한다. 즉 일지에 일간과 같은 오행이 있는 것이 득지이다. 특히 일지에 일간과 같은 오행이 배치되면 간여지동(幹如支同)이라 하여 일간의 성격이 아주 강한 것으로 살핀다.

득지(得地)는 달리 득지(得志)라고도 부르는데 근본적으로 일간이 일지에 뿌리내렸음을 말한다. 득지 개념에는 일반적 개념이 있고 특별한 개념이 있는데, 일반적 개념은 득령과 마찬가지로 일지에 일간을 돕는 비견과 겁재가 있거나 생하는 오행인 편인과 정인이 있는 경우이다. 이러한 경우가 가장 일반적인 득지이다.

일반적인 득지의 개념을 적용하면 갑을목 일간은 일지에 비겁인 인묘목(寅卯木)이 좌하거나 인성인 해자수(亥子水)가 좌한 것이다. 단 일주를 구성할 때는 천간과 지지가 반드시 음양이 같아야 한다. 같은 오행이 일지에 좌하면 간여지동이다.

갑을(木)일간의 득지								
	시	일	월	년		시	일	월	년
천간		甲, 乙			천간		甲, 乙		
지지		寅, 卯			지지		亥, 子		
목의 오행인 갑을이 일간이면 일지에 목의 오행인 인묘목이 오면 득지이다.					목의 오행인 갑을이 일간이면 일지에 목을 생하는 수의 오행인 해자수가 오면 득지이다.				

병정화 일간은 일지에 비겁인 사오화가 좌하거나 인성인 인묘목이 좌한 것이다. 단 일주를 구성할 때는 천간과 지지가 반드시 음양이 같아야한다.

병정(火)일간의 득지								
	시	일	월	년		시	일	월	년
천간		丙, 丁			천간		丙, 丁		
지지		巳, 午			지지		寅, 卯		
화의 오행인 병정이 일간이면 일지에 화의 오행인 사오화가 오면 득지이다.					화의 오행인 병정이 일간이면 일지에 화를 생하는 목의 오행인 인묘목이 오면 득지이다.				

무기토 일간은 일지에 진술축미가 좌하거나 인성인 사오화가 좌한 것이다. 단 일주를 구성할 때는 천간과 지지가 반드시 음양이 같아야 한다. 같은 오행이 일지에 좌하면 간여지동이다.

무기(土)일간의 득지								
	시	일	월	년		시	일	월	년
천간		戊,己			천간		戊,己		
지지		辰,戌 丑,未			지지		巳,午		
토의 오행인 무기가 일간이면 일지에 토의 오행인 진술축미토가 오면 득지이다.					토의 오행인 무기가 일간이면 일지에 토를 생하는 화의 오행인 사오화가 오면 득지이다.				

경신금 일간은 일지에 비겁인 신유금이 좌하거나 인성인 진술축미가 좌한 것이다. 단 일주를 구성할 때는 천간과 지지가 반드시 음양이 같아야 한다. 같은 오행이 일지에 좌하면 간여지동이다.

경신(金)일간의 득지								
	시	일	월	년		시	일	월	년
천간		庚,辛			천간		庚,辛		
지지		申,酉			지지		辰,戌 丑,未		
금의 오행인 경신이 일간이면 일지에 금의 오행인 신유금이 오면 득지이다.					금의 오행인 경신이 일간이면 일지에 금을 생하는 토의 오행인 진술축미토가 오면 득지이다.				

임계수 일간은 일지에 비겁인 해자수가 좌하거나 인성인 신유금이 좌하는 것이다. 단 일주를 구성할 때는 천간과 지지가 반드시 음양이 같아야 한다. 같은 오행이 일지에 좌하면 간여지동이다.

임계(水)일간의 득지									
	시	일	월	년		시	일	월	년
천간		壬, 癸			천간		壬, 癸		
지지		亥, 子			지지		申, 酉		
수의 오행인 임계가 일간이면 일지에 수의 오행인 해자수가 오면 득지이다.					수의 오행인 임계가 일간이면 일지에 수를 생하는 금의 오행인 신유금이 오면 득지이다.				

즉 일간과 같은 오행이 일지에 좌하거나 생하는 인성이 좌하면 득지했다고 본다. 단 일주를 구성할 때는 천간과 지지가 반드시 음양이 같아야 한다. 어떤 경우도 일간과 일지의 음양이 다른 경우는 없다. 같은 오행이 일지에 좌하면 간여지동이다.

득지 개념에서 특별한 경우가 있다. 일간을 기준으로 음양을 나누는 것이다. 일간으로 기준하여 양간이 12운성 중에서 장생, 관대, 제왕을 만나면 득지라고 한다. 음간도 12운성 중에서 장생(長生), 건록(建祿), 제왕(帝王)을 만나면 득지라 한다. 이에 따르면 갑을일간이 인묘진미해의 일지를 만나면 득지이다. 병정일간은 인사오미술의 일지를 만나면 득지이다. 무기일간이 축인진사오미술의 일지를 만나면 득지이다. 경신일간이 축사신유술의 일지를 만나면 득지이다. 임계일간이 자축진신해의 일지를 만나면 득지이다.

득지에 대한 두 가지 이론 중 많이 사용하는 방법은 의당 첫 번째 경우다. 즉 일간을 생하거나 돕는 오행이 좌했을 때 득지라는 것이다. 일간을 생하는 편인이나 정인 또는 일간을 돕는 비견이나 겁재가 자리했을 때 득지로 보는 이론이 통용성이 있고 일반적으로 널리 사용된다. 심지어

12운성에 따른 득지	
日干	日支
甲乙	寅卯辰未亥
丙丁	寅巳午未戌
戊己	丑寅辰巳午未戌
庚辛	丑巳申酉戌
壬癸	子丑辰申亥

천간을 의미하는 각각의 글자에 12운성을 적용하여 장생, 관대, 제왕을 만나면 득지라고 한다. 이 방법은 많이 사용하지 않으며 효용성도 떨어진다. 그러나 이러한 방식으로 적용이 가능함을 알아두어야 할 이유는 있다.

연구가들이나 학자들 중에는 생하는 편인이나 정인의 존재는 득지로 인정하지 않고 비견과 겁재만 득지로 인정하는 경우도 있다. 그러나 아직 통상적으로 일지에 비겁과 인성의 좌함을 득지로 인정한다.

3) 득시

많이 사용하는 개념은 아니며 득령을 달리 부르는 말이다. 하나의 논제를 설명하는 같은 이론이나 학문에서 용어를 달리 사용하는 경우는 흔한 일이다. 문제는 착각을 일으키는 단어의 선택이다. 그러나 시간과 지역을 달리하며 발달한 학문의 경우에는 그러한 일이 종종 일어난다.

득시(得時)는 두 가지 의미가 있다. 그 하나는 일간이 시지(時支)에서 자신과 같은 오행을 만났거나 도와주는 오행을 만나는 것을 의미한다.

득지는 일지의 힘을 얻는 것이다. 따라서 일지에 어떤 글자가 오느냐에 따라 강약이 정해진다. 특히 일지는 배우자 자리에 해당하므로 어떤 글자가 오느냐에 따라 내조와 외조 혹은 상대성이 정해진다.

지지와 일간의 강약조견표		
일간	일지(강)	일지(약)
木(甲, 乙)	寅卯亥子	申酉
火(丙, 丁)	寅卯巳午	亥子
土(戊, 己)	辰戌丑未巳午	寅卯
金(庚, 辛)	辰戌丑未申酉	巳午
水(壬, 癸)	申酉亥子	辰戌丑未

지지에 일간을 생하는 오행으로서 편인과 정인이 배치되거나 도와주는 오행인 비견과 겁재가 배치되면 득지하여 강한 일간이 된다. 이와 반대로 지지에 일간을 극하는 오행인 편관이나 정관이 배치되면 일간이 약해진다. 이와 같은 일주의 구성은 성격에도 강한 영향을 미친다.

즉 시지에 일간과 같은 오행을 지닌 비견이나 겁재가 좌한 것과 일간을 생하는 편인과 정인이 좌했을 때도 득시라고 한다.

득시의 다른 의미는 득령과 같다. 이 때문에 용어 선택에서 혼동을 일으키기도 한다. 득시가 그러한 경우에 해당한다. 득시는 시(時)라는 글자로 혼동을 일으킨다. 사주를 정할 때 년월일시라고 한다. 그에 따라 시(時)라는 글자는 시간을 의미한다. 그래서 득시라고 하면 의당 시간과 관련되어 있을 것이라는 판단을 할 수 있다. 그러나 득시는 시간과는 관계없다. 이 단어에서 시(時)는 시기라는 의미이다. 사주에서 시기는 계절을 의미하는 용어가 된다. 즉 시기를 얻었다는 말이다. 계절을 얻었다는 말이다. 결국 득시는 득령했다는 의미의 다른 말이다.

4) 득세

득세(得勢)는 세력을 얻었다는 뜻으로 더욱 많은 의미를 지닌다. 득세하였다는 뜻은 단순하게 하나가 아니라 그 이상 의미를 지닌다. 또한 사주원국에서 일간을 기준으로 하고 주변과의 다양한 영향을 고려하여 세력을 분석해야 한다.

근본적으로 득세라고 하는 것은 세력을 얻었다는 의미다. 사주원국에서 일간을 돕는 세력이 많다는 것이다. 무리를 얻었다는 말을 득세라고 한다. 일간을 돕는 세력은 비견과 겁재, 편인과 정인이다. 이 비견과 겁재, 편인과 정인이 많아 세력을 얻었다는 것을 의미한다.

득세는 용신분석(用神分析)에서 가장 중요한 요소이다. 세력 분석에 따라 운을 살피는 핵심인 용신을 정하니 그 영향력이 어느 정도인지 알 수 있다.

득세에는 다양한 해석이 필요하다. 득세는 단순히 세력을 얻은 것이 아니라 천기(天氣), 지리(地利), 인화(人和)를 얻는 것이다. 일간을 비롯하여 어느 오행의 힘이 강한 것이다. 사주 중 일간을 돕는 세력이 많아 일간의 역량이 매우 강한 것이다. 월기에 통한다. 계절에 통한다. 사령(司令)을 득한다고 한다.

득세는 지리(地利)를 득한다고도 한다. 즉 월지를 얻고 일지를 얻는 것이다. 때로 득지하지 못하거나 득령하지 못해도 득세하는 경우가 있기는 하다.

월지가 같은 오행이거나 생하고 일지가 같은 오행이거나 생한다. 12운성을 논하기도 한다. 천간에서 사주 중의 4지지에 12운표로 맞추어봐서 강하면 지지의 이익을 득한다고 한다. 근(根)이 있다, 뿌리가 견실하다, 통근(通根)한다고도 하는데 이것은 대단히 중요하다.

일반적으로 세력을 얻었다고 할 때 세력이란 무리다. 무리를 얻었다는 것이다. 일간을 돕는 무리를 얻은 것이다. 일간을 돕는 무리는 정인, 편인, 비견, 겁재이다. 일반적인 개념이 적용에서 일간을 포함하여 5개가 해당하면 득세했다고 본다. 이때 월지는 2개 개념이다. 따라서 월지를 얻는 것이 중요하다.

5) 통근

통근(通根)이란 근본적으로 나와 같은 오행에 뿌리내린 것을 말한다. 뿌리가 든든하다는 의미다. 뿌리는 천간을 지탱한다. 통근이란 통한다는 의미의 한자인 통(通)과 뿌리를 의미하는 근(根)자로 이루어진 단어다. 뿌리에 통했다, 뿌리로 통한다의 의미가 된다.

일반적 개념으로는 뿌리를 내렸다는 의미로 쓰이는데 천간에 나타나 있는 글자와 같은 오행의 글자가 지지에 자리하는 것을 의미한다. 반드시 일지에 자리할 이유는 없다. 이를 달리 좌했다고 표현한다. 이때 좌는 앉았다는 의미의 좌(坐)이다.

천간이 있는 글자를 생해주는 인성에 해당하는 오행이나 천간에 나와 있는 글자와 같은 오행을 지닌 비겁이 지지에 있는 경우를 말한다. 많은 연구가는 같은 오행만을 이야기하기도 한다. 즉 편인과 정인은 해당되지 않는다는 주장이다. 많은 연구가가 같은 오행만이 뿌리가 된다고 주장한다. 이 경우에 반드시 같은 기둥에 있는 것이 아니라 어느 기둥의 지지에 있어도 통근되었다고 한다.

또한 지지 중 고장지(庫藏地)의 존재가 문제가 된다. 지지를 이루는 12자 중에서 진술축미를 고장지라고 하거나 묘(墓)라고 한다. 창고에 저장하는 자리라는 의미가 있고 전혀 움직이지 못한다는 의미도 있다.

일반적인 통론에 따르면 각각의 천간에 해당하는 글자는 고장지에 뿌리를 내린다. 즉 목의 오행은 목의 오행에 따른 고장지에 해당하는 미토에 뿌리를 내리고, 화의 오행은 화의 오행에 따른 고장지에 해당하는 술토에 뿌리를 내리고, 토의 오행은 토의 오행에 따른 고장지에 해당하는 술토에 뿌리를 내린다. 또한 금의 오행은 금의 오행에 따른 고장지에 해당하는 축토에 뿌리를 내리고, 수의 오행은 수의 오행에 따른 고장지에 해당하는 진토에 뿌리를 내린다.

이뿐 아니다. 인성에 해당하는 오행을 바탕으로 하니 목은 인성인 수의 고장지인 진토에 뿌리를 내리고, 화는 인성인 목의 고장지인 미토에 뿌리를 내리며, 토는 인성인 화의 고장지인 술토에 뿌리를 내린다. 금은 인성인 토의 고장지인 술토에 뿌리를 내리고, 수는 인성인 금의 고장지인 축토에 뿌리를 내린다. 학자들의 주장에 따르면 지지에 뿌리가 없어도 사주를 이루는 4개 기둥 지장간에 편인과 정인, 비견과 겁재가 있으면 뿌리를 내렸다고 정의한다.

근본적으로 통근은 하나의 오행에 대하여 지지에 편인과 정인, 비견과 겁재에 통근한다. 아울러 진술축미의 고장지에 뿌리를 내린다. 이를 통근이라 하는데 천간에 투출된 천간은 반드시 지지와 지장간에 뿌리가 있어야 힘이 있고 유정하다고 본다. 일례로 사주분석에서 천간을 이루는 4개 글자 중에서 1개 글자라도 통근이 이루어지지 않으면 탁한 사주라고 분석하고 그에 해당하는 육친은 안정감이 떨어진다고 분석한다.

일간을 비롯하여 사주를 구성하는 글자 중에서 모든 천간을 지지에 맞추어서 뿌리 유무를 분석한다. 즉 통근되었는지 분석한다. 모든 천간은 반드시 뿌리가 있어야 한다. 지지는 천간의 뿌리이기 때문이다. 이에 따라 12운이 강한 것이다. 뿌리가 없다면 12운도 약하다. 12운에서 강약은 내면의 심오한 부분의 강약을 측정한다. 따라서 일간이나 용신, 희신(喜神), 구신(救神)에 속하는 것은 되도록 통근할 것을 요하며 기신(忌神), 구신(仇神)에 속하는 것은 12운의 뿌리가 약한 것이 좋다. 희신이 통근하는 것은 길하고 기신이나 구신(仇神)이 통근하는 것은 흉하다.

천간은 지지에 뿌리를 두고 있어야 흩어지지 않는다. 반대로 뿌리를 갖지 못한 천간은 흩어지고 만다. 지지에 뿌리를 두지 못한 것은 약하고 실기(失氣)하며 언제 흩어질지 나날이 불안하다. 지지에 기세가 강한 것을 통근이라 하고, 지지에 뿌리가 있거나 지장간에 뿌리가 있으면 통근이라 한다. 월령을 잃거나 지지와 지장간에 뿌리가 없는 것, 기세가 약한 것은 무근(無根)이라 하며, 그 자체의 역량이 약하다고 판단한다.

통근조견표		
천간	통근	
	생해주는 오행	같은 오행
木(甲, 乙)	亥子	寅卯
火(丙, 丁)	寅卯	巳午
土(戊, 己)	巳午	辰戌丑未
金(庚, 辛)	辰戌丑未	申酉
水(壬, 癸)	申酉	亥子

통근은 뿌리를 내리는 것이다. 일간은 월지에 뿌리는 내리는 것이 가장 강하다. 그러나 지지의 네 글자 어디라도 뿌리를 내릴 수 있다. 즉 지지의 글자 중 일간을 생하거나 동일한 오행이 있다면 통근한 것으로 본다.

6) 녹근

녹근(祿根)은 많이 사용하는 단어는 아니다. 그러나 녹근은 가장 빛나는 것을 말한다. 12운성과 관련이 있다. 12운성을 따지지 않거나 사용하지 않는 명리학자가 많은 것도 사실이다. 그러나 12운성도 오래도록 이어져온 엄연한 이론이고 많은 학자가 오래도록 사용한 이론이니 틀리다고 할 수도 없을 것이다.

녹근은 12운성과 관계가 긴밀하다. 녹근에서 녹(祿)이라는 글자는 녹봉(祿俸)을 의미한다. 건록을 생각해보자! 임금 앞에 나아가 급여를 받는다는 의미이니 관직에 진출했다는 말이다. 과거에는 가장 빛나는 직업이다. 가장 빛나는 시기이다. 현대적인 해석으로는 정계에 나아가거나 공무원, 국회의원, 선출직 공무원에 해당하는 시기이다. 이는 달리 건록(乾祿)을 의미한다. 건록은 운의 흐름에서 가장 화려한 시기를 말한다. 12운성에서 건록의 시기를 가장 화려한 시기로 보는 이유다.

근(根)은 뿌리를 의미한다. 녹근은 건록의 뿌리라는 의미가 된다. 영예로움의 뿌리다. 건록은 12운성의 흐름에서 가장 찬란한 한 시기를 나타낸다. 녹근은 천간이 자리 잡았을 때, 바로 아래의 지지에 12운성 중 건록이 오는 것이다. 항시 일간을 중심으로 건록을 파악하는 방법이다. 즉일간이 기(己)일간인데 시지에 오(午)가 오면 건록이다. 건록이나 녹근은 아니다. 그런데 갑인일주라면 그 상태로 녹근이다. 즉 어느 기둥이든지 천간에 맞추어 건록에 해당하는 글자가 오면 녹근이다. 이는 각각의 기둥 중심으로 살필 수 있다. 년지, 월지, 일지, 시지를 가리지 않고 모두 적용한다.

건록을 만나면 가장 화려한 시기라고 푼다. 년월일시 중에서 12운성에 건록이 자리하면 녹근되었다고 표현한다. 그러나 녹근되기는 쉽지 않다. 총 60개 천간지지로 이루어진 기둥 중에 그 숫자가 많지 않으니 적용되기가 쉽지 않다. 건록과 녹근은 다른 것이나 그 작용은 크게 다르지 않다.

녹근에 해당하는 기둥은 갑인(甲寅), 을묘(乙卯), 경신(庚申), 신유(辛酉) 등이다. 녹근을 이용하여 사주에 적용하거나 착안하고자 하면 12운성을 잘 알아야 한다. 녹근이 되고자 하면 반드시 기둥을 이루어야 하는데, 이는 이루어지기가 쉽지 않다.

12운성에 따른 건록조견표(모두 녹근은 아님)										
일간	갑(甲)	을(乙)	병(丙)	정(丁)	무(戊)	기(己)	경(庚)	신(辛)	임(壬)	계(癸)
건록	인(寅) 녹근	묘(卯) 녹근	사(巳)	오(午)	사(巳)	오(午)	신(申) 녹근	유(酉) 녹근	해(亥)	자(子)

12운성이란 장생, 목욕, 관대, 건록, 제왕, 쇠, 병, 사, 묘, 절, 태, 양의 12신을 말하는 것인데 십간의 오행을 12지에 대비하여 왕약을 측정할 때 쓰인다.

7) 착근

착근(着根)은 뿌리가 붙었다는 의미이다. 착은 붙는다는 의미의 착(着)이고, 근은 뿌리를 의미하는 근(根)이다. 즉 천간의 글자에 뿌리가 붙었다는 의미이다. 만약 일주라면 간여지동(幹如支同)과 같은 것이다.

천간에 나온 오행이 바로 자신의 지지에 자신의 오행과 같은 지지를 깔고 있는 것이다. 같은 오행으로 이루어진 기둥을 보면 착근되었다고 판단할 수 있다. 년월일시 4개 기둥을 가리지 않고 파악한다. 모든 기둥에서 착근을 파악한다. 그 기둥은 의미와 힘이 강하다고 본다. 이 중 가장 강력한 힘을 보여주는 것이 일주의 간여지동이다.

다른 기둥도 천간지지 모두 같은 오행으로 이루어지면 가장 강한 힘을 드러낸다. 갑인(甲寅), 을묘(乙卯), 병오(丙午), 정사(丁巳), 무진(戊辰), 무술(戊戌), 기축(己丑), 기미(己未), 경신(庚申), 신유(辛酉), 임자(壬子), 계해(癸亥)의 12개가 착근된 예이다.

착근조견표											
甲寅	乙卯	丙午	丁巳	戊辰	戊戌	己丑	己未	庚申	辛酉	壬子	癸亥

착근은 천간의 오행과 같은 오행이 지지에 자리한 것이다. 천간이 나무라면 지지는 뿌리가 되어주어야 한다. 천간과 지지가 모두 같은 오행을 이루었는데 일주에 자리하면 이를 간여지동(幹如支同)이라 부른다.

8) 실령

실령(失令)은 득령의 반대 개념이다. 득령이 월지를 얻은 개념이라면 실령은 월지를 잃은 것이다. 득령은 일간을 기준으로 월지에 비견, 겁재, 편인, 정인이 좌한 것이다. 이와 비교하여 실령은 월지에 식신, 상관, 편재, 정재, 편관, 정관이 좌한 것이다. 즉 식상(食傷)이나 재성(財星), 관성(官星)월에 태어나면 월령을 얻지 못하였다고 해서 실령(失令)이라 정의

득령(得令)과 실령(失令)								
	시	일	월	년		시	일	월	년
천간		일간			천간		일간		
지지			비견 겁재 편인 정인		지지			식신 상관 편재 정재 편관 정관	
일간을 돕는 오행인 비견, 겁재와 일간을 생하는 편인, 정인이 월지에 좌하면 득령이라 한다.					일간을 설기하는 식신과 상관, 일간이 월지를 극하는 편재와 정재, 일간을 극하는 편관과 정관이 월지에 좌하면 실령이다.				

한다.

실령은 철저하게 일간과 월지의 관계성을 살피는 것이다. 월지가 일간을 생하는 것이 득령이라면 일간이 월지를 생하거나, 일간이 월지를 극하거나, 월지가 일간을 극하는 것이 실령에 해당한다. 실령을 일러 '월지를 잃었다'고 표현한다.

각 일간에 대한 득령과 실령 조견표						
일간	득령		일간	실령		
	나와 같은 오행	나를 생하는 오행		내가 생하는 오행	내가 극하는 오행	나를 극하는 오행
木(甲, 乙)	寅卯	亥子	木(甲, 乙)	巳午	辰戌丑未	申酉
火(丙, 丁)	巳午	寅卯	火(丙, 丁)	辰戌丑未	申酉	亥子
土(戊, 己)	辰戌丑未	巳午	土(戊, 己)	申酉	亥子	寅卯
金(庚, 辛)	申酉	辰戌丑未	金(庚, 辛)	亥子	寅卯	巳午
水(壬, 癸)	亥子	申酉	水(壬, 癸)	寅卯	巳午	辰戌丑未
	비견, 겁재	편인, 정인		식신, 상관	편재, 정재	편관, 정관

일간은 월지에 뿌리를 둔다. 일간을 돕는 오행이 월지에 자리하면 득령이고, 일간의 힘을 빼거나 극하는 오행이 월지에 오면 실령이다. 일간을 돕는 오행은 비견과 겁재, 편인과 정인이다. 일간의 힘을 빼 실령의 조건을 가지는 월지는 식신과 상관, 편재, 정재, 편관, 정관이다.

9) 실지

실지(失地)는 득지의 반대 개념이다. 땅을 잃은 것이다. 득지는 일간 기준의 개념이다. 득지는 일간을 나타내는 오행과 같거나 생하는 오행이

일지에 좌한 것이다. 비견이나 겁재, 일간을 생하는 편인이나 정인이 일
지에 좌하면 득지이다. 그와 반대의 개념이 실지이다.

일간을 기준으로 하여 일지에 식신, 상관, 편재, 정재, 편관, 정관이 좌
한 것이다. 식상(食傷)이나 재성(財星), 관성(官星)일에 태어나면 땅을 얻
지 못하였다고 해서 실지(失地)라 정의한다. 즉 일간이 일지를 생하거나,
일간이 일지를 극하거나, 일지가 일간을 극하는 것이다.

득지(得地)와 실지(失地)									
	시	일	월	년		시	일	월	년
천간		일간			천간		일간		
지지		비견 겁재 편인 정인			지지		식신 상관 편재 정재 편관 정관		
일간과 같은 오행인 비견, 겁재와 일간을 생하는 편인, 정인이 일지에 좌하면 득지라 한다.					일간을 설기하는 식신과 상관, 일간이 일지를 극하는 편재와 정재, 일간을 극하는 편관과 정관이 일지에 좌하면 실지이다.				

각 일간에 대한 득지와 실지 조견표						
일간	득지		일간	실지		
	나와 같은 오행	나를 생하는 오행		내가 생하는 오행	내가 극하는 오행	나를 극하는 오행
木(甲, 乙)	寅卯	亥子	木(甲, 乙)	巳午	辰戌丑未	申酉
火(丙, 丁)	巳午	寅卯	火(丙, 丁)	辰戌丑未	申酉	亥子
土(戊, 己)	辰戌丑未	巳午	土(戊, 己)	申酉	亥子	寅卯
金(庚, 辛)	申酉	辰戌丑未	金(庚, 辛)	亥子	寅卯	巳午

水(壬, 癸)	亥子	申酉	水(壬, 癸)	寅卯	巳午	辰戌丑未
	비견, 겁재	편인, 정인		식신, 상관	편재, 정재	편관, 정관

일지는 일간을 받치는 땅과 같다. 일간을 돕는 오행이 일지에 자리하면 득지이고, 일간의 힘을 빼거나 극하는 오행이 일지에 오면 실지이다. 일간을 돕는 오행은 비견과 겁재, 편인과 정인이다. 일간의 힘을 빼 실령의 조건을 가지는 일지는 식신과 상관, 편재, 정재, 편관, 정관이다.

10) 실세

실세(失勢)는 나를 돕는 집단을 잃어버린 것이다. 세력을 잃은 것이다. 득세의 반대 개념이다. 사주원국에서 일간이나 일간을 돕는 타간(他干)과 타지의 힘이 현저하게 약해지는 것이다. 사주원국에서 일간을 생하거나 같은 오행이 적은 것이다. 즉 비견과 겁재, 편인과 정인의 힘이 약하거나 숫자가 적은 것이다. 그에 따라 일간이 힘을 받지 못하는 상태다. 일간이 생하는 일간이 많거나(식신과 상관), 일간을 극하는 오행이 많거나(편관, 정관), 일간이 극하는 오행(편재, 정재)이 너무 많은 상황이다. 즉 식신과 상관, 편인과 정인, 편관과 정관이 많다.

근본적으로 일간이 너무 강하게 되면 운명적으로 길하게 보지 않는 의견도 있지만, 일간이 강하면 득세를 한 것이므로 신강이다. 일반론에서는 신약보다 신강이 좋은 것으로 파악한다. 실세하였다는 것은 신약을 나타낸다. 사주 해석에서 기신(忌神)이나 구신(仇神)은 약할 것을 요한다.

11) 투간

투간(透干)은 '천간에 나타난다'는 의미이다. 투(透)는 뛰쳐나가 나타난다는 의미이고 간(干)은 천간을 의미한다. 투출되었다. 직역하니 '천간에 나타난다'가 적당하다. 투간은 크게 두 가지로 적용한다. 그 하나는 지지의 오행이 천간에 나타나는 것이다. 이는 지극히 일반적인 것으로 이때 투간은 통근이라는 말과도 통하는 것이다.

또 투간은 달리 투로(透露)라고도 하는데 근본적 의미는 지지에 들어 있는 지장간이 천간에 나타나는 것이다. 지지는 하나같이 지장간을 품고 있다. 지장간은 지지에 숨은 천간이다. 지장간에 숨어 있는 천간이 사주 원국의 천간에 나타나면 투간이다. 지장간에 뿌리를 두면 투간이다. 즉 지지의 지장간에 있는 글자가 년간, 월간, 일간, 시간에 나타나면 투간이다. 지장간에 있는 오행이 천간에 나타나는 것이니 지장간에 갑(甲)이 있었다면 천간에 갑(甲)이 나타나면 투간이다.

지지에 축(丑)이 자리했다고 가정하자. 축의 지장간은 계신기(癸辛己)이다. 그런데 천간에 계(癸)가 있었다면 투간이라고 한다. 다른 측면에서 살피면 이는 통근이라 할 수 있다. 즉 천간의 계수가 지지 축토의 지장간 계수에 통근한 것이다. 투간은 원래 같은 기둥의 상하에 자리하여 기둥 형태로 있는 상태를 가장 중요시한다. 즉 일주나 월주의 기둥이 계축(癸丑)이라고 가정하면, 축토의 지장간에 들어 있는 계(癸)가 천간에 투간된 것이다. 따라서 지장간을 잘 살펴야 한다.

갑인(甲寅)의 간지를 따졌을 때 정기생(正氣生)이면 지장간은 갑(甲)에 해당하는데 천간에 갑(甲)이 나타나 있다면 동일한 오행이 간지로 투간되어 상하로 나와 있는 것이다. 년상(年上)과 월지(月支), 월상(月上)과 일지(日支) 혹은 시상(時上)과 일지(日支)에서 동일오행이 나와도 투간에 준하는 것으로 보고 그 역량이 강하다고 인정한다. 그러나 년상에 천간이 투간되고 그 뿌리는 시지(時支)에 있다면 거리가 멀어 역량이 약하다고 본다.

12) 투출

크게 보아 투간과 투출(透出)은 의미가 같다. 단어의 사용이 다를 뿐이다. 투출은 지장간(地藏干)에 있는 오행이 천간에 노출되어 있는 것이다. 이는 투간과 같다. 지지 속의 지장간은 천간의 뿌리가 된다. 즉 투출이나 투간은 지지의 지장간에 그 뿌리가 있음을 나타낸다.

투출과 투간은 같은 의미로 보아도 되지만 조금 더 세밀한 이론도 있다. 이는 두 가지 이론으로 살필 수 있다. 그 하나의 이론은, 투간은 한 주(柱)에 있거나 근접하여 있는 지지나 지장간이 천간에 노출되는 것만 인정하는 것이다. 즉 하나의 천간이 있을 때 멀리 떨어진 지지의 지장간에서 나타나면 인정하지 않는 것이다.

이와 비교하여 투출은 그와 달리 월지의 지장간에 숨어 있는 오행이 시주의 천간인 시상(時上)에 노출되어 있을 때 사용하는 표현이다. 혹은 시지의 지장간에 숨어 있는 오행이 년주의 천간인 년상(年上)에 나타나 있어도 투출이라 한다. 즉 거리에 관계없이 어느 지지에라도 지장간에 있는 오행이 천간에 나타나기만 한다면 투출이라는 의미이다. 이때도 작용은 투간에 준하여 그 자체가 강하다고 인정한다.

13) 방조

방조(傍助)는 많이 사용하는 단어는 아니다. 흔히 방조는 무시했다, 알고도 말리지 않았다, 은연중 도왔다는 의미이다. 방조라는 의미가 바로 돕는다는 말이다. 곁에서 도와준다는 의미를 가진 단어다. 도와준다는 것은 의미상 국한되게 마련이다.

오행을 논할 때 돕는 것은 인성을 말한다. 돕는다는 것은 생한다는 말이다. 편인과 정인을 논하는 것이 돕는다는 의미가 된다. 따라서 방조는

【성보명리】

명리학을 공부하다보면 고개가 갸웃해지는 경우가 있다. 용어 때문이다. 한 가지 상황이나 결과를 두고 혹은 하나의 논제(論題)를 두고 두 가지, 세 가지 용어를 사용하는 경우가 있다. 예를 들면 그해의 운을 부를 때 각기 태세, 해운, 세운, 년운과 같이 부르는 경우가 이에 속한다. 또한 양인격이나 양인살을 각 학파나 연구가에 따라 羊刃이라 쓰기도 하고 陽刃이라 쓰기도 한다. 건록을 建綠 또는 乾綠이라 표기하기도 한다. 누군가의 오기(誤記)나 편리성으로 용어가 다변화했을 것이다. 이유야 어찌되었든 현재는 통용하며 구별 없이 사용하므로 성보는 이러한 경우 모든 언어와 모든 사용 한자를 통용해서 사용한다.

일간을 돕는 것이니 인성이 있는 것을 말한다. 그러나 나를 의미하는 일간을 돕는 오행은 인성만이 아니다. 바로 일간과 같은 오행으로 비견과 겁재가 방조에 해당한다.

14) 득기

여타 학문이나 이론도 마찬가지이겠지만 사주명리학을 학습하다보면 의미가 어슴푸레한 단어가 종종 나타난다. 의미가 같은 말이나 단어이지만 익숙하지 않은 단어도 나타난다. 득기(得氣)도 이에 해당한다. 득기는 기를 얻었다는 말이다.

기를 얻었다는 말이 무엇을 의미하는가? 득기는 일간과 월지의 관계이다. 월지가 일간을 생하거나, 일간과 월지가 동일한 오행인 경우를 말하는 것이 득기, 즉 기를 얻었다는 말이다. 이 말은 득령이라는 의미와 다르지 않다. 같은 상황의 다른 표현이다. 즉 월지가 육친으로는 인성과 비겁에 해당하는 것이다. 또한 12운성으로 비교 대비하면 장생(長生), 건록(乾祿), 제왕(帝王)이 자리하는 경우를 말한다.

15) 실기

실기(失氣)는 기를 잃었다는 의미다. 여기에서 기는 월령을 말한다. 결국 득기의 반대되는 의미를 지닌 단어이다. 역시 일간과 월지의 관계로 파악한다. 월지가 일간을 전혀 돕지 않을 경우다. 즉 월지가 일간을 극하거나 설기시키고, 일간이 월지를 극하여 힘이 빠지는 경우다. 역시 같은 상황의 다른 표현이다. 이는 실령과 같은 의미인데 일간을 기준으로 월지가 식신과 상관, 편재와 정재, 편관과 정관일 경우에 해당한다. 또한 12운성으로 적용하면 병(病), 사(死), 절(絶)에 해당한다.

16) 도기

도기(盜氣)는 힘이 빠져나가는 것이다. 도기는 기를 도둑맞았다는 의미이다. 사주 내에서 일간을 나타내는 오행의 기(氣)를 빠지게 하여 약하게 하는 것이다. 식상이 강한 경우가 이에 해당한다. 반드시 일간만 이야기하는 것은 아니다. 년월일시, 오행, 육친에서 모두 일어난다. 도기는 자신의 기운이 약한데, 그 기마저 다음 오행으로 유출시키는 것이니 설기(泄氣)와 같은 의미이다. 가뜩이나 약한 기운이 버티지 못하고 빠져나가는 것이다. 그래서 도둑맞은 것이라 표현하는 것이다. 일간이 약해진다. 때에 따라서는 이 도기로 가뜩이나 약한 일간이 더욱 약해지는 경우가 종종 있다.

일간 개념에서 살펴본다. 오행에서 목(木)은 화(火)를 생한다. 목이 일간이라면 화를 생한다. 일간도 다른 주변의 오행을 생하고 극한다. 목이 일간이라 하더라도 지나치게 약하면 화를 생하느라 기운이 빠진다. 도와주는 것이 아니라 빼앗기는 것이다. 극도로 약한 사람이 다른 사람을 도와주는 것이 때로는 어쩔 수 없는 경우인 것처럼 기를 빼앗기는 경우도 있다.

이러한 이치는 오행의 생극에 관한 원리에 따른 것이나 지나치면 설기가 될 수도 있다. 일간인 목이 강할 때는 문제가 없다. 그러나 일간인 목이 지나치게 약하면 문제가 된다. 이것은 목생화(木生火)의 이치에 따라 목(木)의 정기는 화(火)를 생하는데, 목이 지나치게 약하면 도기가 된다. 모든 오행이 마찬가지다. 반드시 일간이 아니라 모든 타간에서도 발생한다. 원국 내에서 약한 오행일수록 도기가 강하게 일어난다.

예를 들어 어느 사주에 목의 오행이 많은데 수의 오행은 임수(壬水) 하나뿐이라고 가정하자. 이와 같은 사주의 구성에서 임수(壬水)는 목(木)의 오행이 많아서 어쩔 수 없이 목에 흡수된다. 많은 나무를 먹여 살리려 하니 물이 많이 필요하다. 이와 같은 원국의 구성에서 수(水)의 자원은 버티지 못하고 사라지고 말 수도 있다. 이러한 경우에 도기되었다고 한다.

허약하거나 숫자가 적은 수기(水氣)는 지나치게 많은 목기(木氣)에 도기되어 결국 허해진다. 만약 이 수기가 재라면 허재(虛財)가 되니 재산을 모을 수 없고 흩어진다. 만약 이 수기가 관이라면 결국 도기되어 허관(虛官)이 되니 명예가 사라지게 된다.

17) 설기

도기와 어느 정도 상통하는 단어이지만 약간 다른 점이 있다. 일간의 정기가 오행 흐름에 따른 생의 작용으로 배설(排泄)되는 현상이다. 일간의 기가 빠져나가는 것이다. 근본적으로 기운을 유출하는 것이다. 도기와 비슷하지만 경중이 다르다. 도기는 설기(洩氣)라는 의미로 쓰이기도 하지만 완벽하게 기를 빼내는 것을 의미하기도 한다. 설기는 기를 빼내는 것 모두를 의미하기도 한다.

설기는 근본적으로 일간의 정기가 빠져나가는 것이니 일간의 정기가 배설되었다고 한다. 이러한 현상이란 지극히 당연한 오행의 순환과정으로, 일간의 오행에 대해서 상생이 되는 오행이 있는 상태를 말한다. 오행의 생극관계에서 생의 관계에 해당하는 오행이 있는 것이다. 일간이 화(火)이면 토(土)를 보는 것, 일간이 목(木)이면 화(火)를 보는 것을 설기의 관계라고 한다.

사주의 분석에서 일간은 체(體)이고 아신(我身)이며 본원이다. 모든 사주는 일간을 중심으로 해석한다. 일간은 자신이다. 일간은 자신의 정신이 깃든 곳이다. 일간은 자신의 모든 기력이 존재하는 곳이다. 일간에 대한 설기의 상태가 지나치면 일간은 약해진다. 지나치게 설기하면 생명의 기운이 흩어진다. 지나치게 설기하여 기운을 빼내면 생명이 다하는 상태가 되므로 일간에 강한 힘이 필요하다. 이에 인성과 비겁이 필요하게 된다.

사주분석에서 설기가 지나쳐 흉한 작용으로 나타나는 경우가 있다. 재(財)에 대한 관살(官殺)에 설기함이 많으면 가난하고 재물이 없다. 식상

(食傷)에 대하여 재의 설기함이 많으면 활동성이 떨어진다. 인(印)에 대하여 비겁(比劫)으로 설기함이 많으면 부모 영향을 받지 못하고 배우자에게 문제가 생기거나 문서에 탈이 난다. 관살이 인에 따라 설기함이 많으면 명예가 사라지고 직업이 불안하다.

2. 신강과 신약의 통론

사주 자체의 강약을 따지면 크게 네 가지로 나눌 수 있다. 물론 세밀하게 나누면 더욱 세분할 수 있지만 우선 네 가지로 나누어 성격을 표현해 보고자 한다. 각각 신약(身弱), 신강(身强), 신왕(身旺), 신쇠(身衰)가 될 것이다.

명리학을 연구하는 사람이나 학습자에 따라 사용하는 단어는 달라질 수 있으나 의미는 다르지 않다. 이 중 신약과 신쇠는 신약사주이고 신강과 신왕은 신강사주에 속한다. 그 경중은 다르지만 나타나는 사주의 신강에 따라 행동도 다를 것이다.

이 네 가지 사주를 가진 각각 다른 사람이 있다고 하자. 이 네 사람은 각기 인터넷에 자신의 글을 올렸다. 그리고 그 결과에 따라 행동한다. 이들의 행동만 보고도 신약인지 신강인지 알 수 있다. 신약(身弱)의 경우는 글을 쓰고 비난 댓글이 하나라도 달리면 바로 삭제한다. 그 비난을 견디고 싶지 않기에 회피하는 것이다. 두려움을 피하고자 한다. 신강(身强)

인 사주의 주인은 자기 글에 대한 비난 댓글을 봐도 안 지우고 무시하거나 피식 웃고 만다. 자신감이 넘치고 소소한 일에 왈가왈부하지 않으며 상처도 잘 입지 않는다. 신왕(身旺)은 신강보다 더욱 강한 사주의 주인이다. 자기가 쓴 글에 비난 댓글이 다발로 올라온다고 해도 신경 쓰지 않고 같이 보며 웃는다. 비난 댓글에 깊이 생각하지도 않고 짜증도 내지 않을 정도로 자신이 있다. 신쇠(身衰)는 지나치게 약하다. 그래서 병약(病弱)에 해당한다. 신쇠 사주는 자기가 쓴 글에서 비난 댓글을 보면 두고두고 마음 아파한다.

통론을 먼저 살펴보자. 명리학에서 사주원국을 살펴 신강과 신약을 따지는 이유는 여러 가지가 있겠지만 용신(用神)을 찾기 위한 전 단계로도 사용한다. 신강과 신약을 알아야만 용신을 살피기에 유리하기 때문이다.

사주를 구분하여 그 강약을 논할 때 일간이 강한가, 약한가를 따진다. 이로써 구분하니 각각 신강, 신약이라 한다. 조금은 모호하지만 일간이 어느 한편으로 치우치지 않고 균형을 이룬 경우에는 중화(中和)라고 표현한다. 그러나 중화를 판단하기가 모호하고 완벽에 가까운 중화를 이룬 사주는 그리 많지 않다.

물론 신강도 신강 하나만으로 표현하기에는 부족함이 있다. 신강을 달리 신왕이라고 표현하기도 하지만 어느 정도까지가 신왕인지도 세밀한 분석이 필요하다. 강한 사주의 경우 신강에서 극강(極強)까지로 구분할 수도 있다. 신약일 경우에도 모두 신약은 아니어서 폭넓게 적용하면 쇠약(衰弱)이나 병약(病弱)으로 구분할 수 있다. 지나치게 약하면 신약이 아니라 신쇠(身衰)라고 표현할 수 있다. 사주를 분석하는 사람에 따라 용어 선택이 다르기는 하지만 신강과 신약, 중화는 대부분 공통적으로 사용하는 용어이다.

신강과 신약을 구별하는 일반적 방법이나 구별법은 사주를 구성하는 8개 글자를 분석하는 것이다. 일간을 기준으로 하여 나머지 7개 글자의 간지를 비교한다. 나와 같은 오행이거나 나를 생하는 오행은 내 편이다. 나를 극하거나 설기하거나 내가 극하는 오행은 적이거나 나를 반대하는 편이다. 다시 말하면 나를 돕는 오행과 나를 거부하는 오행을 구분하는 것이다.

이에 따라 일간의 편 혹은 일간을 돕는 오행은 일간인 나를 비롯하여 비견, 겁재, 편인, 정인이다. 나를 반대하는 편 혹은 나를 돕지 않는 오행은 식신, 상관, 편재, 정재, 편관, 정관이다.

이는 가장 간단하고 일률적인 방법이다. 이를 통해 중화와 억부(抑扶)를 살필 수 있다. 이를 기준으로 강약을 구분하고 용신을 설정하는 데 이용한다. 하지만 용신을 찾을 때 반드시 강약으로만 찾는 것은 아니다. 통상적으로 억부용신(抑扶用神)에 사주의 강약을 적용하여 용신을 찾을 때도 사용한다.

용신법(用神法)에 일간을 생해주거나 같은 오행이 많을 때, 즉 득령과 득지, 득세를 하면 사주가 강하다고 한다. 그와 비교하여 식신, 상관, 편재, 정재, 편관, 정관이 많으면 약하다고 한다. 즉 쇠령(衰令), 쇠지(衰地), 쇠세(衰勢)했을 때를 약(弱)이라고 한다.

강의 구분(득령, 득지, 득세)		
強 구분	득령(得令)	월지가 편인, 정인, 비견, 겁재일 때 즉 월지에 뿌리를 두고 투간된 일간일 때
	득지(得地)	일지가 편인, 정인, 비견, 겁재일 때 즉 일지가 일간을 생할 때
	득세(得勢)	일간을 지원하는 편인, 정인, 비견, 겁재가 4개 이상일 때 혹은 정인과 편인은 없어도 비견과 겁재가 3개일 때(월지 포함)

약의 구분(쇠령, 쇠지, 쇠세)		
弱 구분	쇠령(衰令)	월지가 식신, 상관, 편재, 정재, 편관, 정관일 때
	쇠지(衰地)	일지가 식신, 상관, 편재, 정재, 편관, 정관일 때
	쇠세(衰勢)	사주의 세력이 정관, 편관, 정재, 편재, 식신, 상관 중심으로 이루 어져 4개 이상일 때 편인, 정인, 비견, 겁재가 4개 이하로 이루어졌을 때

강약의 구분									
강 약 구 분	○강 ●약	최강	강	중강	약화 위강	강화 위약	중약	약	병약
	월지	○	○	○	●	○	●	●	●
	일지	○	○	●	○	●	○	●	●
	세력	○	●	○	○	●	●	○	●

3. 강약의 계절별 구분

1) 목[甲乙]

목은 봄이다. 봄은 음력 1월, 2월, 3월이다. 지지로는 인묘진(寅卯辰)이다. 이 시기에 목은 가장 왕성하다. 나를 돕는 형제를 얻었기 때문이다. 천간지지가 같은 오행이다.

여름인 4월, 5월, 6월은 화가 왕성해지는 계절이다. 지지로는 사오미(巳午未)이다. 이 시기는 화가 왕성해져 목의 기운을 빼앗아간다. 설기에 해당한다.

가을은 7월, 8월, 9월이다. 지지로는 신유술(申酉戌)이다. 이 시기는 금의 기운이 왕성해지니 목을 극하여 극히 쇠약해진다. 일간을 극한다.

겨울은 10월, 11월, 12월이다. 지지로는 해자축(亥子丑)이다. 수의 계절이라 수생목해주므로 왕하다. 일간을 도와 생해준다. 토왕절이라는 진술축미월은 목극토(木剋土)하여 목이 토를 극하다 지치니 역시 쇠약한데 진월(辰月)만은 샘이 솟는 봄이니 뿌리를 내렸다 하여 약하다고 보지 않는다.

2) 화[丙丁]

화는 여름이다. 봄은 음력 1월, 2월, 3월이다. 지지로는 인묘진(寅卯辰)이다. 이 시기에 목은 왕성하여 목생화(木生火)해주므로 화가 왕하다. 나를 돕는 어머니를 얻었기 때문이다. 일간을 도와 생해준다.

여름인 4월, 5월, 6월은 화가 왕성해지는 계절이다. 지지로는 사오미(巳午未)이다. 이 시기는 화가 왕성해진다. 천간지지가 같은 오행이다.

가을은 7월, 8월, 9월이다. 지지로는 신유술(申酉戌)이다. 이 시기는 금의 기운이 왕성해지니 화극금(火克金)하여 화가 금을 공격하다 지쳐 쇠약해진다. 일간을 극한다.

겨울은 10월, 11월, 12월이다. 지지로는 해자축(亥子丑)이다. 수의 계절이라 수극화(水剋火)하여 극히 약해진다. 토왕절이라 하는 진술축미월은 화생토(火生土)하여 토를 돕다 지치니 역시 쇠약하다.

3) 토[戊己]

토는 사계절에 한 달씩 있다. 봄은 음력 1월, 2월, 3월이다. 지지로는 인묘진(寅卯辰)이다. 이 시기에 목은 가장 왕성하다. 목극토(木剋土)하므로 토가 가장 쇠약하다. 일간을 극한다.

여름인 4월, 5월, 6월은 화가 왕성해지는 계절이다. 지지로는 사오미(巳午未)이다. 이 시기는 화가 왕성해져 화생토(火生土)하므로 토가 끝없이 왕해진다. 일간을 도와 생해준다.

가을은 7월, 8월, 9월이다. 지지로는 신유술(申酉戌)이다. 이 시기는 금의 기운이 왕성해지니 토생금(土生金)하여 토의 기운을 설기시키니 극히 쇠약해진다. 설기에 해당한다.

겨울은 10월, 11월, 12월이다. 지지로는 해자축(亥子丑)이다. 수의 계절이라 토극수(土克水)하여 토가 수를 극하다 지치니 지극히 쇠약해진다. 토왕절이라 하는 진술축미월은 가장 왕성하다. 천간지지가 같은 오행이다.

4) 금[庚辛]

금은 가을이다. 봄은 음력 1월, 2월, 3월이다. 지지로는 인묘진(寅卯辰)이다. 이 시기에 목은 가장 왕성하여 금극목(金克木)하니 금의 기운을 소모시켜 금이 쇠약해진다.

여름인 4월, 5월, 6월은 화가 왕성해지는 계절이다. 지지로는 사오미(巳午未)이다. 이 시기는 화가 왕성해져 화극금(火克金)하니 금의 기운이 쇠약하다. 일간을 극한다.

가을은 7월, 8월, 9월이다. 지지로는 신유술(申酉戌)이다. 이 시기는 금의 기운이 가장 왕성해진다. 천간지지가 같은 오행이다.

겨울은 10월, 11월, 12월이다. 지지로는 해자축(亥子丑)이다. 수의 계절이라 금생수(金生水)하여 기운을 설기시키니 쇠약해진다. 설기에 해당한다. 토왕절이라 하는 진술축미월은 토생금(土生金)해주므로 극히 왕해진다. 일간을 도와 생해준다.

5) 수[壬癸]

수는 겨울이다. 봄은 음력 1월, 2월, 3월이다. 지지로는 인묘진(寅卯辰)이다. 이 시기에 목은 가장 왕성하니 수생목(水生木)하여 기운을 설기시키니 쇠약하다. 설기에 해당한다.

여름인 4월, 5월, 6월은 화가 왕성해지는 계절이다. 지지로는 사오미(巳午未)이다. 이 시기는 수극화(水剋火)하여 내가 화를 극하다 지치니 쇠약해진다.

가을은 7월, 8월, 9월이다. 지지로는 신유술(申酉戌)이다. 이 시기는 금의 기운이 왕성해지니 금생수(金生水)하여 수가 왕해진다. 일간을 도와 생해준다.

신약과 신강(왕상휴수사 대입)					
강약	왕(최강)	상(강)	휴(약)	수(쇠)	사(최쇠)
	비견, 겁재	편인, 인수	식신, 상관	편재, 정재	편관, 정관
목(甲乙)	봄	겨울	여름	토왕절	가을
화(丙丁)	여름	봄	토왕절	가을	겨울
토(戊己)	토왕절	여름	가을	겨울	봄
금(庚辛)	가을	토왕절	겨울	봄	여름
수(壬癸)	겨울	가을	봄	여름	토왕절

겨울은 10월, 11월, 12월이다. 지지로는 해자축(亥子丑)이다. 수의 계절이라 가장 왕성해진다. 천간지지가 같은 오행이다. 토왕절이라 하는 진술축미월은 토극수(土克水)하니 가장 쇠약하다. 일간을 극한다.

4. 신강과 신약의 적용과 분석

사주도 원국의 구성에 따라 신강(身强)과 신약(身弱)이 있다. 사주의 구성을 사람의 몸과 비교하면 건강한 사람과 병약한 사람이라 하겠다. 신강사주는 몸이 건강한 사람과 같다. 신약사주는 몸이 약한 사람과 같다. 몸이 건강하면 무엇이든 할 수 있고 목적을 이루는 데 자신감이 있다. 몸이 약한 사람은 어떤 일을 하든지 주저하고 고민한다.

몸이 강한 사람은 강한 몸을 이용해 일을 추진한다. 몸이 강하면 정신력도 강하다. 몸이 약하면 매사 주저하고 걱정이 많다. 몸이 약하면 정신력도 약해진다. 몸이 강한 사람은 명예욕이 있고 돈을 버는 욕심도 강하다. 몸이 약한 사람은 돈을 벌려고 해도 자신이 없고 명예욕도 떨어진다. 몸이 튼튼해야 무엇이든 하려고 하는 용기를 낸다. 사주도 이와 같아서 사주가 신약한 사람은 재물이 많아도 이를 관리하거나 견디지를 못하고 오히려 해(害)가 된다. 사주가 신약한 사람은 명예를 가져도 오히려 해가 되는 경우가 많다.

사주를 살필 때는 사주원국을 잘 분석해 신약과 신강을 확인하고 잘 살펴야 한다. 신강일 때와 신약일 때 운을 맞이하는 방법이 다르기 때문이다. 아무리 운이 좋아도 신약사주라면 그 운을 100% 사용할 수 없다. 지나치게 약한 사주일 때는 아무리 운이 좋아도 지나친 기에 눌리게 마련이다. 용신운이 들어왔는데 망하거나 죽는 경우도 적지 않다. 이는 지나치게 신약한 사주의 경우에 나타나는 현상이다. 지나치게 강한 기운이 들어오면 신약한 사주가 버티지 못하기 때문이다.

1) 신약과 신강사주의 적용

재다신약(財多身弱)이라는 말이 있다. 사주원국에 재성이 많은 것이다. 일간의 편은 비견과 겁재, 편인과 정인이다. 재성에 속하는 정재와 편재는 일간을 힘들게 한다. 재다신약은 재성이 많아 일간이 약하다는 의미이다.

재다신약은 사주의 원국 구성에서 일간은 턱없이 약하고 재성은 많은 것이다. 그 재성의 기운이 강하다보니 오히려 일간을 힘들게 한다. 일간은 재성을 극해야 하는 관계이므로 일간의 기운을 빼느라 지치고 쇠약해진다. 남자 사주에서 재성은 재물과 여자를 의미한다. 결국 재물로 힘이 들고 여자로 어려움이 끊이지 않는다.

사주원국에 재성이 많아서 일간이 약하면 신약사주인데 재성이 많아서만 힘든 것이 아니다. 사주를 파악하는 것은 원국도 중요하지만 운의 흐름도 중요하다. 운에서 비겁운이 왔다고 가정하면 재왕신왕(財旺身旺)

의 기운이 된다. 즉 비겁은 일간의 형제로 일간을 도우니 일간이 강해진다. 그런 상태를 재왕신왕이라 한다.

재왕신왕이 되면 일간의 기운이 강해진 것이다. 일간이 강해지니 재물을 통제할 능력을 가지게 된다. 애초에 사주원국에 재물이 왕성하니 노력하는 것만큼 큰 재물을 취할 수 있다는 것이 원론적인 해석이다.

정말 그럴까?

상황이 달라졌다고 원래의 터가 바뀌는 것은 아니다. 애초에 타고나기를 사주가 신약이며 재다인 운명은 바닥이 정해진 것이다. 요행히 운이 맞아 비견이나 겁재운을 맞아서 신강해졌다고 해도 재물이 손에 들어온다고는 볼 수 없다. 아주 소소하거나 평소보다 약간 더 많은 재물을 손에 넣을 수 있을지는 모르지만 재물을 마구 벌어들이는 사주는 아니다. 즉 원래 사주원국이 재왕신왕한 사주는 아니었던 것처럼 재물을 마구 취득하지는 못한다.

기본 성향에서 생각해보아야 한다. 애초에 신강한 사주와 신약한 사주는 터전이 다르다. 신강하고 재왕한 사주의 원국을 가지고 있었다면 돈을 어떻게 벌어야 하는지 태어날 때부터 알고 있는 셈이다. 그래서 터전이 중요하다. 바닥이 중요하다. 가문이 중요하다고 하는 것과 같은 이치이다. 돈을 어떻게 벌어야 하는지 아는 바닥에서 태어난 사주다.

원국이 신약한 사주는 다르다. 신약했다가 운의 도움으로 일시적 신강을 이루면 애초에 돈을 버는 바닥을 모르고 살았던 경우이다. 상황에 따라 용기만 백배한 상황이 된다. 돈이 어떻게 흐르는지도 모르고 돈과는 거리가 먼 바닥에서 태어났으므로 덤벙대기는 해도 돈이 흐르는 곳에서 헤엄치기는 힘들다.

동양철학에는 국(局)이라는 용어가 있다. 하나의 공간이라는 의미다. 풍수에서는 청룡백호가 싸안은 공간을 말한다. 명리학에서도 삼합국이니 방합국이니 하는 말을 하는데, 이는 하나의 공간, 집합체를 말한다. 즉 사주원국이 신강하다는 것은 이미 판을 가지고 있다는 뜻이다. 신강한 사주를 가진 사람의 운명은 이미 재(財)에 노출된 상태의 직업에 종사하는 셈이다. 즉 늘 재와 가까운 곳에 있다.

신약사주는 그동안 재와는 거리가 먼 곳에 있었다. 이미 사주원국과 운의 흐름으로 직업 자체도 판이한 곳으로 흘러가 있다. 신강한 사주는 돈과 가까운 직업에 종사하고 있고 신약사주는 돈과 먼 직업에 종사하고 있다. 돈이 없는 곳에서 머뭇거리는데 일시적으로 힘이 생겼다고 돈이 생기는 것은 아니다.

재다신약의 경우를 예를 들고 있다. 재는 인성을 극한다. 재가 강하면 인성이 심하게 위축된다. 신약한 운명인데 재다하니 인성에 충격이 심하게 가해졌기 때문에 이미 자신이 펼칠 수 있는 조건이 위축되어 있는 상태가 되어버린 후다. 그런 사주에 요행이 있어 좋은 운이 왔다 하더라도 왕창 벌기는 힘들다.

사주를 분석할 때는 신강과 신약을 구별해야 한다. 운의 흐름을 살피기 위해 필요한 용신과 희신을 구별하기 위해서도 필요하지만 근본적으로 자신이 바로 설 수 있는 사주인지 파악해야 한다.

신약한 사주는 비견과 겁재가 없거나 극히 적고, 인성의 생조가 없거나 극히 약한 구조로 이루어졌다. 일간인 나를 포함하여 비견과 겁재, 편인과 정인 숫자가 5개에 이르지 못하는 것이다. 더구나 비견과 겁재나 인성이 전혀 없이 일간 홀로 서 있는 격이라면 극신약 혹은 병약에 해당할 가능성이 높다.

사주가 지나치게 약한 경우는 경쟁의 논리가 없거나 약하다. 더구나 재물을 득하거나 명성을 득하려면 강한 정신력에 약탈 논리가 필요한데, 신약한 사주는 약탈 논리가 약해져 있을 가능성이 높다.

신약한 사주는 늘 공격당하고 자신이 약하다고 생각하기 때문에 스스로 서려는 의지가 약하다. 생각이 독립적이기보다는 의타적이고 의존적이다.

사주의 풀이를 원칙적으로 적용한다면 신약하던 사주가 비견운이나 겁재운이 오면 혹은 편인운이나 정인운이 오면 신강해져야 한다. 신강해지지 못하더라도 자신감이 생기고 욕심을 내야 한다. 그러나 이미 정신이 피폐해지고 약해졌으며 의타적으로 변해 있다. 재운이 왔다고 해도 큰 것을 얻기 어렵다. 즉 많은 재물을 얻고자 하면 약탈 논리가 있어야 하고 명성을 얻고자 하면 경쟁 논리가 있어야 한다. 그러나 이미 체질적으로 약화되어 있어 약탈 논리도 펴기 어렵고 경쟁심도 부족하여 큰 재물과 명성을 취하기는 어렵게 된다.

술이 약한 사람에게 안주가 좋으니 많이 마시라고 하는 것과 같다. 살다보면 그런 논리가 성립된다. 안주를 많이 먹는다고 취하지 않을까? 체력이 약한 사람은 좋은 안주를 먹어도 쉽게 취하기는 마찬가지다. 신약 사주는 재운이 오면 오히려 욕심만 내고 이루어지는 것이 없어 정신적 스트레스만 심해질 가능성이 높다.

심약한 사람처럼 신약사주는 고민이 많다. 타인에게 뺏기기도 싫지만 뺏어오는 기술과 용기도 없다. 가만히 앉아 뺏기는 걸 보자니 속이 터지고 만다. 좋은 운이 와도 타인과 겨루어 뺏을 수 있는 기술도 없으니 마음만 아프다.

세상에는 원리원칙이 있다. 자연의 조화가 있다. 세상의 이치는 흐름에 있다. 사주에도 흐름이 있다. 신강사주는 신강사주의 흐름이 있다. 신약사주는 신약사주의 흐름이 있다. 신약사주가 착각하는 것이 늘 들었던 것처럼 '기회가 있다'는 것이다. 누구에게나 기회는 있다. 이 말이 틀린 것은 아니지만 사용하지 못하는 것을 어쩌란 말인가? 신약사주에 비견운이나 겁재운이 오면 힘이 생기고 일간이 강해져 돈을 왕창 벌고 명성을 얻을 수 있을 거라는 착각에 빠지지 말아야 한다. 명리를 학습한 많은 사람이 그같이 해석을 하고 신약명에게 기회를 잡으라고 말한다. 그들은 비겁이나 겁재운을 기다리라고 주장하고 말하는데 진실로 가능한지 허황됨을 되돌아봐야 한다.

신약사주는 특징이 드러난다. 일간(日干)이 극제를 당하든지 설기를 당하면서 실세(失勢)를 하면 일주(日柱)가 쇠약해지니 이것을 신약(身弱)이라고 한다. 그러나 얼마든지 예외는 있다. 득령하지 못했음에도 득세를 이루어 신강해지는 경우도 있다. 득지를 못했음에도 세력을 얻어 신강해지는 경우도 있다. 득지와 득령을 하지 못했음에도 신강으로 구별되는 경우도 있다. 득세를 했기 때문이다.

근본적으로 신약은 일간이 약한 상태이다. 도와주는 오행이 약하거나 없고 생해주는 오행도 약하거나 없다. 신강사주가 특별히 나을 것이 없다는 말을 하는 연구가들이 있지만 현실적인 상황에서 신강사주가 신약사주보다 잘살 수 있는 가능성, 돈을 잘 벌 수 있는 가능성, 투쟁적으로 나아갈 가능성은 많다. 인간답게 산다, 행복하게 산다, 멋지게 산다는 의미와는 다를 수 있다. 인간은 사람 속에서 산다. 인간이 사회생활을 영위하며 살아가는 과정에서 신약사주보다는 신강사주가 유리하다. 지나치게 두드러지면 역효과가 있기도 하지만 가능하면 일간이 강세한 신강사주가 좋다.

일간은 본인을 나타낸다. 따라서 아신(我身)이라고 부르기도 한다. 일원(一元)이라고 부르기도 하는데 하나같이 자신을 나타내는 말이다. 일간이 자신이다. 일간이 지나치게 약한 것은 자신이 약한 것이다. 결국 일간이 약하다는 것은 정신과 기력이 왕성하지 못하다는 것을 나타낸다.

2) 남녀 사주의 신강과 신약

남자 사주에서 신약하다는 것은 도전정신이 약하다는 뜻이다. 발전이 약하다, 의기가 부족하다는 의미이다. 따라서 자신이 스스로 나아가고 서기보다는 타인에게 의지하려는 사고가 드러난다. 이와 같은 사고가 지배하여 매사에 어떤 일을 추진해도 결실을 맺기 어렵다. 여자 사주는 생각해볼 것이 많다. 과거부터 여자 사주에는 남자와 다른 법칙이 적용되었다. 여자 사주는 약간 신약을 바란다. 지나치게 강한 성정이 드러나는 것은 원치 않기 때문에 신왕을 꺼린다.

사주원국이 신약한 것은 재관이 왕성하다는 것을 나타낸다. 재는 돈이고 관은 명예다. 또한 관은 남자이고 남편을 의미한다. 재관은 남자 것이다. 이러한 사상은 남존여비 사상이나 여자는 가정이나 돌보는 사회라는 의미가 강하다. 여자 사주에서 재관이 강하다는 것은 올바른 내조를 하고 남편의 세가 왕성해지는 것을 의미한다. 또 자식의 세가 강하니 남편의 사회활동을 돕고 자식에게 의지하라는 의미가 있었다.

세상이 변했다. 과거처럼 여자가 집이나 지키고 아이나 기르던 시대가 아니다. 현대사회는 여자도 나가서 일하고 직위를 쟁취하며 자기 역량으로 명성을 얻는 시대에 이르렀다. 여자가 사회에 참여해 사회의 한 축으로 돌아가는 지금도 과거 명리에 목을 매고 신약이 좋다는 주장을 되풀이하기에는 설득력이 부족하다.

과거 해석에서 여자 사주로 신약이 좋다는 주장에도 어폐가 있다. 신약하다는 것은 식신이나 상관, 편재와 정재, 편관과 정관이 강하다는 말이다. 편재와 정재가 강하고 편관과 정관이 강한 사주라면 살림을 잘하고 남편에게 내조를 잘한다고 풀겠으나 식신이나 상관이 발달하면 전혀 다른 결과를 가져온다.

여자 사주에서 식신이나 상관은 자식을 의미하기도 하지만 다른 해석도 가능하다. 즉 식신이나 상관이 강하면 설기가 일어난다. 식신과 상관은 일간을 설기시키니 때로는 도기(盜氣)가 된다.

설기가 태과하여 일간이 약해져서 신약이 되는 사주는 반드시 남편을 극하게 되기 마련이다. 따라서 여자 사주에서 상관은 매우 나쁜 요소로 파악한다. 월간에 상관이 나타나면 이혼수라 푸는 경우가 있고, 일지에 상관이 있어도 남편을 극한다고 보았다.

시상에 상관이 뜨면 남편을 잡는다고 표현했고, 상관이 편관이나 정관을 보면 이혼하거나 남편을 잡아먹는다고 표현했다. 결국 상관이 많은 여자 사주는 남편을 가로막고 남편의 발달을 방해한다고 보았다. 이러한 성격은 현대사회를 사는 여성에게 적용해도 유효하다. 그러나 사주가 극도로 신약한 것은 단명 내지는 병약하니 좋지 않다는 것은 분명하다.

3) 신강과 신약으로 간명하기

사주를 풀려면 가장 먼저 생년월일을 만세력으로 살펴 사주를 세워야 한다. 이 사주팔자에 음양오행을 정하고 육친으로 분류한다. 사주를 분석하여 명운을 판단하려면 우선 일간의 신강과 신약을 판단해야 한다. 다음에 월지의 월령을 기준으로 하여 살피고 지장간을 열어 격국을 살피고 사주의 강약을 파악하여 용신을 정해야 흐름을 판단할 수 있다.

- 생년월일을 사주로 전환(만세력 이용)
- 사주에 음양오행 적용
- 육친 적용
- 월령을 따져 격국 정하기
- 사주의 강약을 살펴 용신 정하기

명리학을 통해 운명을 감정하는 방법은 다양하다. 그 수법이나 풀이법도 다양하다. 오행으로만 풀이하는 법이 있는가 하면 육친으로 푸는 법도 있다. 격국이나 용신을 대입하는 법도 있고 천간론(天干論)이나 지지론(地支論)으로 풀기도 한다. 허자론(虛字論)으로 풀기도 하고 합충법(合冲法)으로 풀기도 한다.

가장 유용한 방법은 모든 방법을 적절하게 사용하는 것이다. 운명 감정에서 가장 중요한 사항은 일간을 파악하는 법이다. 이후에 사주원국의 오행 조화를 살펴 길흉을 판단하는 방법이다. 그리고 흔히 십신이라고도 불리는 육친을 적용하고 다양한 풀이법을 적재적소에 적용하는 방법이다. 많은 학습자와 직업으로 삼은 연구가들은 12운성(十二運星)과 신살(神殺)에 대한 운명감정도 많이 사용하지만 궁극적으로는 오행의 조화 여부가 가장 중요하다.

일간을 먼저 살핀다. 이후 음양과 오행의 태과, 불급을 관찰한다. 이 과정으로 신강과 신약을 구별한다. 이를 분별하면 용신을 정한다. 용신을 정하는 방법은 여러 가지로 다양하나 일반적으로 사주의 한난조습을 따지는 조후용신과 음양오행의 배치와 다소를 따지는 억부용신이 적용된다. 이 모든 용신의 정함에는 오행의 중화를 중히 여긴다. 오행의 조화를 구별하고 따질 때는 사주팔자에서 해석 기준이 되는 일간, 즉 일주의 오행이 기준이 된다.

일간의 힘을 먼저 파악한다. 일간이 득령하면 일단 왕(旺)한 것으로 간주한다. 실령하면 쇠(衰)한 것으로 간주하고 출발한다. 원국을 이루는 천간이나 지지에서 많은 도움을 받는 것을 득세라고 하며 강(强)하다고 한다. 도움을 주는 오행이 없어 생조가 부족한 것은 약(弱)이다. 많은 학습자나 업으로 삼은 연구가들이 헷갈리거나 적용에 오류를 내는 것이 바로 이 부분이다. 그러므로 득령하여 왕하게 출생한 경우에도 세를 얻지 못해 약한 경우가 있고, 실령하여 쇠하게 출생했어도 득세하여 강한 경우가 있다.

사주에는 오행의 기가 있다. 천간이나 지지에 표출되지 않아도 지장간에 자리하는 경우가 있다. 천간에는 있는데 지지나 지장간에도 없는 오행이 있다면 이는 병으로 치부한다.

오행의 기(氣)는 사계절을 운행하는 것이다. 어느 계절에만 국한되어 움직이는 것은 아니다. 봄이라고 해서 목의 기만 움직이는 것이 아니다. 봄이라고 해도 화의 기운, 토의 기운, 금의 기운, 수의 기운이 모두 움직이는 것이다.

비록 일간이 득령하여 사령(司令)하는 계절에 태어났다 해도 그 가운데는 반드시 병립(竝立)하는 것이 있게 마련이다. 즉, 목의 기운이 봄에 태어났다고 해도 다른 기운이 항시 존재한다. 목의 기운이 주된 것이라 해도 금이나 토, 수나 화의 기운이 존재하는 것이니 병립이다. 봄의 계절에는 목이 사령하여 갑을(甲乙)이 일간에 투간되면 기운이 왕하다. 그러나 무기의 토의 오행이 없는 것은 아니다. 다만 그때 휴수(休囚)된 상태라 보이지 않거나 활동하지 않을 뿐이다. 모든 오행이 천지간에서 사라진 것은 아니다. 단지 목의 계절인 봄에는 갑을이 활개치므로 물러나서 다투지 않을 뿐이다. 봄이라 해서 어찌 흙이 없고 만물을 생하지 않을 것인가? 겨울에 뜬 태양이라고 해서 힘이 없고 빛이 없는 것은 아니지 않은가?

사계절에는 모두 오행이 존재한다. 드러나지 않았다고 없는 것은 아니다. 왕상휴수사(旺相休囚死)의 순환에 따라 나타나기도 하고 숨어 있기도 하다. 봄이 오면 목이 왕하지만 금수화토가 완전히 사라진 것이 아니다. 그러나 이처럼 숨어 있고 고개를 숙이는 오행들도 각기 구별이 있으니 이를 왕상휴수사로 적용하였다.

용신은 세력으로 정해지는 것이다. 월령을 중시해 왕상휴수사를 따지지만 용신에 직접 좌우하는 것은 아니다. 즉 년월일시 상태에 따라 세력이 달라진다. 사주 전체를 살펴야 한다. 출생월에서 득령하지 못했어도 나머지 기둥에서 비겁을 만나고 인성을 만난다면 쇠약하다고 단정하지 못한다. 이때는 세력이 더 중요하다. 원국 분석에서 월령이 중요한 것은 사실이지만 월령에만 매일 수는 없다.

목을 살펴본다. 사람의 삶이 그렇듯 중화가 요구된다. 일주가 지나치게 왕성하면 파재, 손처 등 흉악이 일어난다. 일간이 지나치게 쇠약하면 병고, 빈천 등 흉운이 이어진다. 봄에 태어난 목이 비록 강해도 금이 너무 많으면 위태롭다. 이때는 화의 오행이 금을 제어해야 한다. 그런데 목을 극하는 금이 토의 생조를 받는다면 필히 요절이 두렵다. 가을에 태어난 목은 약하나 뿌리가 깊다면 약하지 않다. 일간이 목이면 천간에 비겁인 갑을이 있고 지지에 인묘가 있다면 금을 두려워하지 않아도 된다. 수의 오행이 합세하면 오히려 금보다 강하다.

득령하고자 하면 계절을 잘 타고나야 한다. 봄에는 목, 여름에는 화, 가을에는 금, 겨울에는 수가 득령의 기본이다. 여기에 천간과 지지에 비겁과 인성이 있는데 그 수가 적지 않다면 세력을 이룬 것이다. 설기도 신경 써야 한다. 갑을목 일간인데 천간에 병정이 있고 지지에 사오가 자리하여 화의 오행이 무리를 지었다면 목은 설기(洩氣)가 심해진다. 득령했어도 강할 수 없다. 갑을이 가을의 신유월에 생하면 실령했다고 할 것이나 비겁과 인성이 중첩해 있다면 약하다고 볼 수 없다.

일간을 파악할 때 강약을 논한다. 이 과정에서 월령의 왕상휴수사만 보면 실수하기 쉽다. 일간의 뿌리가 있는지 살펴야 한다. 뿌리가 강하면 재, 관, 식신은 물론이고 상관과 칠살을 감당해내고도 남는다. 12운성을 적용한다면 장생과 녹왕은 뿌리가 튼튼하고, 묘고(墓庫)는 뿌리가 약하다.

천간에서 한 개의 비견이나 겁재를 얻는 것보다 지지에서 한 개의 묘고를 얻는 것이 낫다. 각각 묘고를 따지니 갑을이 미를 만나고 병정이 술을 만나는 것이 좋다. 무기는 술을 만나고 경신은 축을 만난다. 수는 진을 만나면 최상이다. 이는 각각 오행의 묘고를 따지기 때문이다. 천간에서 2개의 비겁을 얻는 것은 지지에서 1개의 여기를 얻는 것보다 못하다고 하였다. 이는 을(乙)이 진(辰)을 만나고 정(丁)이 미(未)를 만난 것과 같다. 여기를 만난다는 것은 일간이 인성의 묘고를 만나는 것을 말한다.

지장간에서 가장 먼저 들어오는 기를 여기라 하고, 스쳐 지나가는 중기가 있고 내 원래의 색을 나타내는 것을 정기라고 한다는 것을 감안하면 여기는 밀려들어오는 힘이니 바로 어머니 같은 인성을 나타낸다. 천간에서 3개의 비겁을 얻는 것이 1개의 녹이나 제왕을 만난 것보다 못하다고 한다. 이는 12운성의 건록과 제왕을 말하는 것이다. 예를 들면 갑이 인, 묘를 만난 것과 같다.

군이 구별하면 일간을 돕는 천간의 비견과 겁재는 친구나 형제의 도움에 유사하고, 지지에 통근한 것은 뿌리이니 가족의 도움이다. 천간에 도움이 아무리 많아도 통근하여 뿌리가 든든한 것만 못하다.

일간이 생조되면 신강이고 일주가 극해되면 신약이다. 그러나 세력은 미정이다. 일주가 생조되었다는 말은 일간의 오행과 같은 오행이 많거나 생해주는 오행이 많은 것이다. 인수, 편인, 비견, 겁재를 만났음이다. 극해된다는 의미는 일간과 반대되는 오행을 말하니 정관, 편관, 정재, 편재를 만난 것이다. 식신, 상관을 만나면 일간을 설기시키니 약해진다.

12운성을 적용하면 일간이 지지에 장생, 건록, 제왕 등을 만나면 득기한 것이고 병, 사, 절 등을 만나면 실기한 것이다. 그러나 12운성의 적용은 그다지 정확성이 높다고 말하기 어려운 측면도 있다.

일간의 신강과 신약은 여러 가지 상황을 종합해 결정하지만 보편적으로 세력을 적용하여 파악하는 것이 좋다. 사주에서는 중화라는 말을 많이 사용한다. 용신도 중화에 적용하기 위해 사용한다. 그러나 실제로 사주를 적용하면 중화된 사주는 구별하기 어렵고, 중화된 것으로 보이는 사주도 많지 않다. 이른바 사주의 대가들이라는 연구가들이나 학자들도 왕왕 틀리고 헛다리를 짚는데, 용신과 마찬가지로 쉬운 일은 아니다.

신강과 신약을 정하는 기준은 일반적이다. 일간을 기둥으로 삼고 생조하는 육친을 상세히 살펴야 한다. 또한 제극의 관계와 설기의 관계를 따져 신강과 신약을 판단한다. 그럼에도 월령을 무시할 수 없으며 천간보다 지지의 작용력이 크므로 신중하게 살핀다.

세를 점검할 때 숫자가 부족하여 세가 약한 듯하지만 삼합이나 방합,

육합, 간합을 살펴야 한다. 이 중에는 합화(合和)를 통해 다른 오행으로 변하는 것도 고려하고 적용의 묘를 찾아야 한다. 이에 따르면 신강과 신약을 구별하는 어느 정도 규칙을 구할 수 있다.

- 득령: 일간이 월지에서 겁재와 비견을 얻음
- 득령: 월지에서 계절의 여기(인성)를 얻음
- 득령: 월지에서 건록, 장생, 제왕을 얻음
- 득지: 일간이 일지에서 록왕(비겁)을 얻음
- 득지: 일간이 일지에서 인성을 얻음
- 득세: 일간이 득령과 득지를 포함하고 년지나 시지에서 인성을 얻음
- 득세: 천간에서 비겁을 봄
- 득세: 천간에서 인수를 봄
- 득세: 지지에서 삼합(三合)이나 방합(方合)을 얻음

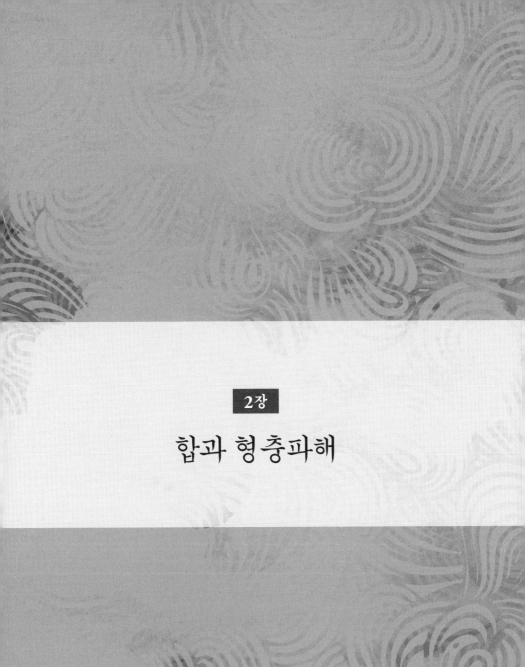

2장

합과 형충파해

사주를 분별하고 해석하며 여러 가지 이론을 적용해 해독하는 것을 간명(看命)이라고 한다면 여러 가지 변화를 효율적으로 적용하고 해석하여 풀어내는 것을 통변(通辯)이라고 할 수 있다. 통변은 여러 가지 이론과 적용을 다양하게 할 수 있다.

통변에서 가장 중요한 것은 기본을 망각하지 않는 것이다. 일부에서는 통변을 중요하게 여기는데, 이때도 간명을 기본으로 해야 한다. 간명이 이루어지지 않은 상태에서 통변에 치우치면 자가당착에 빠질 수 있다.

누구나 같은 생각을 하며 살지는 않는다. 따라서 똑같은 이론을 공부하고 같은 양을 학습한다 하더라도 그 결과는 달라질 것이다. 또 사고와 학습능력이나 다양한 인생 경험으로 분석과 적용에도 차이가 생긴다. 그렇다 하더라도 지나친 생각에 빠져 자기중심적으로 해석하지 말고 기본을 먼저 적용하는 것이 가장 이상적인 통변이라고 생각한다.

통변 과정은 변화를 얼마나 잘 이해하느냐는 것이 문제다. 사주를 분석하면서 많은 변화를 느끼고 적용하는 과정을 거치지만 합(合)과 형충파해(刑沖破害)처럼 다양한 변화를 가져오기도 쉽지 않다. 따라서 합과 형충파해를 확실하게 이해해야만 단기적·장기적인 변화는 물론 일어나는 사건·사고를 정확하게 예측할 수 있다.

먼저 합에 대하여 논한다. 합이란 더해지는 것이다. 더하여 무언가 만들어지는 것이다. 합은 합한다, 하나가 된다는 의미이다. 그러나 깊이 생각해보면 합은 하나가 아니라 하나 이상의 무엇인가가 하나로 변하는 것이다. 따라서 묶인다는 의견이 가능하다.

합은 여러 사람이 마음을 모은 것이다. 여럿이 모이면 혼자 있을 때보다 힘이 강해진다. 사주도 사람 모임과 다르지 않다. 사람마다 차이가 있지만 사주 내에서 각각의 간지가 지니는 힘이 다르다. 이 간지가 합해져 강해지거나 다른 성질로 변하는 것이 합이다. 때로는 그 성질이 변하여 흉성(凶星)이 길성(吉星)으로 변하는 경우가 있고, 길성이 흉성으로 변하기도 한다.

일반 이론은 합을 대부분 좋은 작용이 이루어진다고 해석하는 것으로 보인다. 그러나 일주 이론에서는 합이라고 해서 반드시 좋은 결과를 나타내는 것이 아니라고 해석한다. 합은 서로 결속해 하나가 되므로 좋은 의미라고 해석하기 쉽다. 그러나 경험수치로 보아 합이 반드시 긍정적 의미만 있는 것은 아니다. 때로는 합하지 않고 독립적으로 움직이는 것이 좋은 경우도 있다. 따라서 합을 길하다고 푸는 것이 꼭 좋은 풀이는 아니다.

어느 학자는 지지의 합에서 삼합(三合)만이 작용한다는 주장을 폈지만 간명이 어디 그렇게 간단한 것인가? 간단한 문제가 아니므로 심사숙고하고 파고들면 그 변화가 만들어내는 파동을 느낄 수 있다.

음양오행에는 생이나 극에 대한 이치가 있다. 이는 하나의 원소가 다른 원소를 극하거나 생하는 것이다. 이와 비교하여 합은 합하는 것이고 궁극적으로 화(化)의 변화가 일어나 애초부터 지니고 있던 성질이 처음과 달라지는 특별함이 있다.

문제는 모든 합에서 화(化), 변화(變化)가 일어나는 것은 아니라는 것이다. 합(合)과 합화(合化)는 다르다. 변하는 것과 변하지 않는 것이 있다. 합했다고 모두 변하는 것은 아니다. 그 나름의 법칙과 조건이 갖추어져야 합화가 일어난다. 따라서 합은 조건이다. 세상의 모든 만물에는 변화가 있지만 합의 관계에 있다고 해서 모든 것이 다 변하는 것은 아니다.

본시 합(合)이라는 한자의 유래는 세 가지가 있다. 이러한 글자를 해독해 어떤 의미를 적용할 수 있는지도 파악할 수 있다.

명리학은 자연과 인간의 삶에서 흐름을 맞추어 그 운명을 살피는 이치이다. 인간이 만들어낸 글자 중에서 한자는 이러한 이치를 그대로 드러내는 경우가 많다. 명리에 사용하는 한자를 이와 같은 이치에 맞게 해석해 적용하는 것도 현명한 방법이다. 합(合)이라는 글자를 이해하는 데도 이와 같은 이치를 적용하면 조금 더 세밀하게 이해가 가능하다. 합의 의미는 다음과 같다.

- 口(그릇의 몸통 부분)와 亼(집, 뚜껑을 의미)이 합하여 뚜껑과 몸을 맞추는 것
- 亼(집)이 集(모을 집)의 예전 글자로 쓰이고 口(구)는 사람의 입으로 쓰인 각기 다른 사람의 소리를 모으는 것(혹은 대답하는 것)
- 亼(집)이 集(모을 집)의 예전 글자로 쓰이고 口(구)는 물건을 나타내

어 물건(物件)을 모으는 것

- 合은 천지인(天地人) 삼재(三才)를 나타내기도 한다. 즉 하늘과 땅, 사람이 사는 곳을 나타내니 천지인이다. 가장 윗부분의 人은 지붕을 나타내니 하늘이요, 중간 一은 천장이다. 그 아래 口는 몸통이며 사람이 사는 공간이다. 口는 몸통으로 아랫부분이 땅에 닿아 있어 지(地)를 나타낸다. 이는 풍수지리에도 적용하는 이론이다.

POINT

합의 작용(천간을 중심으로) 합은 두 개의 오행이 만나 하나의 오행으로 변하는 것이다. 이에 따르는 근본적 현상이 있다.

① 묶인다.

② 변한다.

③ 배반한다.

---

1. 천간합

사주를 살필 때 적용하는 법칙과 이론이 무수히 많지만 어느 것을 먼저 적용하느냐가 매우 중요하다. 무수하게 많은 명리학의 전서(傳書)와 이설(異說) 중 어느 것 하나 벗어나지 않게 사용되는 공식이 있으니 바로 합과 형충파해의 법칙이다. 여기서 가장 먼저 사용하는 것이 합에 대한 이론이다. 이 중에서도 하늘의 이치를 말하는 천간의 합을 간합(干合)이라 하여 사주 간명에서 중요하게 사용한다.

사주 간명에서 간합은 천간의 합을 말한다. 천간은 하나같이 음과 양으로 나뉘어 있다. 간합은 음양오행의 상극에 따라 합체한다. 따라서 양이 양으로 합하는 경우는 없다. 반드시 음은 양과 합하고 양은 음과 합한다. 이것을 화상(化象)이라고 한다. 음과 양이 합체해서 자신 본연의 오행을 잃어버리고 다른 오행이나 다른 음양으로 변하는 오행을 화기오행(化氣五行)이라 한다. 천간은 모두 10개 글자로 이루어져 있고 각각 양이 5개, 음이 5개이다. 또 오행은 각기 2개 글자로 배정되니 각각 양목갑(陽木甲), 음목을(陰木乙), 양화병(陽火丙), 음화정(陰火丁), 양토무(陽土戊), 음토기(陰土己), 양금경(陽金庚), 음금신(陰金辛), 양수임(陽水壬), 음수계(陰水癸)로 나눈다.

갑을병정무기경신임계(甲乙丙丁戊己庚辛壬癸) 10개 글자는 각각 일정한 법칙에 따라 합을 한다. 첫 번째 글자는 여섯 번째 글자와 합하고, 두 번째 글자는 일곱 번째 글자와 합한다. 세 번째 글자는 여덟 번째 글자와 합하고, 네 번째 글자는 아홉 번째 글자와 합한다. 마지막으로 다섯 번째 글자는 열 번째 글자와 합한다. 이와 같은 방법으로 합해져 갑기합(甲己合), 을경합(乙庚合), 병신합(丙辛合), 정임합(丁壬合), 무계합(戊癸合)의 간합이 이루어진다.

양을 표방하는 천간 5개와 음을 표방하는 천간 5개를 조합하면 여러 가지 수가 나올 수 있다. 그런데 왜 5개 조합만 가져왔을까? 이에 대해서는 여러 가지 설이 존재하지만 선천수와 후천수의 논리를 적용하여 해설하는 방법이 비교적 간편하고 논리적이다.

선천수는 오래전 중국에서 《주역》을 만든 법칙에서 왔다. 즉 동서남북 중앙의 5개 방위를 각각 나누어 배정하고 음양오행을 적용하면 북방수(北方水)에 임1 계6, 남방화(南方火)에 병7 정2이다. 동방목(東方木)에 갑3 을8, 서방금(西方金)에 경9 신4이고 중앙토(中央土)에 무5 기10을 배열하였다. 이 과정에서 선천수 방식을 적용하여 음양수의 차이가 각각 5가 나도록 음양을 결합하였으니 1과 6, 2와 7, 3과 8, 4와 9, 5와 10으로 묶고 여기에 음천간과 양천간을 그대로 적용하니 갑기(甲己), 을경(乙庚), 병신(丙辛), 정임(丁壬), 무계(戊癸)의 5개 음양조합을 만들었다. 이는 하늘의 수를 논한 것이지만 이로써 지상에 배치하여 실제 적용하려는 의도라고 보인다.

천간의 선천수와 음양수										
五行	木		火		土		金		水	
天干	甲	乙	丙	丁	戊	己	庚	辛	壬	癸
先天數	3	8	7	2	5	10	9	4	1	6
陰陽數	5		5		5		5		5	

천간의 후천수와 천간합										
天干	甲	乙	丙	丁	戊	己	庚	辛	壬	癸
後天數	1	2	3	4	5	6	7	8	9	10
陰陽合水	6	7	8	9	10	1	2	3	4	5
天干合	甲己	乙庚	丙辛	丁壬	戊癸	甲己	乙庚	丙辛	丁壬	戊癸

천간합은 음양의 합이다. 양간과 음간의 합이다. 어떤 경우에도 양간이 양간을 합하지 않는다. 음간이 음간을 합하지 않는다. 또 서로 극(剋)

의 기운이지만 음양이 달라 극하지 않는 기운의 합이다. 결국 천간의 합은 반드시 양천간과 음천간이 만나 합을 하는 것이나 내면적으로는 극의 합이다.

각각의 간합에는 특징이 있다. 갑기간합(甲己干合)은 갑목과 기토가 합하여 토(土)로 화(化)하고 중정지합(中正之合)이라 한다. 사물에 역하지 않고 인간적이며 마음이 넓다는 뜻이다.

을경간합(乙庚干合)은 을목과 경금이 합하여 금(金)으로 화하고 인의가 돋보이는 인의지합(仁義之合)이라 한다. 강건, 과감, 용기를 뜻한다.

병신간합(丙辛干合)은 병화와 신금이 합하여 수(水)로 화하고 겉으로 드러내는 것을 좋아하는 위세지합(威勢之合)이라 한다. 위세지합은 살기가 넘치는 칠살을 띠는 것을 좋아하며 편협, 색정을 뜻한다.

정임간합(丁壬干合)은 정화와 임수가 합하여 목(木)으로 화하고 음익지합(淫匿之合)이라 한다. 분위기에 잘 휩쓸리고 색욕을 좋아한다. 어느 합보다 색적이라고 간명한다.

무계간합(戊癸干合)은 무토와 계수가 만나 화(火)로 합하여 화하고 무정지합(無情之合)이라 한다. 색을 밝히니 정임간합(丁壬干合)과 유사하여 색욕에 물들기 쉽다. 그러나 정임간합이 정서적이라면 무계간합은 무도하고 폭력적이다.

남녀 공히 양일생의 일간이 간합하는 오행은 정재이고 음일생의 일간이 간합하는 오행은 정관이다. 천간합은 음과 양이 만남으로써 음양이 조화되는 음양합(陰陽合)이라고 볼 수 있지만 합을 하는 쪽에서 바라보면 그 의미가 다르다.

양간은 극하는 합이라 극합(尅合)의 관계에 해당하고 육친으로 따져 정재와 합하니 정재합(正財合)이라 할 것이다. 이와 비교하여 음간 쪽에서 합할 때는 제지(制止)를 당하는 처지라 제합(制合)이라고 볼 수 있는데 정관과 합을 하니 달리 정관합(正官合)이라 부를 수 있다.

순수한 음양의 합이라는 관계에서 살피면 서로 다른 오행이 만나 잘해보자는 의기투합이지만, 극이라는 관념에서 살피면 목적을 달성하기 위해 상대를 제압하고자 하는 합이므로 투쟁의 합이라 해도 틀린 말이 아니다. 또한 조금 넓게 생각하면 정재는 여자이며 부인이고, 정관은 남자이며 남편이니 남녀 간의 인연이나 부부의 인연도 이처럼 음양의 합이고 오행의 합이라는 것을 말하고 있다.

천간은 새로운 오행을 만나 합을 하니 이를 합화(合化)라 하고 합화가 이루어져 새로운 오행이 만들어지면 이를 화기오행(化氣五行)이라 한다.

1) 천간합의 종류

천간이란 하늘을 의미하고 생각을 의미한다. 천간은 10개 글자로 이루어졌다. 이 10개 글자가 상호 합을 하는 경우가 있다. 이러한 경우를 천간합이라 한다. 달리 간합이라는 말을 사용하기도 하는데 생각의 바뀜, 쏠림현상을 나타내기도 한다. 아울러 변한다, 묶인다의 정의를 가져오기도 한다.

간합(干合)이란 음과 양의 성질을 지닌 천간을 합하는 것으로 달리 화상(化象)이라고 하며 변화한 오행을 화기오행(化氣五行)이라 한다. 겉으로 드러나 있어 명합(明合)이라는 이름으로 불리기도 한다.

간합의 이치는 양간(陽干)과 음간(陰干)이 합해지는 것이니 남녀가 사랑하는 것과 같은 이치다. 반드시 양간과 음간이 합을 한다. 음간끼리 합하거나 양간끼리 합하는 일은 어떤 경우에도 일어나지 않는다. 두 천간이 만나 성질이 변하니 자식을 낳는 것과 같다.

천간합은 다섯 가지가 있다. 모든 간합은 공히 양일생의 일간이 간합하는 오행은 정재(正財)가 되고 음일생의 일간이 간합하는 오행은 정관(正官)이 된다.

천간합(天干合)

十干	갑기(甲+己)	을경(乙+庚)	병신(丙+辛)	정임(丁+壬)	무계(戊+癸)
화기오행(변화)	토(土)	금(金)	수(水)	목(木)	화(火)

사주에서 간합이란 음과 양의 천간의 상극에 따라 합체하는 것으로 이것을 화상(化象)이라고 하며 합체해서 변화하는 오행을 화기오행(化氣五行)이라 한다.

이러한 천간합의 이치는 어디에서 오는가? 명리의 천간합 이론은 한의학의 득룡이운(得龍移運) 법칙에서 나타난다. 기본적으로 이러한 이론의 배경은 득룡이운이다. 즉 운(運)이 있으면 결국 화(化)가 된다. 득룡하더라도 주변 세(勢)에 따라 화(化)가 되기도 하고 화가 될 수 없기도 하다. 아울러 합을 하여 자식을 낳는다면 그곳에서 생긴 목화토금수는 모두 양체(陽體)이다. 따라서 천간합으로 만들어진 모든 오행은 양으로 적용한다.

득룡이운이란 용을 득해야 운화(運化)가 된다는 이치이다. 이러한 이론에 어울리는 월이 진월(辰月)이다. 용은 천지의 정기 교류를 나타내는 것을 표현한 용어인데, 용은 진월에 솟구친다. 진월에 습기가 하늘로 올라간다고 보면 된다. 용은 하강하지 않는다. 이 계절을 달로 나타내면 진월이다. 십이지에서는 진토이다. 다른 말로는 탈영실정(奪靈失情)이다. 탈영은 높은 관직에서 천해진 것이며, 실직이고 좌천이며 귀양이다. 신분의 강등을 이야기하고 상승지기가 꺾인 것이다. 실정은 재물을 잃은 것이다. 이 이치를 적용하면 복부에 지방이 어느 정도는 있어야 재물이 있다고 본다. 이러한 이치를 이용한 것이 천간합이다.

천간합의 이치는 그다지 어렵지 않다. 월건(月建)을 살펴보면 쉽게 이해할 수 있다. 어느 달이고 3월은 진월(辰月)이다. 양부생수 이치에 따라 오토(五土)와 목기(木氣)를 지닌 진월이 그 바탕이다. 이 진월을 놓고 따지면 갑기년(甲己年)에는 3월이 무진월(戊辰月)이니 천간이 무로 토이고, 을경년(乙庚年)에는 3월이 경진(庚辰)이니 천간이 경으로 금이다. 병신년(丙申年)에는 3월이 임진월(壬辰月)이고 천간이 임이니 수이고, 정임년(丁壬年)에는 3월이 갑진월(甲辰月)이니 천간이 갑으로 목이다. 무계년(戊癸年)에는 3월이 병진월(丙辰月)이니 천간이 병으로 화이다. 이처럼 각기 합의 바탕을 가지고 지지를 찾아 월건이 이루어지면 목화토금수의 변화가 일어난다. 아울러 변한 달의 천간이 모두 양임을 알 수 있다. 천간합을 보고 궁합을 살핀다면 무조건 일간이 합을 하는 것이 우선이다. 지지를 고려하지 않는다면 남자가 양이고 여자가 음일 때 더욱 좋다.

오행	화오행(化五行)	의미
토	갑기합토(甲己合土)	중정지합(中正之合)
금	을경합금(乙庚合金)	인의지합(仁義之合)
수	병신합수(丙辛合水)	위엄지합(威嚴之合)
목	정임합목(丁壬合木)	인수지합(仁壽之合)
화	무계합화(戊癸合火)	무정지합(無情之合)

근본적으로 천간합에는 일간에 연결된 간합과 일간에 연결되지 않는 간끼리 간합하는 두 종류가 있다. 이 과정에서 일간에 연결된 간합은 남녀 공히 양일생은 정재와 간합하고 음일생은 정관과 간합한다. 여자 사주에서 정재와의 간합은 이성에 대한 애정이 있다고 본다.

일반적으로 간합은 두 기운이 묶이는 것이다. 다른 기운이 합해진다. 타인과 제휴, 합동, 합병을 뜻한다. 따라서 남자 사주에 간합이 있다는 것은 외교적·사교적으로 발전함을 의미한다. 사주에서 간합이 이루어지면 사업운영이나 처세상 매우 도움이 된다. 사업하는 사람이라면 꼭 필요한 요소이다.

여자 사주에서 간합은 능숙한 사교수단으로 나타날 가능성이 높다. 그러나 인간관계를 나타내는 현상이 너무 발전하다보면 남편에게 오해받을 수 있으며 품행에 문제가 생겨 이성적인 과오를 범할 가능성도 높아진다. 일단 간합이 일어나면 대인관계가 원만하고 상냥한 성격으로 나타난다.

　일간과 합을 하지 않는 간합이 있다. 간합에서 월간과 일간이 합하고, 일간과 시간이 합하는 경우는 일간과 합을 하는 경우로 나뉜다. 즉 년간과 월간이 간합하는 경우와 년간과 시간이 간합하는 경우이다.

　이렇게 일간이 아니라 타간끼리 간합하는 경우에는 일간을 배신하는 경우의 수로 해석한다. 이처럼 일간을 배제하고 타간끼리 간합하는 경우에는 육친을 배치하여 살피면 어느 육친이 배신하였는지 파악이 가능하다. 단 년간과 시간의 간합은 거리가 멀어 온전한 합을 이루었다고 간명하기 어렵다. 이처럼 지나치게 먼 타간끼리 간합한 것은 요합(遙合)이라 한다. 그러나 변화를 파악한다는 측면에서 이해해야 한다.

　앞에서 간합은 타인과 제휴, 합동, 합병을 뜻한다고 했다. 따라서 남자가 외교적·사교적으로 되는 것은 사업운영이나 처세상 꼭 필요한 것이 되고 여자가 능숙한 사교수단이 너무 발전하다보면 품행에 과오를 범하기 쉽다. 일단 간합에 따른 성질의 판정은 대인관계가 원만하고 상냥한 것으로 본다.

　어찌 보면 천간합은 이해하기가 쉽다. 하지만 가벼이 여기지 말고 천간합을 제대로 익히고 알아야 한다. 천간은 간단하게 이해할 수 있지만 실질적인 드러난 삶이고 변화무쌍하기 때문이다. 천간은 드러남이고 지지는 숨어 있음이다. 이 천간합은 단순히 갑기합이고 을경합이며 병신합이고 정임합이며 무계합이다. 그런데 단순하게 육친을 적용하여 정재의 유정합이라 하여 좋다고 한다면 자연법을 제대로 이해하지 못한 것이다.

　천간합은 단순한 육친 문제가 아니다. 육친 이전에 오행이고 음양이다. 이러한 이치를 이해해야 한다. 조금 더 깊숙하게 파고 들어가면 자연의 이치마저 적용이 가능해져야 한다. 이러한 이치가 선행되어야 천간합을 제대로 이해할 수 있다. 따라서 오랜 시간을 두고 반복하여 학습해야 진정한 물리가 트인다.

갑기간합

갑기간합(甲己干合)은 합하여 토(土)로 화(化)하며 중정지합(中正之合)이라 한다. 즉 갑은 목의 오행을 나타내지만 토의 오행을 나타내는 기토와 합해 토로 변한 것이다. 따라서 이 경우는 갑이 토에 묶인 것이다.

중정지합이라 하였으니 사물에 역하지 않고 마음이 넓다는 뜻이다. 도량이 넓고 자기분수를 지키며 다투지 않는다. 사주원국에 화(火)가 있고 격의 구성이 좋으면 더욱 출중하다. 그렇다고 모두 훌륭한 것은 아니다. 특히 인묘월생(寅卯月生)은 간계에 능하지만 성공하기가 어렵다. 갑기합(甲己合)이 이루어지고 지지에 형이 있으면 팔이나 어깨, 다리에 질병이 있다.

갑일생(甲日生)이 기(己)와 합하면 신의는 있으나 지혜가 부족하고, 기일생(己日生)이 갑(甲)이 있어 합이 되면 신의가 없는 경우가 많은데, 이 경우 목소리가 탁하고 코가 낮으며 십중팔구 이복형제가 있다. 따라서 기일생이 갑기합이 되었다면 목소리와 코의 높낮이로 인물됨을 평가할 수 있다.

갑기간합(甲己干合) 1				
	時	日	月	年
天干	庚	己	癸	甲
地支	午	丑	酉	辰

갑기합이니 중정지합이다. 인간적인 마음을 지녔으며 마음이 넓고 좋은 사람이다. 생각이 순후하다고 할 수 있다. 이는 일반적인 풀이다. 또 기토가 갑을 합했으니 관합(官合)이다. 명예를 추구한다고 풀 수 있다. 갑기합이니 단순히 좋다고 한다면 오행의 깊이를 좀 더 연구해야 한다. 기토는 갑에 의해 본인이 서서히 파괴되어간다는 사실을 간과하지 말아야 한다.

기토일간이 갑목을 합하면 갑기합이다. 이때 갑목의 미래지향적인 성정이 정재인 기토에 의해 현실적인 면이 강하게 나타난다. 기토 처지에서 보면 갑목의 강한 기운이 유입되는데 정관의 합리성이 너무 강화되면 이기주의적 성향이 나타나는 것을 주의해야 한다.

기토일간이 갑목과 합을 하면 신의가 없다고 간명한다. 하지만 기토일간은 속이 깊고 순간적인 아이디어가 뛰어나 그러한 점을 대부분 감당한다. 그러나 갑목은 서서히 기토를 가르고 파고들기 때문에 시간이 지나며 몸이 아프고 약해지는 현상이 나타나기도 한다.

갑기간합(甲己干合) 2				
	時	日	月	年
天干	庚	甲	己	甲
地支	午	申	巳	辰

갑기합이다. 다른 여러 가지 합과 조건이 있지만 일간이 갑이고 월이 기이니 갑기합이다. 갑기합만 국한하여 파악하면 일간이 재와 합하였으니 재합(財合)이다. 갑기합이니 중정지합이라고 판단한다. 그러나 이 경우 갑일간이 기토를 만나면 논에 자빠진 격이다. 즉 갑은 기토에 의해 자신의 역량을 다 발휘하지 못한다. 한순간 갑이나 기토는 좋게 작용하지만 곧 아님을 느껴간다. 그것이 바로 갑과 기의 합이다.

갑기합은 중정지합이다. 일반적으로 좋은 합으로 인식한다. 그러나 좋은 합이라 하더라도 결과가 있기 마련이고 지나치면 결과가 나쁠 수도 있다. 흔히 갑기합의 조건에서 갑일간이 기를 합하면 정재와 합하는 것이고, 기일간이 갑을 합하면 정관과 합하는 것이다. 모든 천간합은 정관과 합하거나 정재와 합한다. 그러나 일간이 아니라 타간끼리 합은 식상과 인성의 합으로 이루어진다.

갑목일주가 기토를 합하면 흔히 하는 말로 논에 쓰러졌다고 표현한다. 안타깝게도 갑목이라는 거목이 기토 때문에 뿌리가 약하거나 썩어 지탱하지 못하고 속절없이 쓰러지는 것이다. 기토는 찰랑거리는 논이기 때문에 갑목의 뿌리를 잡아주기 어렵다고 해석한다.

갑은 거목이고 거북이 상이다. 한번 넘어지면 회생하기 어렵고 거북이는 뒤집어지면 일사병에 말라 자신을 해칠 수 있다. 이 같은 이치로 갑목은 한번 망하면 재기하기 어렵고, 쓰러지면 일어나기 어려우며 이혼하면 재혼하기가 어렵다.

갑목은 기둥이며 대들보에 쓰이는 거대한 나무와 같으므로 휘기보다는 한번에 꺾인다는 사실을 간과해선 안 된다. 특히 갑목이 시간의 기토와 합하면 여자 문제가 심각하다. 시간의 정재는 어린 여자, 문밖의 여자, 부하 여자를 나타내는데 합을 한다는 것은 취한다는 의미가 있다.

갑목이 기토를 만나면 밖에서 볼 때는 합이지만 양목이 자연스럽게 음토를 극하는 상황이다. 이로써 합화토(合和土)가 이루어진다. 이 과정에서 갑목의 뿌리가 썩는다. 만약 남자가 갑목이고 여자가 기토라면 여자 치마폭에 싸여 뿌리가 썩어가며 음습한 토로 변해가는 과정에 놓이게 된다.

갑목은 대림목(大林木)으로 숲을 이루는 나무인데 햇볕을 바라보고 자라야 한다. 그런데 물이 많은 땅을 만났으니 결국 뿌리가 썩어 쓰러진다. 이러한 경우 표면적으로는 양이 음을 지배하는 것 같지만 사실은 음이 양을 지배한다.

궁합을 따질 때도 일간이 합을 하면 우선적으로 좋다. 물론 조후를 따져야 하지만 일간이 합을 하면 좋다는 것은 지지를 고려하지 않은 발상일 뿐이다.

을경간합

을경간합(乙庚干合)은 금(金)으로 화하며 인의지합(仁義之合)이라 한다. 강건, 과감, 용기를 뜻한다. 다소 지나치지만 인의가 두텁다. 그러나 원국에 편관이나 사(死) 또는 절(絶)과 같이 있으면 용감하지만 천하다. 출생월이 사고(四庫)가 되면 가문이 번영하고 화국(火局)을 이루면 분주하기는 해도 의식주 문제는 곤궁하다.

을일생(乙日生)이 경과 합되면 예의라고는 없으며 결단력이 부족하다. 경일생(庚日生)이 을과 합되면 의로운 척하지만 자비심이라고는 없으며, 치아가 튼튼하다. 을경합(乙庚合)을 이루었는데 지지에 금의 기운이 왕성하면 남자는 인격을 갖추고 권위가 있으며 여자는 미인 축에 든다.

간합은 가까이 붙어 있을 때 위력을 발휘한다. 즉 일간과 합을 하는 글자가 월간이나 시간에 있어야 위력이 있다. 조금 떨어진 합은 위력이 약하다. 즉 일간이 년간과 합을 하면 그 결과가 약할 수밖에 없는데, 이처럼 떨어진 합을 요합(遙合)이라고 한다. 멀다는 의미를 지닌 합이며 그 힘이 작용하기가 어렵다. 그러나 요합으로 작용한다고 하여 반드시 나쁘다는 의미는 아니다.

을경간합(乙庚干合) 1			
	時	日	月	年
天干	丁	乙	庚	丙
地支	丑	酉	子	寅

을목일간이 을경합을 하면 경금의 작용이 무력해지고 일간은 오히려 관성을 활용하려는 기운에 따라 기회주의적 성향을 유의해야 한다. 같은 목이라도 을목은 갑목과 비교해 수동적인 자세를 한다. 자신을 억누르는 경금을 만나니 저항하거나 버티기보다는 수긍하고 협조한다.

을경간합은 합을 통해 금화(金化)가 될 가능성이 높다. 지지의 상황을 고려해야 하지만 전통적인 여필종부(女必從夫) 모습이다. 이런 사주의 경우 을목을 여로 보고 경을 남으로 본다면 그러하다. 을경합은 남성이 주도적으로 이끌고 여성이 음적으로 내조하며 따라가고 헌신하는 모습이다. 이러한 사주의 경우 밖으로 보여주는 모습도 좋다.

을은 꽃이다. 넝쿨식물이다. 꽃은 들에 피었을 때도 아름답지만 담장이나 화분에 심어져 주인의 보호를 받을 때 더욱 아름답게 치장하고 가꾸어질 수 있다. 여성에게 좋은 사주는 을일간이 경에 합해지는 구성이다.

을목이 일간이다. 경금을 만나니 을경합이 이루어진다. 을목에 경금은 정관이다. 정관은 단순하게 남자, 직업으로만 적용하지 않고 성실성, 책임감, 복종심, 충성심, 신용을 의미한다. 을목은 천성이 부지런하고 생활력이 강하다. 을천간이라면 모두 같지 않고 지지에 따라 약간 차이가 있지만 10개 천간 중 친화력과 생존력은 단연 발군이다.

을목일주가 경금을 만나 합을 하면 삶을 대하는 태도가 경건하고 성실하며 근면성이 발현된다. 돈을 좋아하는 성정이 드러나기는 하지만 신용이 있으며 책임감도 강하다. 을목일간이 경금을 만나면 스트레스가 증가한다. 따라서 을경합이 이루어지면 을목은 신경질을 내거나 신경이 예민해지는 경우가 다변하다. 이때는 간혹 태도가 문제될 수 있지만 특유의 친화력을 발휘해야 한다.

예부터 합을 좋은 사주의 조건으로 삼지는 않았다. 그러므로 원국에서 합이 되더라도 비교적 스트레스가 적고 신경적 피해가 적은 구조가 좋다. 이 스트레스에 대한 답은 요합이다. 즉 일간이 월간과 합을 하거나 시간과 합을 하는 것이 아니라 년간과 합을 하는 구조이다. 요합이 이루어져 거리가 있으므로 합의 성격은 어느 정도 나타나며 스트레스는 적은 배치이다. 더욱 좋은 구조는 일간과 년간 사이에 서로 통관시키는 오행이 자리하는 것이다. 일간이 을이고 년간이 경으로 합인데 이 사이를

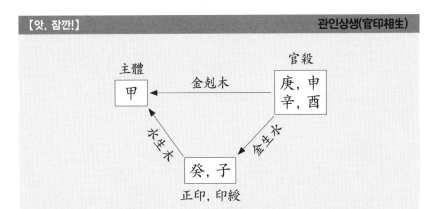

【앗, 잠깐!】 관인상생(官印相生)

主體
甲

官殺
庚, 申
辛, 酉

金剋木

水生木

金生水

癸, 子

正印, 印綬

관인상생은 상관패인(傷官佩印)이 되는가, 재생관(財生官)이 되는가 하는 구조로 주목한다. 상관패인과 재생관은 둘 다 좋은 명식이다. 상관패인은 상관이 있지만 인성이 어느 정도 제압하여 조절해주는 명식이다. 물론 재생관은 재가 관을 생하는 명식이다. 그러나 둘 다 이루어지지 못하면 평범한 삶이다. 관인상생의 평범한 삶이라고 하면 기준이 각각 다르겠으나 일반적으로 따지면 4년제 대학을 졸업한 후 지극히 평범한 회사에 취직되는 삶 정도라 볼 수 있다.

사실 세상을 살다보면 누구나 그렇게 하지 못하는 경우가 많은데 그것을 평범하다고 얘기하는 것도 아이러니한 일이다. 사람들이 평범하게 대학교를 졸업한 후 취직 잘한 남자라면 사위로 만족한다고 얘기하는 경우가 있는데 이 정도면 잘사는 것이다. 어쨌든 관인상생은 굶어죽지 않고 잘사는 삶이라 볼 수 있겠다.

《연해자평》의 이론을 바탕으로 살펴보면, 진정한 관인상생이 되는지는 전적으로 천간의 조화를 살펴야 한다. 예를 들어 살펴보면 화일간에 임인월은 관인상생이라고 얘기하지 않는 경우도 있다. 물론 관인상생이라고 보이지만 진정한 조건이 아니란다. 관인상생의 진정한 조건은 천간의 계갑을병(癸甲乙丙)과 정경신임(丁庚辛壬)의 성장생멸을 기반으로 한다는 이론이다.

임수나 계수가 자리하여 통관하면 좋다는 의미다. 이를 달리 관인상생(官印相生)이라 한다.

을경간합(乙庚干合) 2				
	時	日	月	年
天干	乙	庚	辛	癸
地支	丑	子	酉	巳

경금일간에서 보면 을경합은 경금의 냉철한 이성적 판단이나 결단력이 을목(정재)의 현실주의 혹은 이해타산적 기운에 따라 이완되어 경금 본연의 모습이 상당히 퇴색된다. 경금일간은 양의 성분이라 동적이다. 을목을 만나면 지배욕에 불타오르고 소유욕을 드러낸다. 경금은 성격이 그다지 드러나지 않는 오행이지만 자아와 주체성이 강하고 고집이 세다. 따라서 지배하려는 성향이 드러난다.

경금일간에 을목은 정재이다. 정재는 소유욕, 현실감, 절약정신으로 풀이된다. 경금이 을목을 만나 합을 하면 경금 자신의 주체를 잃지 않는 특징을 드러내며 돈을 추구한다. 따라서 경금을 일러 절약정신이 강하다, 수전노다, 돈을 쓰지 않는다와 같이 해석한다. 그러나 인간성을 잃지 않으면서 돈을 추구하는 성격이라 수전노와는 그다지 어울리지 않는다고 생각한다.

물론 경금이 을목과 합을 한다고 해서 반드시 좋은 것은 아니다. 사실 경금이라 해도 을목을 만나면 당연히 좋지 않고, 강하더라도 아주 좋다고 할 수는 없다. 경금이 일간으로 힘이 강하다면 인수인 임수나 계수를 활용하여 자신의 역량을 키워야 하지만 을목이 있다면 적극적으로 합을 하여 작은 이익에 만족하고 즐거움에 빠질 가능성을 배제할 수 없다. 또한 일간이 경인데 시간이나 월간에 을목이 투간되어 지나치게 가까이 있으면 부담스럽다. 다만 일간이 경이고 년간이 을목으로 요합을 이루면 어느 정도 스트레스에서 벗어나는데 월간에 이를 통해주는 오행이 있으면 좋다. 즉 일간 경이 년간의 을목으로 힘을 전달하는데 통로인 월간에 수의 오행이 배치되어 을을 생해주면 좋다. 이를 상관생재(傷官生財)라고 하며, 따라서 월간에는 상관인 계수가 배치되는 것이 길하다.

【앗, 잠깐!】　　　　　　　　　　　　　　　　　　　　　　**상관생재(傷官生財)**

식상은 식신과 상관이라는 별을 합쳐서 부르는 말이다. 식신이나 상관은 재성과 조합을 이룰 때 식상생재, 식신생재, 상관생재라고 해서 돈을 많이 번다고 좋게 해석한다.

완벽한 상관생재는 비견이 상관을 생하고 상관이 편재나 정재를 생하는 구조를 말한다. 그런데 상관생재가 모두 좋은 경우는 아니다. 신약사주에서 상관생재는 좋지 않은 경우가 많다. 신약사주가 좋지 않은 이유는 비견이 통근하지 못해 뿌리내리기 어렵기 때문이다. 그러나 대운에서 비견을 통근시킬 수 있게 된다면, 상관과 재성으로 이어지면 큰돈을 번다. 흔히 말하기를 신약사주가 상관생재를 이루면 대운에서 신강지로 가야지만 돈을 쓸어 담는다고 한다. 식신생재와 상관생재는 그 차이가 엄청나다. 예를 들어 식신생재가 돈을 1억 원 정도 번다면, 상관생재는 50억 원 이상이라고 보아도 좋을 정도로 아주 큰돈을 번다.

POINT

상관생재와 비슷한 말로 상관용재(傷官用財)라는 말이 있다. 이는 상관격에 재성이 용신인 경우를 말하는데 간혹 상관생재나 식상생재와 혼동하는 경우가 있다. 상관은 정관을 극하는 육친의 구조를 지니므로 흉한 것으로 여기는데 상관이 재를 생하게 되면 재는 관을 생한다. 결과적으로 상관이 생한 재가 관을 생하는 구조가 되니 상관이 관을 생한 결과를 만들어버렸다. 이처럼 흉이 변하여 길이 되니 유리한 구조가 성립된다. 다만 신강하고 재성의 뿌리가 있어야 귀격이 된다.

병신간합

　병신간합(丙辛干合)은 수(水)로 화하며 위세지합(威勢之合)이라 한다. 칠살(七殺)을 띠는 것을 좋아하며 편협, 색정을 뜻한다. 위세가 당당하고 편굴하지만 변덕이 죽 끓듯 하고 잔인하기 그지없으며 색의 욕구도 강하다. 사주원국에 편관이 있으면 좋지만 신(辛)과 토(土)가 겹쳐 있으면 빈천하다.

　병일생(丙日生)이 신(辛)과 합되면 지혜는 뛰어나나 예의가 없고 사기와 모략에 뛰어나니 모사꾼이다. 신일생(辛日生)이 병(丙)과 합되면 체격도 작은데 야망과 포부도 없다. 병신합(丙辛合)을 이룬 사주에 갑진(甲辰)이 있으면 그지없다. 금(金)이 왕(旺)하면 행복하다. 진술축미생(辰戌丑未生)은 고심이 넘쳐 괴롭고 토(土)가 있으면 빈천하기 그지없다.

　병화와 신금이 만나 수로 화하면 병신합수가 이루어진다. 병화는 공명정대한 성격을 지닌다. 병화는 혼자보다 공동의 이익을 추구하는 성분이다. 두려움을 모르는 직진형 인간, 태양처럼 번지고 퍼뜨리는 인간형이다. 두려움이 적고 인정이 있으며 예술적이다. 강자에게 강하고 약자에게 약하다. 그러나 자신만이 우쭐하는 경향이 강하고 상대방을 고려하지 않고 자기 의지로 몰아붙인다.

　이와 비교해 신금은 독특한 사고를 지니고 자신만을 위하며 경쟁심이 강하다. 다툼이 생기면 야들야들한 겉과 달리 언제 그랬냐는 듯 본색을 드러내 완강하고 굽히지 않는다. 내면에 살기를 지니고 있으며 누구에게도 지고는 못 사는 자존심이 있기 때문이다. 지나치게 승부욕이 강하여 편법을 사용하거나 위법 혹은 어떤 수단을 가리지 않고 이기고자 하는 승부욕을 드러낸다.

병신간합(丙辛干合) 1				
	時	日	月	年
天干	戊	丙	辛	癸
地支	子	戌	酉	巳

병화일간의 처지에서 보면 병신합은 병화의 분명하고 사리분별력 있는 기운이 정재인 신금의 아주 치밀하고 계산적이며 현실적인 기운에 따라 사사로움에 연연하는 모습을 보이게 된다. 병화에 신금은 정재이다. 병화가 신금을 보면 사익을 추구하는 성격으로 나타난다. 병화는 공명정대한 성격인데 느닷없이 사익을 추구하니 어울리는 형상이 아니다. 따라서 행동과 말이 어긋나고 자신의 본연을 잃어버리기 쉽다.

병화일간의 경우 화기가 약하면 병신합(丙辛合)은 오히려 나쁘다. 이는 설익은 재능과 같은데 재성과 간합하는 과정에서 무작정에 가까울 정도로 큰돈을 벌고자 하는 욕망이 드러난다. 능력은 부족한데 꿈과 이상은 대단히 높아 현실과는 괴리가 있다. 아직은 설익어 실력이 없고 자본이 없는데 꿈만 크니 말로만 앞서게 되고 시간을 덧없이 흐르게 할 것이다. 따라서 병화일간은 바탕이 없으면 사기꾼이 될 가능성이 항시 존재한다.

병화는 성격적으로 매우 급한데 설익은 감정이 되어 앞뒤를 가리지 않고 돈을 쫓아가니 실수투성이에 자신의 발등을 찍는 격이다. 따라서 병신합이 잘못 이루어지면 마음과 달리 사기꾼 소리를 들을 수 있으며 낭패를 보는 경우가 많다.

정재는 돈을 이야기하기도 하지만 아끼고 집착하는 마음을 나타내기도 한다. 아끼고 저축만 해서는 큰돈을 벌기 어렵다. 큰돈을 벌려고 한다면 사업을 하거나 투기를 해야 하는데 정재는 그런 능력과 거리가 있다.

일간병화가 강하면 병신합이 나쁘지는 않다. 그렇다 해도 병화가 지닌 본연의 특징과 사상성을 살리는 데는 문제가 있다. 자신의 역량을 키워야 하는 시기에 푼돈을 버느라 시간을 허비할 가능성이 크기 때문이다. 이런 경우 역시 요합이 좋다. 즉 합이 이루어지더라도 년간과 합을 하면 좋은데 그 사이에 화생토(火生土), 토생금(土生金)으로 이루어지는 통관의 경우로 토가 월간에 있으면 좋다. 토는 식신이나 상관으로 생하는 과정을 다리 놓는데 식신은 상상력을 의미하고 상관은 창의력과 도전을 나타낸다. 이 과정을 아생재(我生財), 식생재(食生財)라고 한다. 이런 배치가 이루어지면 눈앞의 이익보다는 미래를 살피고 능력을 기르는 사주가 된다. 결국 언젠가는 결실을 맺는데 그 후 능력을 발휘할 기회가 반드시 온다.

병신간합(丙辛干合) 2				
	時	日	月	年
天干	乙	辛	己	丙
地支	未	亥	亥	戌

신금은 경쟁심이 강하고 생존능력이 뛰어나다. 자신의 것을 지키기 위해 최선을 다하고 자신의 이익을 위해서는 위법도 서슴지 않는다. 신금은 사고의 틀이 독특하여 일반인과 다르며 세상을 의심의 눈초리로 살피는 경향이 있다. 신금일간이 병신합을 하게 되면 병화의 공명정대하고 합리적인 성향이 다소 변질되어 작은 일에 집착하려는 성향을 보인다.

신금일간이 약하면 직접 병화를 만나는 것이 좋지 않다. 신금은 근본적으로 야비하고 자신의 목적에 최선을 다해 이익을 얻어내지만 병화를 만나면 정도를 지키려고 한다. 그러나 신금이 정도를 추구한다는 것은 굶어 죽겠다는 의미가 될 수도 있다. 따라서 힘이 떨어지는 신금이라면 병화가 걱정을 안겨주는 골칫거리에 해당한다.

신금일간이 병화와 합이 된다면 가장 이상적인 구조는 연간에 병화가 자리하는 요합의 구성이다. 일간 신금과 년간 병화 사이에 통관하는 무토가 자리 잡는다면 이야기가 달라진다. 즉 화생토(火生土), 토생금(土生金)의 관계가 이루어지고 성실함과 정직함이 인정을 받으며 그로써 원하는 이익을 얻을 수 있는 구조가 된다. 이를 관인상생(官印相生)이라 한다.

신금이 강하다고 해서 무조건 좋고 약하다고 해서 무조건 나쁜 것은 아니다. 그러나 보편적으로 신금이 강하면 병화를 만나도 그다지 나쁠 것이 없다. 신금이 강하면 용신이 좋을 수 있다. 때로는 신금일간이 병화를 용신으로 사용하는 경우도 있다. 이를 정관용신(正官用神)이라 하는데 여명(女命)이라면 더할 수 없이 좋은 구성이 된다. 정관이 용신이 되면 책임감이 있고 성실해지니 더없이 좋은 그림이다.

일간 신금이 약한데 체면을 살리고자 하면 처자식 굶어 죽이는 꼴이 되고 만다. 따라서 신금은 자신이 약하면 무자비하고 악랄하며 이익에 눈이 먼 정도로 성정이 나타나기도 한다. 신금이 힘을 얻어 강해지면 체면도 살리고 원리원칙을 지키는 것도 가능하다. 그러나 인간사 새옹지마(塞翁之馬)이고 길보다는 흉이 먼저 작용한다는 말처럼 신금일간은 대부분 자기 이익에 치우치고 악랄하며 체면보다는 이익을 우선한다.

정임간합

정임간합(丁壬干合)은 목(木)으로 화하며 음익지합(淫匿之合)이라 한다. 분위기에 잘 휩쓸리고 색욕을 좋아한다. 색정이 강하고 천박한 합이다. 원국에 편관이나 도화살(桃花殺)이 있으면 색정으로 가정을 깨기 쉽고 여자는 결혼을 늦게 하거나 나이가 많은 남자에게 시집가거나 음란의 극치다.

정임합(丁壬合)이 이루어지면 전반이 좋고 후반은 나쁘다. 또 전반이 나쁘면 후반은 좋다. 월지(月支)에 인묘(寅卯)가 있으면 발달을 알 수 있다. 정임합을 이루었는데 목욕이 있다면 첩에게서 난 사생아이고, 여자는 사생아를 낳거나 남편의 외도가 심하다.

정임간합(丁壬干合) 1				
	時	日	月	年
天干	辛	丁	壬	癸
地支	丑	酉	戌	卯

일부에서는 정임합목이 아니라 정임합수가 옳다는 이론도 있다. 그러나 일반론으로는 정임합목으로 살핀다. 정임합은 좋기만 하지도 않고 나쁘기만 한 것도 아니다. 모든 것은 강약에 달렸다. 정화일간이 정임합을 하게 되면 임수의 영향력으로 자기중심적 성향을 보인다. 정화일간은 이성적·객관적인 성향을 드러낸다. 원칙을 중시하고 잔꾀를 부리지 않으며 인간적인 면을 드러낸다. 인간적이지만 삐치기를 잘하며 칭찬에 약하다. 정화는 원칙주의자이다. 이 정화가 임수를 만나면 관합(官合)이다. 정관과 합을 함으로써 융통성이 떨어지고 임기응변과는 거리가 멀어 머리가 둔해 보인다.

정화가 임수와 합을 하더라도 정화가 강하면 지나치게 압박하는 스트레스와 달리 잘 이겨낼 가능성이 높다. 임수를 용신으로 쓴다면 정직함이 더욱 드러나 사람들에게 호응을 얻을 수 있다. 아울러 정직함이 드러나므로 자기 능력을 충분히 활용할 수 있다.

정화가 약하다면 임수 때문에 걱정거리가 많아진다. 또 삶의 현장에서 중압감이 심해진다. 조직이나 직장에서 지나치게 책임지는 경우가 생긴다. 가정에서는 남자가 재능이 떨어지고 능력이 없어 몸을 혹사하고 돈을 벌어야 한다. 하지 말아야 할 일이라서 해도 결과가 나오지 않는 일에 매달려 몸을 혹사하고 어려움을 겪는다. 그러나 요합일 경우 년간에 병화가 있고 일간에 신금이 있다면 화극금이나 월간에 통관하는 토의 오행이 자리하면 힘겹지 않게 살아간다. 이를 관인상생이라 한다.

정임간합(丁壬干合) 2				
	時	日	月	年
天干	壬	壬	丁	甲
地支	寅	辰	卯	子

임수는 새로운 것에 호기심이 많고 지칠 줄 모르는 학구열을 지녔으며 속이 깊다. 옛것을 버리고 새로운 것을 창조하는 능력이 탁월하다. 발명가적 기질이 있어 활용이 가능하다. 임수일간에 정화가 어떤 역할을 하는지는 임수의 강약에 달렸다. 임수일간의 처지에서 보면 정임합은 임수의 일관되고 유연한 성향이 정재의 희생적이고 정적인 성향에 따라 항상 갈등하는 심리성향을 보인다.

임수일간이 약한데 정화와 합을 하면 임수는 곤란을 당한다. 즉 임수가 가지는 본연의 창의성과 도전정신의 쓰임새가 작아지게 된다. 작은 이익에 집착하게 되는데 발전이 저해되고 큰 그릇으로 가기에 제한이 된다. 대범한 기질이 제약을 당하여 작은 것을 참하느라 큰 것을 잃어버리는 소탐대실로 나타난다.

임수일간이 강하다면 정화가 나쁘지 않다. 즉 임수일간이 정화와 직접 합을 하면 이른바 대박이다. 돈복이 눈에 보인다. 그러나 생각보다 그 재물 규모는 크지 않다. 재물을 잡을 수 있는 그릇을 키우지 못하기 때문이다. 임수도 약한 일간보다는 강한 일간이 월등히 좋다. 또 큰 재물이 들어오려면 요합이 좋고 월간에 통관의 의미가 있는 목이 배치되어야 한다. 이처럼 통관이 이루어지면 비로소 그릇이 커진다.

무계간합

무계간합(戊癸干合)은 화(火)로 화하고 무정지합(無情之合)이라 한다. 정임간합(丁壬干合)과 유사하여 색욕에 물들기 쉽다. 남자는 독신을 고집하는 경우가 있고 여자는 미남자와 인연이 많다. 월지(月支)가 화국(火局)을 이루면 매우 귀한 원국이고 사주원국에 목(木)이 있으면 의식주가 풍부하니 행복할 수밖에 없다. 사주원국에 수(水)의 성분이 많으면 서로 극하고 결국 인재패가 된다.

무계합이 되면 남녀 모두 늙은 사람과 결혼하는 경우가 많고 화가 왕성하며 인(寅)이나 묘(卯)가 있으면 행복하다. 그러나 수(水)가 많으면 역시 좋지 않다. 무일생(戊日生)이 계(癸)와 합되면 다정해 보이는 얼굴에

무계간합(戊癸干合) 1				
	時	日	月	年
天干	癸	戊	癸	癸
地支	丑	戌	巳	巳

무토는 고독감을 많이 느끼고 형이상학에 관심이 지대하다. 무토는 종교, 철학에 관심이 많고 종교인도 많다. 따라서 이익을 나누는 일에는 어울리지 않는다. 남들과 이익으로 다투는 것도 어울리지 않는다. 이러한 무토가 계수를 만나면 재물을 탐하는 형상으로 바뀐다. 역시 강약에 따라 이해와 득실이 갈린다. 무토일간의 처지에서 보면 무계합은 무토의 변함없는 일관성과 믿음직한 위용이 정재인 계수의 물질에 대한 욕심에 따라 과욕을 부릴 수 있다. 근본적으로 양토인 무토가 계수를 보면 소유욕이 강해진다.

정이 없는 철면피이고 얼굴이 붉으면 총명하다. 계일생(癸日生)이 무(戊)와 합되면 지능은 낮으면서 질투는 심하고 시작은 좋으나 끝이 없는 용두사미(龍頭蛇尾)이다.

무토는 철학적이다. 당연히 재물과는 멀다. 그러나 사람이 철학만 논하며 살 수는 없다. 살아가는 현실감을 일깨우는 재성과 만남은 무토에 현실감각을 준다. 그러나 무토가 약하면 어울리지 않는 조합이 된다. 지나치게 잔소리하는 아내를 만난 격이고 자신보다 훌륭한 여자를 아내로 맞은 격이다. 돈을 밝히는 여자를 만난 격이니 얼마나 어깨가 무겁고 마음에 상처를 입을까?

무토일간이 계수와 합한다는 것은 자신에게 어울리지 않는 직위나 벼슬처럼 무게를 느낀다는 것이다. 피로함으로 지치게 만든다. 무토는 늘 느긋하고 바쁘지 않은데 재성을 만나면 마음이 바빠진다. 소나기는 오고 소는 달리고 지게다리는 질질 끌리고 바지춤은 내려가는 형국이다. 마음만 바쁘고 결실은 적다.

무토일간이 강하면 계수를 만나 결실을 이룬다. 적성과 거리가 먼 것이 사실이지만 절약하고 저축해 자신의 진로를 개척하고 재물을 모을 수 있다. 다만 무토는 이상이 큰데 계수는 이상이 작다. 따라서 무토가 계수를 만나면 하향조정되어 이상이 작아진다. 그러므로 이상에 어울리는 결과를 이루려면 요합이 좋고 월간에 소통하는 식신과 상관이 배치되어야 한다. 이를 위해 월간에 경금이나 신금이 배치되면 좋다.

무계간합(戊癸干合) 2			
	時	日	月	年
天干	丙	癸	庚	戊
地支	辰	巳	申	寅

계수는 머리가 좋다. 논리적이며 구체적인 성향이다. 계수는 일할 때 반드시 이익개념을 따진다. 일에서 구체적이고 논리적인 성향을 따른다. 과거에 연연하지 않는 성향이며 현재에 충실하다. 지극히 현실주의자인데 지식이 있고 지혜가 있다. 계수일간이 무계합을 하면 스스로 절제하기보다는 주변 여건을 살피게 된다. 근본적으로 음수인 계수가 무토를 보면 소속감이 생긴다.

계수는 대단히 이기적인 성향을 지닌다. 지혜라고는 하지만 큰머리로 대국적인 기질이 있다기보다는 잔머리가 좋다. 그런 계수가 무토를 만나 공익을 추구하는 성향을 지향한다. 아니, 생겨난 정도라고 할 수 있다. 그것이 스스로에게 얼마나 큰 스트레스인지 본인은 늘 느낀다. 활발하고 자유분방한 계수는 속박에 해당한다. 그러나 요합을 이루고 일간에 통관하는 신금이 자리하면 성실함이 생기고 폭넓은 포용감을 지닌다.

계수가 강하다면 상황은 달라진다. 자유분방하고 머리가 좋은 계수가 무토를 만나 책임감을 기르니 큰물이 된다. 계수가 강하면 용신으로 갑목이나 을목을 사용할 가능성이 있다. 때로는 무토를 용신으로 사용할 가능성도 있다. 이런 모습은 바로 신용과 의리를 나타낸다. 이로써 인정받고 자신의 가치를 높이는 모습이다.

문제는 내면이다. 결국 아무리 합을 해도 근본의 심리나 형상은 변하는 것이 아니다. 변한 듯 보이는 정도이고 변해도 언젠가는 본능이 나타나니 인간사가 그렇다. 아무리 정관이나 다른 여타의 무엇을 용신으로 쓰더라도 내면의 본성은 변할 수 없으므로 늘 답답하기 그지없다.

타간끼리 합

일간을 제외하고 타간끼리 합이 이루어지는 경우가 왕왕 있다. 즉 일간을 제외하고 년간과 월간이 합을 하거나 월간과 시간이 합을 하는 경우이다. 년간과 시간의 합은 너무 멀기 때문에 영향력이 없다고 분석한다. 이러한 경우는 합을 하는 육친이 일간을 배반했다고 간명한다.

타간끼리 합				
	時	日	月	年
		아신	식신	정관
天干	丙	壬	甲	己
地支	戌	辰	申	未
합의 관계			甲己合	

임진일주에 임수일간이다. 갑기합이 이루어졌으니 일간을 배제하고 합이 이루어졌다. 천간의 갑기(甲己)가 간합하여 화기오행(化氣五行)은 토(土)로 변화되었다. 이 경우 식신과 정관이 합을 하였다. 식신은 자식이고 정관은 남편이다. 자식과 남편이 나를 지향하고 돌보지 않고 딴짓을 하니 남편복이 없고 자식복이 없다고 간명한다.

길신이 간합하면 길신 효과는 기대하기 어렵고 흉신이 간합하면 흉은 없어지고 좋은 효과를 가져온다. 이러한 이치는 공망을 파하는 파공이나 해공의 법칙과도 통한다. 예를 들어 인수가 일간을 무시하고 타간의 천간과 간합하면 존친(尊親)의 사랑이나 장상의 후원을 기대할 수 없다. 이는 부모가 나를 버리고 다른 짓을 한다고 간명한다. 편인이 간합하면 자육신(慈育神)으로 변화하여 자신의 식록을 파하는 일은 없다. 좋은 것은 오히려 나쁘게 변하고 나쁜 것은 좋은 것으로 변하니 참으로 인생무상을 있는 그대로 적용하고 있다.

2) 쟁합과 투합, 암합, 명암합

쟁합(爭合)이란 부부의 도를 지키지 않고 어지럽히는 것을 뜻한다. 천간이 어지러운데 이는 천간에 합의 관계가 있어 음이 2개이고 양이 하나로 합해지거나 양이 2개이고 음이 하나인 상태로 2 : 1로 합해지는 경우이다. 즉 일음이양(一陰二陽)을 쟁합이라 하고 일양이음(一陽二陰)을 투합(妬合)이라 한다.

예를 들어 남자 사주에서 천간의 일간이 병(丙)이라 하고 다른 천간에 또 다른 병(丙)이 있는데 또 다른 천간이 합을 하는 신(辛)이라면 두 병이 하나의 신과 합하려 하니 두 양이 하나의 음과 합하는 것으로 쟁합이다.

여자 사주에서 일주가 정(丁)이며 다른 천간에 또 다른 정(丁)이 있는데 또 다른 천간이 합을 하는 임(壬)이라면 두 개의 정이 하나의 임과 합하려 하니 두 음과 하나의 양이 합하는 것으로 투합이다.

천간쟁합

일반적으로 쌍합이라는 말을 하기도 한다. 그러나 이 쌍합은 쟁합만 이야기하는 것은 아니고 투합을 포함하는 의미이다. 쟁합은 보통 천간만 이야기하는 경우가 많지만 지지에서도 쟁합이 일어난다. 이러한 측면에서 지지에서도 일어나는 쟁합이나 투합을 쌍합이라 불러도 무방할 것이다. 즉 쌍합이라는 용어를 사용하거나 사용하고자 함은 단순한 하나의 합이 아니라 하나 이상의 합을 말하고자 하는 것이니 단순하게 천간의 어느 글자와 다른 글자가 합한 것으로 인식하기에는 무리가 있다.

천간쟁합은 천간의 합이다. 이양일음(二陽一陰)의 간합이다. 양을 남자로 보고 음을 여자로 보아 두 남자가 한 여자를 쟁탈한다는 표현으로 쟁합이라 한다. 따라서 그 기준은 양간 2개가 음간 1개와 간합하여 다투는 것이다. 그러나 이는 기본일 뿐 쟁합은 이보다 더 복잡한 관계도 있다.

천간쟁합은 천간이 무엇이냐에 따라 각각 달라진다. 즉 어떤 오행이 투간되었느냐에 따라 쟁합 형태가 달라진다. 단 쟁합은 양간 두 개가 음간 하나와 합을 하는 관계임은 분명하다. 쟁합은 때로 투합의 모양으로 나타나는 경우가 있으므로 신중하게 살펴야 한다.

여자 사주에서 쟁합은 본인이 이부(二夫)를 맞게 되거나 두 남성과 교제하게 되는 뜻이 있다. 아울러 비혼명(悲婚命)이라 하는데 이는 두 번 이상 결혼한다는 의미가 있을 것으로 보인다. 따라서 비혼명은 다혼명(多婚命)의 의미를 같이 가지는 것으로 분석한다.

■ **갑기쟁합(甲己爭合)**

  - 갑(甲) 2개가 기(己) 1개와 합

  - 갑(甲) 2개가 기(己) 2개와 합

  - 갑(甲) 3개가 기(己) 1개와 합

  - 일반적으로 쟁합이라 하면 양간 2개와 음간 1개의 합으로 인식하는 경우가 많은데 반드시 그러한 조합만이 쟁합이 아니다.

■ **을경쟁합(乙庚爭合)**

  - 경(庚) 2개가 을(乙) 1개와 합

- 경(庚) 2개가 을(乙) 2개와 합

- 경(庚) 3개가 을(乙) 1개와 합

- 때로 쟁합은 양간 2개, 음간 2개로 이루어지는 경우도 있다. 이러한 경우 양간 2개와 음간 2개가 어떻게 조합하는지 세밀하게 살펴야 한다.

■ **병신쟁합(丙申爭合)**

- 병(丙) 2개가 신(辛) 1개와 합

- 병(丙) 2개가 신(辛) 2개와 합

- 병(丙) 3개가 신(辛) 1개와 합

- 사주 구성에서 천간은 어느 하나의 오행으로 몰릴 때가 있다. 이러한 경우 양간 3개가 음간 1개와 합한다. 이 경우에도 그 역할과 영향을 분석해야 한다. 특히 종왕격으로 몰릴 때 이러한 구조에서 합화격이 이루어지는지 세밀하게 살펴야 한다.

■ **정임쟁합(丁壬爭合)**

- 임(壬) 2개가 정(丁) 1개와 합

- 임(壬) 2개가 정(丁) 2개와 합

- 임(壬) 3개가 정(丁) 2개와 합

- 천간쟁합이 이루어진다 해도 년간은 그 결합력이 떨어진다. 즉 년상의 위치는 사이가 멀어서 진정으로 화합하기 어렵다. 따라서 쟁합이 되더라도 년상의 간(干)은 극히 초기에 그 상태가 야기되

거나 인연이 박하다고 본다.

■ **무계쟁합(戊癸爭合)**

- 무(戊) 2개가 계(癸) 1개와 합

- 무(戊) 2개가 계(癸) 2개와 합

- 무(戊) 3개가 계(癸) 2개와 합

- 일간이 양간인데 동시에 2개의 정관과 간합한다면 사주 주인인 여자 본인이 이부(二夫)를 맞게 되거나 두 남성과 교제하게 된다는 뜻이 있다.

쟁합(爭合)			
	時	日	月	年
天干	庚	甲	己	甲
地支	午	申	巳	辰

갑목일간으로 예를 삼는다. 일간은 갑목이다. 년간에 갑이 있고 월간에 기토가 있어 두 갑목이 월간기토와 합한다. 양간 두 개와 음간 한 개가 합을 한다. 이와 같은 이치는 두 남자가 한 여자를 쟁취하려고 싸우는 꼴이다. 여자와 남자를 가리지 않고 사주에 이러한 쟁합이 일어나면 비혼명(悲婚命)에 해당한다. 즉 배우자의 인연은 그다지 좋지 않다는 의미이다. 갑목에 기토는 정재이므로 처이다. 년간 비견이 동시에 정재인 처에 간합하는 상태인데 풀이에서는 반드시 비견을 형제로 인식하지 않는다. 아내는 남편에 대해 이심(二心)을 품은 것으로 판단한다. 또 대운이나 세운에 기토와 합을 하려는 갑목의 운이 오거나 이미 갑목과 합을 하는 상황에서 기토가 다시 오면 변화가 매우 크다.

천간투합

투합은 사주에서 일양이음(一陽二陰)의 간합이다. 흔히 여자가 남자를 사이에 두고 다투는 것과 같은 이치로 파악한다. 쟁합과 유사하지만 음양의 이치가 다르다. 양을 남자로 하고 음을 여자로 본다면 1부(夫)를 두고 2부(婦)가 쟁탈하는 격이다. 이것은 전형적인 모습으로 여자들의 질투를 불러일으키는 모양이다. 따라서 이를 질투의 합이라 하고 투합(妬合)이라 한다. 투기(妬忌)하는 합이라는 의미다.

모든 합이 반드시 남녀 간의 문제로 일어나는 것은 아니지만 쟁합과 투합은 이성적인 문제가 일어날 가능성이 매우 높다. 간합도 모두 같은 결과를 가져오는 것은 아니다. 그러나 대부분 이성문제가 있는 데 근본적인 문제가 개입한다. 특히 천간합의 기준에서 정임(丁壬)의 간합과 무계(戊癸)의 간합은 남녀 문제가 일어날 가능성이 많은 음란의 합 내지는 무정의 합이라 한다. 결국 정임합과 무계합은 음란지사(淫亂之事)가 일어날 가능성이 많은 합인데 쌍합으로 투합이나 쟁합이 일어나면 남녀 간의 문제에서 삼각관계로 얽힐 가능성이 농후하다.

간혹 하나의 간합이 있는 사주원국이 있는데 행운이나 대운, 월운 등에서 오는 해의 간지가 원국과 합을 하는 오행으로 간합이 이루어지는 경우 쌍합의 결과가 나타난다. 예를 들어 애초에 일간인 계가 있어 시지의 무와 합을 이루었는데 이는 순수한 간합이다. 그런데 해운을 살펴보니 계가 오는 해라고 하면 투합의 결과가 나타난다. 즉 원래의 무계합에 다시 온 계가 투합의 작용을 하는 경우다. 또 애초에 투합이 이루어진 상태에서 다시 투합을 이루는 것과 같은 해운이 와도 투합이 강화된다.

예를 들어 계일주가 다른 주의 계와 무를 두고 합한 상태로 투합인데, 행운에서 다시 계(癸)운을 맞이해도 투합 상태가 강화된다. 그러나 세운에서 투합의 의미는 비교적 가볍다고 본다. 독신자는 대개 이러한 운이 올 경우 결혼할 가능성이 있고 연애할 기회가 오기 때문에 혼기(婚期)를 파악할 때 적용한다. 투합은 일간에 연결되는 것만 보고 다른 천간의 일양이음(一陽二陰)의 합은 별도 의미가 있으며 그 사람 운이 좋지 않다고 보지는 않는다. 예를 들어 일간이 갑이라 하자. 일주인 나를 빼고 월주인 무토와 시주인 계수가 간합하였다고 하자. 이 경우 나에게 정인이 되는 계수가 나를 돌보지 않는다고 해석한다. 또 나에게 아내가 되는 편재가 나를 돌보지 않고 다른 짓을 한다고 해석한다. 결국 용어만 다를 뿐으로 쟁합과 투합은 그 작용이 크게 다르지 않다. 천간의 투합도 역시 오행에 따라 다양한 합의 형태가 나타난다.

■ **갑기투합(甲己妬合)**

- 기(己) 2개가 갑(甲) 1개와 합

- 기(己) 2개가 갑(甲) 2개와 합

- 기(己) 3개가 갑(甲) 1개와 합

■ **을경투합(乙庚妬合)**

- 을(乙) 2개가 경(庚) 1개와 합

- 을(乙) 2개가 경(庚) 2개와 합

- 을(乙) 3개가 경(庚) 1개와 합

■ **병신투합(丙申妬合)**

- 신(辛) 2개가 병(丙) 1개와 합

- 신(辛) 2개가 병(丙) 2개와 합

- 신(辛) 3개가 병(丙) 1개와 합

■ **정임투합(丁壬妬合)**

- 정(丁) 2개가 임(壬) 1개와 합

- 정(丁) 2개가 임(壬) 2개와 합

- 정(丁) 3개가 임(壬) 2개와 합

■ **무계투합(戊癸妬合)**

- 계(癸) 2개가 무(戊) 1개와 합

- 계(癸) 2개가 무(戊) 2개와 합

투합(妬合)				
	時	日	月	年
天干	庚	乙	乙	癸
地支	辰	卯	卯	未

투합은 두 개 이상의 음간이 하나 이상의 양간과 합을 하는 것이다. 이는 두 여자와 한 남자가 어울리는 격이다. 만약 혼인관계라면 두 여자가 한 남자와 혼인하려는 경우다. 그러면 이 경우는 양다리인가?

을목일간으로 예를 삼는다. 일간은 을목이다. 일간에 을목이 있고 월간에도 을목이 있어 시간의 경금과 간합을 한다. 음간 두 개와 양간 하나가 합을 하고 있다. 이와 같은 이치는 두 여자가 한 남자를 쟁취하려고 싸우는 꼴이다. 여자와 남자를 가리지 않고 사주에 이러한 투합이 일어나면 비혼명(悲婚命)에 해당한다. 즉 배우자 인연이 그다지 좋지 않다는 의미이다.

을목에 경금은 정관이므로 남자이고 직장이며 명예이다. 월간 비견이 동시에 정관인 관성에 간합하는 상태인데 풀이에서는 반드시 정관을 남편으로만 인식하지 않는다. 이 경우 아내는 남편에 대해 이심(二心)을 품은 것으로 판단한다. 또 대운이나 세운에 경금과 합을 하려는 을목의 운이 오거나 이미 경금과 합을 하는 상황에서 을목이 다시 오면 변화가 매우 크다.

- 계(癸) 3개가 무(戊) 2개와 합

3) 암합, 명암합

천간합은 명합(明合), 천간과 지장간의 합은 명암합(明暗合), 지장간의 합은 암합(暗合)이다. 천간합은 드러난 것이니 명합이라 하고, 지장간이 밖으로 나와 천간의 간과 합하는 것이 명암합이다. 지장간은 달리 장간, 지지장간, 암장 등으로 불리는데 같은 말이다. 지장간 내부에서의 합은 암합이다. 암합은 여기, 중기, 정기 중 정기만 따지는 경우가 많다. 어떤 연유가 있어 지지의 충이나 형으로 충격을 받아 지장간이 튕겨져 나왔는데 천간의 간과 합이 되면 명암합이라고 한다.

암합은 표면상으로 볼 때는 서로 극의 관계에 있지만 지장간을 열어 살펴보면 서로 암합되어 있는 경우가 많다. 이러한 경우는 표면적 극의 관계와 달리 실제로는 극하는 성분이 극히 미미할 때가 많다.

암합은 지지 속에 암장된 지장간들이 몰래 합을 하는 것으로, 겉으로 드러나지 않으나 서로 조화롭고 돈독한 유대관계를 유지하는데 은밀함이 생명이다. 또 표출되기가 어렵고 타인의 눈에도 잘 드러나지 않는 특징을 나타낸다. 은밀함이 생명인 합이며 사주 주인의 마음속에 자리하는 합이다. 오래전부터 이론은 있지만 아직 통계적 수치로 증명되지는 못한 합의 한 종류이다. 그러나 연구가들은 서슴지 않고 암합을 간명에 도입하며 묵시적으로는 통용의 틀을 갖추었다고 본다. 암합은 지장간 속의 합이다. 그러나 지장간의 합이 모두 같은 의미가 있는 것은 아니다. 지장간의 기운은 각기 여기, 중기, 본기가 있다. 본기는 달리 정기라고도 한다. 이 중 본기의 암합을 기본으로 하여 살핀다. 그 외의 여기나 중기의 암합은 발생한다고 해도 작용이 극히 미미하여 참고만 하는 정도로 그친다. 실제는 사용하지 않는다.

암합의 결과는 매우 신중하다. 일지와 월지가 암합하면 매사에 의심이 많다. 즉 일지의 지장간 중 본기와 월지의 지장간 중 본기가 암합하는 경우이다. 월지와 일지의 지장간에서 암합이 이루어지면 의처증과 의부증이 나타나므로 서로 조심해야 한다. 또 일지는 물론 년지, 월지, 시지의 본기 중 합이 이루어지면 숨겨놓은 애인이 있거나 마음속에 달리 사랑하는 사람이 있다고 해석한다. 암합을 살필 때는 막연하게 그럴 것이라고 인정하는 것이 아니다. 육친 간의 관계도 함께 살펴봐야 한다. 지지의 암합은 지지 상호 간의 생극으로 인한 힘과 작용력에 따라 균형 문제와 심리적 특성의 변화에 영향을 줄 수 있다.

명암합을 조금 더 세밀하게 분석해본다. 십이지지 속에는 각각 1개에서 3개의 천간을 감추고 있다. 이것을 일러 지장간, 지지암장, 암장간이라고 한다. 이 지장간을 살펴보면 숨어 있고 일어나는 일들을 예측할 수 있다. 눈에 보이지 않는 오묘하고 신기한 통변 기술은 지장간에서 나타난다. 보이는 것은 풀기가 비교적 쉽다. 그러나 보이지 않는 것은 숨겨진 비수와 같아 잘 드러나지 않으며 풀기도 조금은 어렵다.

사실 지장간 해석은 매우 중요하다. 지장간을 잘 살펴 해석하는 것이 통변의 논리다. 지장간을 잘 살펴 풀이하면 오묘하고 신비로운 풀이로 통변을 유려하게 할 수 있다. 어찌 보면 명리통변이야말로 지장간의 해석이라고 할 수도 있다.

암합은 드러난 사주팔자로 풀 수 없고, 드러나지 않으며 생각지도 못했던 일이나 도움 그리고 드러나지 않은 은밀한 거래를 보여준다. 개개인의 성향과 운에 따른 내연남, 내연녀를 알 수 있다. 의처증, 의부증도 드러난다. 암합은 부정적인 면과 길한 작용을 소소히 살펴볼 수 있다. 이처럼 지장간으로 개인의 드러나지 않은 숨겨진 성향도 분석이 가능하다.

예를 들어 해(亥)와 오(午)는 암합을 하는데 해(亥) 중 갑목(甲木)과 오(午) 중 지장간 기토(己土), 해(亥) 중 임수(壬水)와 오(午) 중 지장간 정화(丁火)는 암합을 한다. 겉으로는 드러나지 않으니 밖에서는 절대로 그런 일 없다는 듯 모른 척하고 속으로는 갑기합(甲己合)이며 정임합(丁壬合)을 한다.

이렇게 지장간으로 합을 하는 이치는 숨어서 사랑하는 것이나 같다. 남에게 들켜서는 안 되는 은밀한 관계가 진행 중이거나 준비 중이다. 타인에게 이러한 사실을 들키지 않으려고 하는 합으로 나타난다. 따라서 암합은 주로 애정사에 국한되는 경우가 많다. 혹은 비밀스러운 일에 국한된다. 따라서 애정문제나 비밀스러운 관계를 통변할 수 있다.

지지장간의 암합(暗合)				
	時	日	月	年
天干	己	甲	癸	癸
地支	巳	午	亥	未
地藏干	戊庚丙	丙己丁	戊甲壬	丁乙己
合 여기합				
合 중기합	乙庚合	甲己合	甲己合	乙庚合
合 정기합		丁壬合	丁壬合	

암합이다. 암합은 지지의 지장간에 숨어 있는 천간이 합의 관계가 되는 것이다. 여기는 여기끼리 따지고 중기는 중기끼리, 정기는 정기끼리 따진다. 여기와 중기는 그다지 여력이 강하지 않으므로 정기만 따진다.

위 사주에서 해(亥) 중 정기인 임수(壬水)와 오(午) 중 지장간에서 정기인 정화(丁火)는 암합을 한다. 정임합이 암합으로 이루어졌다. 일지와 월지가 암합하면 매사에 의심이 많다. 월지와 일지의 지장간에서 암합이 이루어지면 의처증과 의부증이 나타난다. 만약 일지와 월지의 암합이 아니고 월지와 년지의 암합, 일지와 시지의 암합이면 숨겨놓은 이성이 있다. 혹은 마음속에 사랑하는 다른 이성이 있는 것으로 파악한다.

암합은 드러나지 않은 비밀을 살피는 기법이다. 따라서 본인만이 아는 사사로운 내용을 사주로 알아내기에 용이하다. 또는 이러한 문제를 상담할 때 주로 쓰이는 기법이다. 결론적으로 암합은 혼자만의 비밀을 찾아내는 기법이다. 암합은 형충(刑冲)이나 개고(開庫) 등에 쉽게 풀어지는 특징이 있다.

암합이 숨겨져 있어 드러나지 않게 비밀스럽고 은밀한 것이라면 명암합은 숨겨져 있는 무엇인가가 허울을 깨고 나오는 것이다. 명암합은 밝은 간과 어두운 간의 합이다. 즉 투간되어 있는 천간과 숨겨져 있던 지장간의 합이므로 언젠가는 모두 백일하에 드러나는 일이다. 숨겨져 있던 일이므로 파장이 크다.

地支	子	丑	寅	卯	辰	巳	午	未	申	酉	戌	亥
陰陽	양	음	양	음	양	음	양	음	양	음	양	음
지장간	壬癸	癸辛己	戊丙甲	甲乙	乙癸戊	戊庚丙	丙己丁	丁乙己	戊壬庚	庚辛	辛丁戊	戊甲壬
계절	겨울		봄			여름			가을			겨울

지지장간표

명암합은 암합처럼 오래도록 비밀로 남지 못하고 결국 일정한 특징과 연유로 노출된다. 즉 일지가 어떤 이유로 깨졌을 때 지장간이 노출되어 튀어나온다고 보는 견해다. 지지가 깨지고 지장간이 노출되는 경우는 주로 충의 관계에서 이루어진다. 즉 해당되는 지지가 충에 노출되어 깨지면 지장간이 튀어나온다. 이 튀어나온 지장간의 어느 글자가 일간과 간합하는 것이다.

명암합은 실전에서도 효율성이 높은 판단법이다. 주로 내연관계가 있을 경우 사용한다. 들킬지, 무사히 넘어갈지 문제를 살필 때 사용하기도 하지만 남녀의 인연이 오느냐의 문제도 같은 방법으로 살핀다. 그런데 지지의 어두운 곳에서 터져 나온 천간이 합을 하는 것이므로 올바른 관계가 아닐 수 있고 불륜을 파악하는 데 더욱 유용하게 사용한다.

물론 일주에서 명암합이 일어나는 것이 이상적이고 파괴력도 크다. 그러나 일주가 아니라 년주나 월주, 시지의 지지에서 지장간이 나타나 활동해도 영향력은 있다. 명암합으로 은밀한 문제가 드러나는 것만 살피는 것은 아니다.

천간에 노출된 희신 작용을 하는 재성이 있다고 가정하자. 이 재성이 지지의 장간과 명암합을 할 때 잘 살펴야 한다. 이 시기에 표출이 되는 해당 육친이 사망하는 경우가 있는데 그 비율이 매우 높다. 또 희신으로 사용하는 재성이 표출된 지장간과 명암합을 할 때 파산하기도 한다. 그러나 재성이라 해도 희신이 아니라면 그다지 염려는 없다. 이러한 일이 벌어지는 것은 사주 간명에서 재는 돈이나 아내이기도 하지만 근본적으로 일간의 목숨이며 일간이 가는 길이기 때문이다.

마찬가지로 기신작용을 하는 노출된 천간이 있다면 명암합이 좋은 역할을 하기도 한다. 기신 역할을 하는 오행이 천간에 투간되어 있다가 명암합으로 오행이 변하거나 변하지 않아도 묶이기 때문에 유리하다. 이런 경우는 충도 마찬가지다. 명암합 또는 충으로 기신을 제거하여 좋은 결과를 만들어낸다. 중요한 것은 이에 해당하는 천간이 희신인지, 기신인지를 잘 살펴서 통변해야 한다는 것이다.

명암합이 성립되는 일주			
戊子	丁亥	壬午	辛巳
壬	戊	丙	戊
	甲	己	庚
癸	壬	丁	丙
戊癸合	丁壬合	丁壬合	丙辛合

명암합이 이루어지는 지지													
子戌		丑寅		卯申		午亥		寅未		子辰		巳酉	
壬	辛	癸	戊	甲	戊	丙	戊	戊	丁	壬	乙	戊	庚
	丁	辛	丙		壬	己	甲	丙	乙		癸	庚	
癸	戊	己	甲	乙	庚	丁	壬	甲	己	癸	戊	丙	辛
戊癸合		甲己合		乙庚合		丁壬合		甲己合		戊癸合		丙辛合	

천간은 지지에 비하여 변화가 약하다. 천간의 변화를 따질 때는 합을 봐야 한다. 천간의 합은 단순히 합을 하느냐 마느냐로 끝나는 것이 아니다. 합을 해서 합화(合化)를 하느냐, 합거(合居)가 되느냐, 합화가 되지 못

하느냐를 따져야 한다. 합화에 관한 문제는 이론가들이나 이미 시중에 나온 고서마다 조금씩 주장하는 바가 다르기는 하다. 꾸준한 연구와 노력이 이를 분별하게 해준다.

천간을 따지고 간명하는 방법은 그다지 새로운 것은 아니다. 간명을 함에 세운을 따져 그해의 천간을 살피기 이전에 원국의 합을 먼저 살핀다. 원국의 합충을 살피고 합이 없으면 대운 또는 세운을 따져 원국에 투간된 천간과 합을 살핀다. 대운이나 세운에서 형충이 일어나거나 개고가 되면 원국과 해운의 간을 살핀다. 그다음으로 월간과 합을 보고 나서 시간의 합을 살핀다.

지지의 경우는 그 위력이 다른데 방합>삼합>육합>반합의 순서로 우선순위가 있다. 혹자나 연구가들 일부는 삼합을 방합보다 앞서 강한 자리에 놓아야 한다는 주장을 펴지만 일반적으로 삼합보다는 방합이 강한 것으로 푼다. 합의 관계는 동종끼리 풀 수 있고 상위의 합이 하위의 합을 풀 수 있다.

예를 들어 일간이 갑(甲)이고 월간이 기(己)라고 하자. 대운에서 갑(甲)의 운이 오면 동종끼리는 풀 수 있으므로 월간과 대운의 합이 성립된다. 세운도 그다지 다르지 않다. 그러나 일간이 갑인데 기토가 온다고 해서 합이 되기는 어렵다. 일간과의 합은 화격이 성립되기 전에는 완벽한 합으로 보지 않는다.

사람은 누구나 살아가며 한두 가지 이상 비밀을 간직하고 있다. 형제간의 비밀, 부부간의 비밀, 부모자식간의 비밀 등 비밀의 종류도 다양하다. 암합은 비밀을 저장하는 창고라고 할 수 있다. 즉 암합이 일어나는 사주의 주인은 비밀이 많은 사람이다.

실전에서 일부 연구가들은 지장간 본기의 암합을 주로 사용하지만 때로 일부 연구가들이나 술사들은 초기와 중기의 암합도 사용한다. 그러나 초기와 중기의 암합은 그 작용이 극히 미미하니 잘못하면 벼룩 잡다 초가삼간 태우는 잘못을 범할 수 있으므로 신중함이 요구된다.

암합은 합을 하더라도 철저하게 숨기는 격이다. 따라서 합화의 기운은 나타나지 않는다. 이는 합화가 되면 겉으로 드러남이 가능한데, 합화되지 않고 드러나지 않는 것은 마치 몰래 하는 사랑과 유사함을 볼 수 있다.

【성보명리】 **명암합의 간명과 통변**

명암합은 천간에 투간된 오행과 어느 지지의 지장간에서 올라온 천간의 합을 말한다. 이 경우 일간이 명암합하는 경우가 가장 강한 효과를 나타낸다. 그밖의 년간은 그다지 힘을 쓰지 못한다.

명암합이 되려면 반드시 지지의 충(冲)과 형(刑)이 이루어져야 한다. 형과 충으로 깨지면 그 속에 있던 지장간이 튀어나와 천간의 글자와 합을 하는 경우이다. 이 경우 지지의 글자는 지장간을 담은 그릇의 개념이 되는데 충과 형은 깨졌다는 의미이며, 그릇이 깨져 잠겨 있던 지장간들이 쏟아져 나와 천간의 오행과 합을 하였다는 의미이다. 특히 지장간은 각각 여기, 중기, 본기가 있는데 본기의 합이 가장 강한 파괴력과 결속력을 지닌다.

통변에서 여러 가지를 논하지만 명암합이 이루어지면 미혼자는 연애하거나 선을 보거나 결혼의 운이라고 푼다. 기혼자의 경우 부부의 사랑이 깊어진다고 하는 통변이 있지만 그보다는 바람의 운이라 푸는 것이 더 적당하다.

4) 지지장간의 간합

　사주 내에서 지지장간(地支藏干)의 간합은 월지에 연결된 간합과 일지에 연결된 간합 두 가지로 구분할 수 있다. 간합은 표면적으로 천간에서 일어나는 합으로 묶인다. 변한다는 의미가 있으며 성정이 변하는 의미가 있다. 또 간합이라고 하면 대개 좋은 의미로 받아들여질 가능성이 높으니 지지장간에서 일어나는 간합은 대부분 부정적인 간명이 가능하다.

　예를 들어 일지의 지장간 정기와 월지의 지장간 정기가 합을 이루었다고 하자. 우선 월지의 지장간 정기와 일지의 지장간 정기가 합을 하면 의부증과 의처증이다. 단순히 그것으로 그치지 않고 합을 하는 지장간의 육친을 따진다. 그 합을 한 육친은 나를 배신한 것으로 풀이한다. 이를 달리 말하면 간합은 귀를 의미하는데 파격이 되었으니 귀를 망각한 것으로 간명한다.

지지장간의 정기간합			
	時	日	月	年
天干	甲	甲	乙	己
地支	子	申	卯	丑
지장간 (육친)	壬 癸	戊 壬 庚(편관)	甲 乙(겁재)	癸 辛 己
			乙庚合	

위 사주는 갑신일주로 일지의 지장간 편관인 경이 월지의 지장간 겁재인 을과 간합하였다. 이는 합을 한 두 육친이 나를 배신하였음을 나타낸다.

앞 사주 예시에서 보이듯 갑신(甲申)일 묘(卯)월생으로 내격으로는 월지로는 겁재격, 즉 양인격을 구성하였다. 월지 묘(卯)의 지장간 을(乙)의 겁재와 일지 신(申)의 지장간 정기인 경(庚)이 을경(乙庚)간합하여 일간의 나를 돌보지 않는 상태로 간명된다. 나를 도와야 하는 길신이 지장간 정기끼리 간합하여 귀(貴)를 망각하니 파격의 사주로 간명한다.

특히 여자 사주에서 관은 남편으로 하고 비겁은 형제 또는 동성이다. 따라서 남편은 자신에게 애정이 박하다고 본다. 일지는 배우자 궁이므로 사주의 일지가 이렇게 월지와 지장간의 간합이 이루어지는 것은 배우자의 품행 또한 바르지 못하다는 뜻이다. 아울러 일지와 월지의 합은 의처증과 의부증으로 간명한다.

지지장간의 정기간합				
	時	日	月	年
天干	甲	己	戊	己
地支	子	酉	寅	丑
지장간 (육친)	壬 癸	庚 辛	戊 丙 甲(정관)	癸 辛 己(비견)
			甲己合	

위 사주는 기유일주로 월지의 지장간 정관인 갑이 년지의 지장간 비견인 기와 간합하였다. 이역시 아신을 두고 달리 간합하였으므로 일간을 배신한 것으로 간명한다.

위 사주는 기(己)일간으로 인(寅)월 정기생으로 태어났다. 시간에 갑이 자리하여 월지정관격을 구성한다. 그런데 월지 인(寅)의 지장간 정기인 갑(甲)의 정관과 년지 축(丑)의 지장간 정기인 기(己)가 갑기(甲己)간합하였다. 두 지장간이 간합하는 것은 일간인 나를 돌보지 않는 것으로 간명한다. 정관은 남편이고 비견은 형제이다. 단식법으로 살피면 남편과 형제가 나를 배신하여 돌보지 않는 것이다. 곧 길신이 지장간에서 간합하여 귀(貴)를 망각하는 원칙에 비추어 이 명식(命式)은 파격(破格)의 사주로 간명한다.

5) 요합

이미 설명한 내용이다. 간합은 천간의 합이다. 천간의 합은 여러 가지 현상이 나타난다. 일간을 중심으로 하는 합의 구성은 각각 일간과 년간의 합, 일간과 월간의 합, 일간과 시간의 합이 그것이다.

일간을 배제한 합의 구성도 이루어진다. 년간과 월간의 합, 년간과 시간의 합, 일간과 시간의 합이다. 이 중에서 년간과 시간의 합은 그 영향력이 현저하게 떨어져 거의 인정하지 않는다. 이처럼 합이 이루어지나 지나치게 멀어지면 요합(遙合)이라 한다. 일간과 년간의 합도 때에 따라서는 요합이라 칭할 수 있다.

요합이란 간합이 일어난다고 해도 먼 곳에 있는 오행끼리 간합하는 것을 말한다. 일간과 년간의 간합과 같은 것이다. 사주 간명에서 요합은 길흉을 막론하고 공히 그 효과가 미약하고 박한 것으로 본다.

천간의 간합에서도 요합을 따지지만 지지장간의 간합에서도 요합을 따져 그 영향력이 그다지 강하지 않음을 살핀다. 일반적으로 지지의 지장간 정기의 간합은 숨겨둔 애인, 사랑하는 사람이 따로 있는 것으로 간명하는데, 이 경우 지나치게 멀리 요합하므로 그 영향력도 극히 미약하다고 간명한다.

지지장간의 정기 요합				
	時	日	月	年
天干	甲	己	戊	己
地支	寅	酉	戌	丑
지장간 (육친)	戊 丙 甲(정관)	庚 辛	辛 丁 戊	癸 辛 己(비견)
	甲己合			

위 사주는 기유일주로 시지의 지장간 정관인 갑이 년지의 지장간 비견인 기와 간합하였다. 이 역시 아신을 두고 달리 간합하였으므로 일간을 배신한 것으로 간명한다. 그러나 지나치게 멀리 있어 그 영향력은 거의 없다고 본다. 이처럼 멀리 간합하면 합으로 인정하지 않는 경우도 있다.

6) 자화간합

자화간합(自化干合)이란 지지의 지장간에 있는 오행이 천간과 합이 되는 것을 말한다. 이 자화간합은 최대 4개가 나타날 수도 있다. 즉 년주의 자화간합, 월주의 자화간합, 일주의 자화간합, 시주의 자화간합이 있으니 자화간합이 총 4개 있을 수 있다.

기둥마다 자화간합이 있을 수 있으나 정작 모두 적용하는 것은 아니다. 따라서 간명을 할 때 적용하는 자화간합이란 생일 간지에 관해서만 적용한다. 즉 년월시의 타 주 간지의 자화간합은 간명하지 않는다. 불문한다는 것이 맞다. 따라서 자화간합을 적용한다면 생일간지의 자화간합을 적용하는 것이다.

일부 이론에 따르면 유일하게 적용하는 생일간지의 자화간합에 관해서도 사주 구성에 따라서 그 결과가 크게 다르게 나타난다고 한다. 관심을 기울여 살피고 중요시할 필요가 없다고 한다.

예부터 생일간지의 자화간합에 대해 적용을 이야기하는 것은 영향력이 충분하기 때문이다. 생일간지의 자화간합에서 육친의 적용을 찾아야 한다. 자화간합은 다른 간합과 같이 오행의 생극에 따라 반드시 재관(財官)이 된다. 재관은 배우자의 육친이다. 남자에게는 재성이 배우자이고 여자에게는 관성이 배우자이다. 특히 일지는 배우자의 궁이다. 지장간에 관성이나 재성이 있어 일간과 합하는 것은 배우자가 득위한다고 본다. 이에 따라 어떤 경우에는 매우 귀한 것으로 보게 된다.

가장 중요하게 살피는 일주가 임오(壬午)일주와 계사(癸巳)일주이다. 이는 녹마동궁일(祿馬同宮日)이기 때문이다. 사주의 12운성이 건록에 이르고 있음이나 계사일주의 경우는 혼전임신 가능성도 매우 크다.

이러한 사정을 파악하여 일부 자화간합이 예부터 운위되나 이것 또한 여러 가지 간명에 따르는 한 가지 단순한 간법일 뿐이다. 항시 사주를 간명할 때는 단순한 하나의 기둥이나 하나의 이론이 아니라 사주 전체를 살피고 폭넓은 관점과 인지상정의 견지에서 살펴야 한다.

일지의 지지장간의 일간 간합				
	時	日	月	年
天干	甲	甲	戊	己
地支	寅	午	戌	丑
지장간 (육친)	戊 丙 甲	丙 己(재성) 丁	辛 丁 戊	癸 辛 己
		甲己合		

위 사주는 갑오일주이다. 일지 지장간의 중기인 기가 일간 갑과 간합하였다. 기는 중기이거니와 자화간합에서는 여기와 중기, 정기의 배치를 따지지 않는다. 일간인 갑과 간합한 기토는 육친으로 정재이다. 이 경우 남자의 명식이라면 배우자가 득위하니 귀하다고 간명한다.

7) 일간과 대운의 간합

간합을 살피는 간명법은 원국 내에서만 살피는 것이 아니다. 원국을 살펴 간합을 찾지만 운의 흐름을 볼 때는 운과 간합이 이루어지는지 살펴야 한다. 운의 종류에는 각각 대운, 소운, 년운, 월운, 일운, 시운, 한운이 있다. 운을 적용할 때 대운은 지지를 더욱 중요하게 다루지만 나머지 소운, 년운, 월운, 일운, 시운은 천간을 더욱 중요하게 다룬다. 물론 한운은 기둥 전체를 비등한 조건으로 다룬다.

사주를 간명할 때 원국을 살펴 간명하므로 일간과 연결된 간합이 있고 없음을 먼저 파악한다. 그리고 대운을 살필 때도 일간이 간합하는지 살핀다. 즉 대운의 천간이 일간과 간합하는지 살핀다. 만약 대운의 천간과 일간이 간합한다면 양일생은 반드시 정재와 간합을 이루고 음일생은 정관과 간합한다.

일간과 대운의 간합							
	時		日		月		年
天干	壬		己		辛		丁
地支	申		卯		亥		巳
지장간	戊 壬 庚		甲 乙		戊 甲 壬		戊 庚 丙
대운	76	66	56	46	36	26	16	6
	己未	戊午	丁巳	丙辰	乙卯	甲寅	癸丑	壬子

26, 갑인대운

위 사주는 여자 사주이다. 기묘일주로 일간과 갑을 하려면 갑이 있어야 한다. 그러나 원국에는 갑이 없다. 지장간에 갑이 있어 갑기합이 이루어진 상태이다. 이는 자화간합이다. 갑인대운이 오면 기일간이 대운에 갑운을 맞이하여 또다시 갑기간합이 이루어진다. 이때 갑이 정관이다. 여자 사주에서 관운이 간합을 이루는 시기는 혼인의 운이 있음을 보여준다. 독신자는 이성의 운이 강한 운의 시기로 혼기(婚期)가 왔음을 보여준다. 실제 이 사주의 주인은 이 시기에 결혼했다.

　　원국에서 일간과의 합이 없는데 대운으로 간합이 이루어지는 시기는 이미 혼인한 사람이라면 금슬이 더욱 좋아지는 시기로 본다. 그러나 이미 사주에 남편을 의미하는 관성이 있다면 삼각관계의 시기로 본다. 즉 남녀의 갈등이니 이성문제가 발생하기 쉬운 운기에 들어서는 것을 뜻한다.

　　남자 사주에서는 재성이 그러한 역할을 한다. 역시 사주원국에 간합하는 재성이 없다가 대운이나 해운으로 간합하는 재성이 들어오면 미혼자는 결혼의 운으로 보지만 이미 사주원국 내에 재성이 있을 경우 삼각관계가 이루어진다고 본다. 즉 남녀 갈등이 생긴다고 보는 것이다.

일간과 대운의 간합							
	時		日		月		年
天干	癸		丁		辛		丁
地支	未		丑		卯		巳
지장간	丁 乙 己		癸 申 己		甲 乙		戊 庚 丙
대운	76	66	56	46	36	26	16	6
	己亥	戊戌	丁酉	丙申	乙未	甲午	癸巳	壬辰

6, 임진대운(정관대운)

위 사주는 정(丁)일간이며 묘(卯)월에 생하였다. 원국에 정과 합하는 임이 투간되지 않아 간합이 없었는데 임진대운에 정임간합하였다. 그러나 어린 나이이므로 작용력은 크지 않다. 20대 이후라면 크게 작용한다.

초년운이라고 하지만 그 흐름은 알 수 있다. 임의로 설정하였지만 6 대운에 임(壬)을 맞아 정임간합하여 목상(木象)이 되고 거기다 목(木)을 나타내는 묘(卯)월생이므로 화기격 중 화목격(化木格)이 되었다. 이처럼 간합의 운이 다가온 시기에 간혹 화기격을 구성하는 사주가 나타나기도 한다. 그러나 이 사주에서 목을 극하는 신금이 자리하므로 진정한 화기격이라고 할 수 없다. 만약 신금이 없었다면 이 사주는 화기격이 되었을 것이다.

8) 대운을 맞아 투합이 될 때

사주원국에 동일한 음양오행이 투간되면 흔히 병존(竝存)이라고 한다. 달리 병립(竝立)이라고도 한다. 예를 들어 갑갑, 을을, 병병, 정정, 무무, 기기, 경경, 임임, 계계가 그것이다. 즉 일간의 비견이 투간되어 있는 것이다.

사주 분석에서는 반드시 일간이 기준이다. 사주 중 비견이 있는 사주는 합을 이루는 대운을 맞아 쟁합(爭合)이나 투합(妬合)의 운기가 되므로 간명할 때 조심하지 않으면 안 된다. 특히 사주의 일간이 음의 오행이라면 투합의 운기가 된다.

다음 예시의 사주는 여자 사주이다. 사주를 살펴보면 일간이 정화인데 천간 중 비견이 2개가 더 있다. 그러나 정과 간합하는 임(壬)은 어디에도 보이지 않는다. 비견이 많이 투간된 정해일주의 이 사주가 대운이나 세운에서 임(壬)운을 맞이하면 일간의 정화는 물론이고 2개의 비견과 합하여 투합이 된다. 43대운에 만나는 임(壬)은 일간은 물론이고 비견으로 투간되어 있는 각각의 정화와 합을 하고자 하니 투합의 운을 맞이하게 된다. 임수가 3개의 정화와 만나니 그 투합은 위력이 더욱 세다. 여자 사주인데 남편은 이 운의 기간 중 타 여성에게 애정을 쏟게 되므로 가정불화의 운으로 본다.

일간과 대운의 투합							
	時		日		月		年
天干	丁		丁		丁		乙
地支	未		亥		亥		巳
지장간	丁 乙 己		癸 申 己		癸 申 己		戊 庚 丙
대운	73	63	53	43	33	23	13	3
	乙未	甲午	癸巳	壬辰	辛卯	庚寅	己丑	戊子

43, 임진대운(정관대운)

여자 사주이다. 위 사주는 정(丁)일간이며 해(亥)월에 생하였다. 원국에 정과 합하는 임이 투간되지 않아 간합이 없었는데 임진대운이 오니 정임간합하였다. 더구나 일간을 포함하여 정은 단순히 하나가 아니라 세 개가 투간되었다.

POINT

병존, 삼존, 사존과 병립, 삼립, 사립 한국에는 뛰어난 실력을 갖춘 명리학자가 많다. 이 연구가들은 기존의 명리를 파악하고 새로운 이론을 발표하기도 한다. 천간이나 지지에 같은 글자가 나란히 서는 경우가 있다. 같은 글자 2개가 나란히 투간되거나 때로 3개 혹은 4개가 나란히 투간되는 경우가 있다. 이러한 경우 과거에도 표기법이 있었을 것이다.

많은 제자를 배출한 학자들 중 김동완 선생이 있다. 한국 명리학의 거장이신 도계(陶溪) 박재완(朴在琓, 1903~1992) 선생의 제자인 것으로 알려져 있다. 서당과 한의원을 운영하시던 할아버지의 영향으로 어릴 적부터 한학과 동양학에 심취하셨다. 자강 이석영 선생에게 역학을 사사하셨고 하남 장용득 선생에게 풍수학을 사사한 것으로 알려져 있으며 김일부 선생, 문파 청풍스님에게 주역과 풍수학을 사사한 것으로 알려졌다. 최근 명리학을 연구하는 많은 학자의 평가는 자강 이석영이 만든 근대적 개념의 명리학은 동국대학교 김동완 박사가 새롭게 변화 발전시켜 현대적 개념의 학문으로 거듭나고 있다는 것이다.

같은 글자가 나란히 서는 개념에서 사용하는 병존, 삼존, 사존 개념과 정립은 김동완 선생 작품이다. 선생의 역작《김동완의 사주명리학 강의 1-9》에 병존, 삼존, 사존 개념이 정확하게 정의되어 있다. 많은 학자와 연구가들이 김동완 선생이 정립한 병존 개념을 차용하거나 사용하고 있다.

---

9) 대운을 맞아 쟁합이 될 때

사주원국에서 병존(병립)은 종종 일어나는 현상이다. 일간과 동일한 천간이 투간되는 일은 흔하다. 일간과 동일한 음양오행이 투간될 때 나란히 붙어 투간되면 병존(병립)이지만 떨어져 투간되는 경우도 있다. 붙어서 투간되어도 비견이지만 일간과 떨어져 투간될 때도 비견은 변함이 없다. 갑갑, 을을, 병병, 정정, 무무, 기기, 경경, 임임, 계계 사이에 다른 오행이 투간되어도 비견은 비견이다. 사주 중 비견이 있는 사주는 합을 이루는 대운을 맞아 투합(妬合)의 운기가 될 수도 있다. 사주의 일간이 양의 오행이라면 투합의 운기가 된다.

다음 사주의 구성에서 일간 병(丙)과 합을 하는 오행이 투간되어 있지 않았으나 25년 신축대운이 들어와 일간의 병과 대운의 신이 간합하였다. 당연히 하나의 일간과 정재가 간합하면 아내와 화목하다. 또 미혼은 혼인 기회가 온다. 그러나 일간과 같은 오행인 병이 2개가 더 있어 비견인데 대운 신(辛)운에 정재의 간합운을 맞이하면 쟁합이 된다. 이는 양간

3개가 대운의 음간 1개를 합하려고 하기 때문이다.

이러한 간합에서 1 : 1이라면 가장 이상적이고 1 : 2라면 본인은 아내를 두고 다른 여성에게 애정을 쏟는 운기를 나타내는 상태에 이른다. 예시처럼 3개 양간이 하나의 음간과 간합하는 상태가 되면 심한 경우에는 이 운 중 아내와 별거 또는 이별의 우환이 있다.

일간과 대운의 쟁합							
	時		日		月		年
天干	丙		丙		戊		丙
地支	申		辰		戌		辰
지장간	戊 丙 庚		乙 癸 戊		辛 丁 戊		乙 癸 戊
대운	75	65	55	45	35	25	15	5
	丙午	乙巳	甲辰	癸卯	壬寅	辛丑	庚子	己亥

25, 신축대운(정재대운)

남자 사주이다. 위 사주는 병(丙)일간이며 술(戌)월에 생하였다. 원국에 일간을 포함하여 3개 병이 있지만 합하는 신금이 투간되지 않아 간합이 없었는데 신축대운에 병신간합하였다.

10) 일간과 세운과 간합

사주의 간합에는 대운의 간합이 있고 세운의 간합이 있다. 때로는 월운의 간합이나 일운의 간합도 이루어지고 시운의 간합도 이론적으로는 가능하다. 그러나 사주를 간명할 때 월운을 간명하는 경우도 많지 않은데 월운에서 간합을 보는 경우는 더 많지 않다. 일운은 더욱 그러하고 시운은 거의 간명하지 않는다. 따라서 대운의 천간합을 간명하면 세운의 천간합을 간명한다.

근본적으로 대운의 간합을 먼저 살펴 그 영향력을 따지지만 조금 더 강한 영향력은 세운일간의 간합일 것이다. 대운은 분위기나 흐름을 보여준다. 그와 비교해 세운은 직접적 영향을 보여준다.

일간과 년운의 간합은 혼인, 사랑, 혼례와 같은 변화로 간명한다. 이미 혼인한 사람은 배우자를 더욱 사랑한다고 간명하지만 독신자는 혼기도 래로 본다. 즉 남자 사주에서는 정재, 여자 사주에서는 정관과 간합운이 바로 결혼운이다. 또 남녀 모두 연애관계가 생기는 것을 뜻한다. 기혼자는 대개 타인과 융합, 합병, 합동 등의 운으로 보지만 때로 배우자와 다른 이성의 교제나 사건·사고를 의미하기도 한다.

다음 사주는 남자 사주인데 정재를 아내로 본다. 예를 삼아 살펴보면 25 신축대운이라 가정하자. 병진일주가 대운에서 이미 병신간합하였는데 년운(세운)에서 신(辛)의 재운이 오면 병신합을 하여 혼인기로 볼 수 있다. 일간과 세운의 정재간합 운이면 남자 사주에서 더 강한 혼인의 기운으로 보아도 유효하다. 남자 사주로 양일생은 반드시 정재의 세운과 간합한다.

일간과 대운의 간합							
	時		日		月		年
天干	丙		丙		戊		丙
地支	申		辰		戌		辰
지장간	戊 壬 庚		乙 癸 戊		辛 丁 戊		乙 癸 戊
대운	75	65	55	45	35	25	15	5
	丙午	乙巳	甲辰	癸卯	壬寅	辛丑	庚子	己亥
세운	2007	2006	2005	2004	2003	2002	2001	2000
	丁亥	丙戌	乙酉	甲申	癸未	壬午	辛巳	庚辰

25, 신축대운(정재대운)
2001년 신사세운(정재세운)

남자 사주이다. 위 사주는 병(丙)일간이며 술(戌)월에 생하였다. 원국에 일간을 포함하여 3개 병이 있지만 합하는 신금이 투간되지 않아 간합이 없었는데 신축대운에 병신간합하였다. 또 2001년 신사세운에 다시 병신간합하였다. 즉 대운과 세운에서 간합이 이루어진다.

만약 25 신축대운이 아니라 해도 2001년 신사대운이라면 혼인 기운이 미치는 것은 다르지 않다. 다만 대운까지 간합하면 더욱 강한 혼인의 기운일 것이다. 그러나 예시처럼 비견이 많아 3개 병이 하나의 신과 합을 하려 한다면 그다지 행복한 결과를 가져오기는 힘들 것으로 보인다.

11) 사주격국(용신)과 대운과 간합

격국과 대운의 간합은 적용하기가 불편하다. 사용하기 어려워 많이 사용하는 방법은 아니다. 그러나 간합의 한 가지로 학습해두는 것이 옳다.

이 방법을 사용하려면 먼저 격국을 알아야 한다. 격국용신을 찾아낼 수 있어야 한다. 먼저 사주의 격국(용신)을 따지고 나서 대운과 간합을 살핀다. 이를 통해 간명하는 간법이다. 이 과정에서 격국을 따져 길신격과 흉신격으로 양분하여 인정한다.

길신은 좋은 역할을 하는 오행이다. 용신으로 말하면 용신(用神)이나 희신(喜神)이 될 것이다. 그런데 이 좋은 오행이 간합하면 변한다. 그런 과정으로 기능을 잃어버린다. 즉 좋은 기능이 상실되는 격이다. 간합의 특징이 변하기 때문이고 묶이기 때문이다. 곧 길신격이라고 하면 간합의 운을 맞이하여 합쳐져 변하니 운중파격(運中破格)이 되고 만다.

흉신격은 기신(忌神)과 구신(仇神)이다. 용신을 극하는 나쁜 역할을 하는 오행이다. 이를 흉신 혹은 흉신격이라 한다. 흉신은 나쁜 영향을 준다. 흉신격은 간합의 운을 맞이하면 운중성격(運中成格)하여 길명으로 변한다. 즉 나쁜 오행이 간합을 하여 좋은 기운으로 변하는 과정을 보여준다.

일간과 대운의 간합				
	時	日	月	年
天干	壬	癸	辛	壬
地支	申	未	卯	戌
지장간	戊 壬 庚	丁 乙 己	甲 乙	辛 丁 戊

위 사주는 계(癸)일간이며 묘(卯)월에 생하였다. 월지의 지장간은 갑과 을이다. 천간에 갑과 을이 투간되어 있지 않으므로 내격의 법칙에 따라 묘목을 그대로 사용하여 지장간 을목을 택해 식신격으로 사용한다.

앞의 사주는 계일간이다. 묘월(卯月) 정기에 생하였는데 월지를 나타
내는 묘월(卯月)의 지장간 을(乙)을 일간에서 보아 식신격을 구성하고 있
다. 천간의 합은 없는데 대운에 경(庚)이 오면 지장간의 을이 발동하여
을경(乙庚)간합의 상이 이루어진다. 이렇게 되면 길신(吉神)은 귀(貴)를
망각하고 파격에 이른다. 흉신격은 이 반대로 보면 된다.

이에 대하여 최근에는 반대하는 이론도 나타나고 있다. 즉 용신을 이
야기할 때도 지장간에 있는 용신은 꺼내 쓰기 힘들다는 주장처럼 지장
간의 천간까지 끄집어내 대운이나 세운에 맞춘다는 것이 어렵다는 이론
이다. 아울러 지장간은 형이나 충으로 파(破)가 되어야 움직이고 발동하
는 것이니 형충이 없다면 움직이지 않는다는 주장도 실리가 있다. 따라
서 인정하더라도 그 여파는 작은 것으로 파악한다.

12) 사주 내의 오행과 대운의 간합

사주 중 일간과 대운의 간합은 길흉이 다양하므로 자세한 검토가 필요
하다. 간합은 표면적으로 이익과 이득이 많아 보이지만 속으로 파고들면
나쁜 경우가 더욱 많다. 따라서 간합하지 않는 것이 좋으나 세상 이치가
복잡한 것처럼 간합은 수시로 다양한 곳에서 일어난다.

사주와 간합은 단순히 일간과 간합뿐 아니라 일간을 제외한 타주 간
합도 일어난다. 즉, 년주와 간합, 월주와 간합, 시주와 간합도 일어나므로
무시하지 말고 살펴보아야 한다. 이 간합을 하는 오행의 역할이 어떤지

살펴야 한다. 즉 좋은 역할을 하는 오행인지 나쁜 역할을 하는 오행인지 살핀다. 그런데 대운이 와서 간합하면 좋은 역할을 하던 오행이 나쁜 역할로 변한다. 나쁜 역할을 하던 오행은 좋은 역할로 변한다.

사주 내의 오행과 대운의 간합				
	時	日	月	年
天干	己	甲	乙	癸
地支	酉	子	丑	未
지장간	庚 辛	壬 癸	癸 辛 己	丁 乙 己

위 사주는 월지의 지장간 기가 시간에 투간되어 정재격이다.

천간에 갑기간합이 이뤄져 있다. 격국을 나타내는 기와 간합하니 유정하다. 월간은 을목이다. 대운에 경(庚)이 오면 편관운이다. 이 편관 경이 오는 해에 을경(乙庚)간합한다. 일간갑목에서 보아 을(乙)은 겁재인데, 겁재의 간합은 상황에 따라 달리 나타난다. 즉 사주원국에 비견과 겁재가 부정적으로 작용할 때는 간합으로 좋은 역할을 할 수 있다. 반대로 일간이 너무 약해 비견과 겁재가 필요한데 간합하여 비견이나 겁재가 힘을 잃어버리거나 화기오행이 되어버리면 불길하다.

사주에는 희용기구한이 있다. 희신(喜神), 용신(用神), 기신(忌神), 구신(仇神), 한신(閑神)이 그것이다. 어느 오행이 있다고 가정하자. 희신을 극하고 기신을 생하는 오행이 구신이다. 이것이 간합하는 경우라면 매우 도움이 된다. 즉 기신이나 구신의 간합은 빈합(貧合)이라고 하니 흉한 뜻을 나타내지 않는다.

간합은 파격(破格)을 가져오기도 한다. 파격은 격을 깨뜨리는 것이다. 파격이 반드시 나쁜 것은 아니다. 명리에서 파는 깨뜨리는 것이다. 때로는 이 파가 좋은 역할을 한다. 공망을 깨뜨리는 것도 파공이라 하는데 좋은 예이다.

파격은 나쁠 수도 있고 좋을 수도 있다. 예를 들어 어느 사주에 수가 강하며 간합이 이루어져 화수격(化水格)을 이루었다고 가정하자. 화수격을 구성하였다면 성격(成格)으로 간주한다. 문제는 이 사주에서 수가 많은 것이 좋은가 나쁜가다. 수가 강하여 나쁜 경우가 있고, 수가 약해져야 하는 경우도 있을 것이다.

파격이 유리한지는 전체 사주 흐름을 보고 파악해야 한다. 만약 수의 오행이 지나치게 강한데 성국이 이루어져 수가 강해졌다면 무리가 있을 것이라는 점은 분명해 보인다. 때로 성국이 깨져 파국이 되는 것이 유리한 경우도 있으니 사주 전체를 보고 판단할 일이다.

13) 사주 용신과 년운의 간합

사주를 간명하는 방법에는 여러 가지 기법이 적용된다. 수많은 기법이 있으므로 사주를 간명하는 자는 자신이 주로 사용하는 기법을 선택한다. 그러나 어느 기술과 기법을 사용한다고 해도 반드시 사용하는 기본 이론이 존재한다. 이 중 가장 중요한 이론이 용신이다.

야구는 투수놀음이고 명리학은 용신놀음이라고 할 정도로 용신은 중요하다. 용신을 알아야 대운의 흐름은 물론이고 세운과 월운, 일운과 시운의 흐름을 살펴 좋고 나쁨을 가름할 수 있다. 사주 풀이에서 용신은 달리는 말의 방향을 조절하는 말고삐와 같은 것이다. 사주의 용신은 사주 내에 있는 것이니 이 또한 년운과 합이 없을 수 없다. 사주에서 용신이 반드시 천간에 자리하라는 법도 없다. 용신은 천간에 있을 수 있지만 지지에 있을 수도 있다. 혹은 지장간에 있을 수도 있다. 어쨌든 사주 용신과 년운의 간합은 다음과 같이 해석할 수 있다.

- 남녀를 불문하고 사업하는 사람의 사주이면 사업상 변화가 일어나니 공동합병 또는 변화한다(단 길흉은 따로 논한다).
- 남녀 공히 길신격은 나쁜 방향으로 변화하니 가정과 애정, 사업에서 모호하게 된다.
- 남녀 공히 흉신격은 간합하여 흉의(凶意)가 사라지게 되므로 좋은 역할로 변하며 그해에 경사가 있다.

14) 사주의 오행과 세운의 간합

사주원국에는 4개 간이 있다. 년간, 월간, 일간, 시간이 그것이다. 각각의 간은 음양오행을 지닌다. 또 각각의 간은 해마다 천간의 영향을 받는다. 원리에 따라 10개 천간은 돌아가며 사용되고 한 사람 사주에는 최대 4개만이 사용된다. 해운이나 대운은 이 사주원국의 4개 글자에 영향을 미친다.

사주의 천간은 모두 같지 않다. 그러나 때로는 같은 천간이 배치될 수도 있다. 천간은 다양하게 배치된다. 대운이나 세운이 온다고 하여 반드시 간합하는 경우는 아니다. 세운의 천간과 합을 할 수 있는 천간이 사주 원국의 천간에 자리해야 간합이 이루어진다. 특히 세운의 변화로 천간과 합을 하는데 1자와 합을 할 수 있고 2자, 3자, 4자와 합을 할 수 있다. 천간에 어떤 글자가 있느냐에 따라 간합은 달라진다.

남녀 공히 배우자의 신이 간합하면 그해 혼담이 성립한다. 물론 혼인하지 않은 사람의 경우이다. 여자의 경우 일간을 제외한 천간에 남편을 나타내는 관성이 자리하였다고 가정하자. 이 관성을 나타내는 간과 합하는 글자의 세운이 오면 혼담이 성립된다.

남자도 다르지 않다. 남자의 경우 일간을 제외한 타간에 여자 혹은 아내를 나타내는 정재나 편재가 년간, 월간, 시간의 어느 곳에 자리할 때 새로운 해의 천간이 정재나 편재와 간합하는 간이면 역시 혼담이 성립된다.

세운의 천간이 들어와 간합하는 경우에서 미혼자에게는 길하나 기혼자에게는 불길하다. 기혼자에게는 근본적으로 이미 있는 배우자를 무시하고 다른 배우자 혹은 이성과 문제를 드러낸다고 볼 수 있다. 따라서 일부 이론은 부부관계가 놓아진다는 풀이를 하지만 실제 풀이는 바람 혹은 불유쾌한 이성 간 문제로 파악한다.

사주에는 용신과 희신, 기신, 구신, 한신이 있다. 사주 구성에 따라서는 흉신이 있고 길신이 있으며 약신이 있다. 사주 구성에서 용신과 희신은 일간을 살리고 도와주는 좋은 역할을 하며 기신과 구신은 일간에 상처를 입히고 중화를 깨는 흉신이다.

사주 구성에서 희신에 해당하는 천간이 간합하면 길함이 적어진다. 이는 좋은 역할을 하는 오행이 다른 오행과 만나 합을 함으로써 화기오행으로 변하기 때문이다. 그와 비교하여 기신이 간합하면 그해에 경사가 있다.

사주원국에서는 종종 화격(化格)이 나타난다. 화격을 이루고자 하면 매우 엄격한 제재가 있다. 진정으로 화격을 이루기는 쉽지 않다. 그러나 화격이 존재하는 것도 사실이다. 화격을 구성하는 사주 구성에서 세운이나 대운에서 들어온 오행의 간합이 쟁합이나 투합으로 작용하면 쟁투지합이라 하며, 투합과 쟁합으로 이루어지면 파격에 준하므로 매사 발전이 무색하다.

15) 십신으로 보는 간합

십신(十神)은 달리 육친이라고 한다. 십성이라고도 한다. 십신은 사주를 파악할 때 반드시 그 재료로 삼는 것이다. 십신과 용신이야말로 사주를 간명하는 숟가락과 젓가락 같은 존재이다. 이 십신은 각각의 성질과 가족의 구성을 보여주는데 이 십신이 어떤 상태로 합해지느냐에 따라 풀이가 달라진다. 또 십신은 그 사람의 직업, 역할을 보여주기도 하는데 십신의 간합으로도 많은 것을 알 수 있다.

- 식신(食神)은 의식주를 나타낸다. 식신이 간합하면 의식주가 변하는 것이니 늘 궁하다.
- 재성(財星)은 여자, 아내이다. 또한 돈이다. 재성이 간합하면 돈이 변하는 것이니 금전이 늘 궁하다.
- 관성(官星)은 남자, 명예, 직업이다. 관성이 간합하면 명예가 변한 것과 같으므로 명예가 뜬구름과 같다.
- 겁재(劫財)는 배다른 형제이며 몸을 아프게 하고 재물을 빼앗는다. 재물을 빼앗는 겁재가 간합하여 변하니 재물을 빼앗기지 않는다.
- 상관(傷官)은 남편의 명예를 해치는 육친이다. 상관이 간합하면 변하니 명예를 파하지 않는다.
- 편관(偏官)은 거칠어 칠살이라 하며 나를 공격한다. 편관이 간합하면 변화하여 나를 공격하는 일이 없다.

2. 지지합

지지합은 이름 그대로 지지자의 합이다. 사주를 구성하는 천간의 합이 있다면 지지의 합도 있다. 지지의 합은 천간의 합과 달리 다양한 합의 형태가 나타난다. 천간의 합은 오로지 한 가지 유형만 있어 단순하나 지지의 합은 단순하지 않다.

지지합을 크게 살펴보면 육합(六合), 삼합(三合), 방합(方合)이 있다. 단순하게 두 글자가 합해지는 경우도 있고 세 글자가 합해지는 경우도 있다. 또는 세 글자가 모두 모여야 온전한 합이라고 할 수 있지만 두 글자만 모여 합을 이루는 경우도 있다. 지지합도 천간합과 같이 합해지면 성질이 변하는 것이 있고 변하지 않는 것도 있다.

명리학의 여러 가지 간명 기법 중 합의 기법은 매우 중요하고 핵심적이라 할 수 있다. 지지의 합은 변화, 행동력이라는 측면에서 매우 중요하다. 특히 지지의 합에서는 상호작용이라는 점을 매우 중시하며 살펴야 한다.

1) 지합

보통 지지합(地支合)이라고 하면 지합(地合)을 이야기하는 경우가 많다. 지지합은 달리 육합(六合)이라고 한다. 12개 글자가 각각 짝을 이루어 6개 합을 이루기 때문에 육합이라고 한다.

지지합은 실전명리에서 많이 쓰이는 기법 중 하나이므로 지지합에 대한 이론의 타당성이 요구된다. 이전까지는 막연하게 합이라는 주제만 가지고 파악한 것이 사실이다. 그러나 합을 이해하려면 타당성이 요구된다. 이 타당성의 근거를 확보하려면 규칙성을 찾아내야 한다. 이 타당성을 설명하기 위해 여러 석학자는 많은 노력을 하였고 여러 가지 방법적 측면에서 해설을 해놓았다. 그러한 여러 가지 이론 중에서 가장 타당성 있는 이론은 위도설(緯度設)이라 할 것이다.

어떤 이론을 적용하든 지지 글자 중에서 지합이라는 것은 두 글자가 합해지는 것이다. 천간과 마찬가지로 변하고 묶이는 특징이 생긴다. 지합이 되면 강해지는 특징을 지니는데 충(沖), 파(破), 공망(空亡) 등을 해소하는 역할을 한다. 그러나 순수한 개념의 합에서 지합은 여러 가지 지지합에서 결속력이 가장 약하다.

천간의 합이 음과 양으로 천간합을 이루듯이 지지의 합도 음과 양으로 합을 이룬다. 어떤 경우도 지합은 음과 음, 양과 양이 합하는 일은 없다. 이와 같은 합을 지합, 덕합, 여섯 번째 글자와 합한다 하여 육합이라고 한다. 지합은 하늘과 땅 사이에 생기는 자연적 변화와 현상을 설명한 것이다.

지지합은 크게 여섯 가지가 있다. 자축인묘진사오미신유술해 12자가 여섯 가지로 나뉘어 합하는 것이다. 자축합(子丑合), 인해합(寅亥合), 묘술합(卯戌合), 진유합(辰酉合), 사신합(巳申合), 오미합(午未合) 여섯 가지다. 여섯 가지이기 때문에 육합이라고도 한다.

그 합을 평면상에 구성하면 마치 지구상의 동일 위도상에 위치한 지지들이 각각 합하는 모양을 지니기 때문에 위도설이 근거를 얻게 되었다. 사실 깊은 속을 들여다보면 이해가 가지만 무턱대고 왜 위도상으로 합하는가 하고 물으면 어려운 이야기가 된다. 하지만 나중에 설명하는 가까운 것끼리 합한다가 답이 될 수도 있다. 즉 위도상으로 가까운 것끼리 합을 하다보니 어떤 것은 가깝고 어떤 것은 먼 것으로 짝이 지어지는 일이 발생한다. 그러나 근본적으로 각각 자오(子午)를 중심으로 가까운 것으로 짝한다는 것이 사실이다. 자를 중심으로 가까운 것으로 짝하고, 오를 중심으로 가까운 것으로 짝한다. 그러다보니 자오와 먼 곳은 결국 먼 글자와 짝하는 결과를 가져온다.

유유상종이라는 말이 있다. 비슷한 것끼리는 서로 통한다. 함께한다는 의미의 단어이다. 이 말처럼 실제 배치를 따져보면 비스듬하지만 생태계나 환경이 비슷한 형태가 바로 위도상에 나타나는 것처럼 각각 짝이 이루어진다. 사실 지지의 합은 자오가 중심이 되어 측면의 지지들과 합을 해나가기 때문에 약간 기울어진 모양이다. 그런데 가만히 생각하고 살펴보면 기울어진 모습이 혹 지구의 축이 기울어진 모습을 닮은 것은 아닌지 파악할 여지가 충분하다. 다른 이론은 가까운 것끼리 합한다는 의견이다. 그렇다면 무엇과 가까운 것끼리 합한다는 말인가? 그것은 바로 남북을 기점으로 삼아 남과 북을 중심으로 가까운 것끼리 합한다는 주장이다.

지지육합

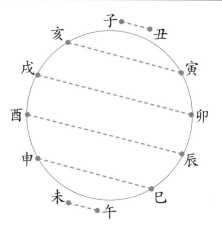

지지합(육합)	변화된 오행
子(水) + 丑(土) 합	土
寅(木) + 亥(水) 합	木
卯(木) + 戌(土) 합	火
辰(土) + 酉(金) 합	金
巳(火) + 申(金) 합	水
午(火) + 未(土) 합	無(火)

지지합의 특징

지지합은 6개의 합이다. 이 지지의 합은 각각 특징을 나타낸다. 지합을 분석하기 전에 특징을 살펴보면 무조건 음양으로 합을 이룬다. 음과 음끼리 합하거나 양과 양끼리 합하는 경우는 전혀 없다. 합은 음양의 교배이며 음양의 결합이다. 이는 음양의 합을 나타낸다는 것을 전제로 한다. 따라서 지합은 흔히 음양의 합, 부부의 합, 육체의 합이라고 정의한다. 지지의 합은 혼인, 육체의 결합, 불륜과 같은 의미를 표출하기도 한다. 현대식으로 해석한다면 섹스의 합과 같은 표현도 틀리지 않게 된다.

① 형식적인 음양

지합은 음의 지지와 양의 지지가 합을 하여 작용한다. 물론 체용을 바꾸어 사용하는 지지도 있다. 그러나 표면적으로 음의 지지와 양의 지지가 합을 한다. 지합은 그 합을 통하여 작용하지만 실질적으로 모두 음양의 합이라고 하기에는 무언가 꺼림칙한 것이 있다. 특히 눈여겨볼 것은 해(亥)와 사(巳)이다. 해와 사는 실제 겉모습은 음이 분명하다. 그러나 육친에서 적용하듯 이 두 글자는 체용이 바뀌어 사용된다. 이를 음체양용(陰體陽用)이라 하니 몸은 음이지만 사용은 양으로 한다는 말이다.

이와 반대의 경우도 존재한다. 그 반대 개념에 선 지지는 자(子)와 오(午)이다. 자와 오는 모습은 양이지만 실제에서는 음으로 사용된다. 이를 양체음용(陽體陰用)이라 하는데 육친의 적용에서 알 수 있다.

이와 같은 경우는 12개 지지 글자에서 4개가 적용되므로 결코 작은 숫자라고 할 수 없다. 이 4개 글자는 마음이 딱 맞거나 변화 없이 적용되는 것이 아니다. 인간사로 살펴보면 어쩔 수 없이 동조하거나 마음이 맞는 척 합쳐져 있지만 실제는 속이 달라서 진정으로 합을 하지 않을 수도 있다. 즉 사를 주역이 보여주듯 어쩔 수 없이 합을 하지만 속이 다르고 겉이 다른 합의 모습이 바로 이것이다.

② 생극작용을 위한 합

합의 목적이 무엇인가에 대한 판단이다. 합의 목적이 무엇인가? 합은 끌어당기는 것이다. 각각 묶이는 것이다. 달리 변하는 것이다. 변화시키는 것이다. 지합의 목적은 생극작용(生剋作用)을 위한 것이다.

지지합과 천간합의 목적은 근본부터 다르다. 천간합은 극제(剋制)의 합이라고 한다. 즉 천간은 각각 극을 하는 관계에 있는 글자가 합한다. 서로 싸우고 대립하는 글자의 합이다. 이 글자끼리 서로 싸우지 않게 하기 위해 만들어진 것이 천간합이다. 물론 극은 양끼리 일어나는 것이라 음과 양의 극을 조절한 것이 천간합이다. 따라서 천간 속에서 양과 양, 음과 음의 극은 여전히 존재한다.

이처럼 천간합은 극에 해당하는 음양이 서로 싸우지 않도록 하는 것을 목적으로 한다. 그러나 지지합은 상생의 합과 상극의 합으로 나뉘어 있어 합이 전체적 일관성이라는 측면에서 부족함이 드러난다. 즉 지지의 합은 반드시 상극이 아니라는 의미이다. 상대적으로 극하는 글자로 이루어진 합이 아니다. 즉 상생관계에 있는 합이 있고 상극관계에 있는 합이 존재한다.

이처럼 지합은 일관성이 떨어지므로 개별의 합으로 생극작용을 하기 위해 합을 하는 현상이다. 각각 다른 목적을 지닌다. 각각 다른 판단을 한다. 각각 다른 목적의 합이다. 극단적으로 판단하면 이와 같은 불합리성이 삼합이나 방합을 구성할 때 지합의 구조가 영향을 미치지 못한다는 것으로 파악한다. 지지합의 정점은 삼합(三合)이나 방합(方合)이다. 이처럼 삼합이나 방합이 이루어질 때마다 지합은 빠개지거나 힘을 쓰지 못한다.

즉 지합은 각각의 합이라 6개의 이룸을 이루지만 왕기(旺氣)인 자오묘유(子午卯酉)가 들어 있는 합의 경우는 지합으로 풀이되기 어렵다. 즉 자오묘유와 이루어진 지합의 경우 삼합이나 방합의 이루어짐에서 지합의 화기오행으로 사용되기보다는 방합이나 삼합 혹은 방합의 반합이나 삼합의 반합으로 사용되는 경우가 더 많다. 즉 자오묘유의 적용이 방합과 삼합이라는 구성으로 이용된다.

자축합(子丑合), 인해합(寅亥合), 묘술합(卯戌合), 진유합(辰酉合), 사신합(巳申合), 오미합(午未合)의 여섯 가지로 나뉜 지합에서 자축합은 토(土)로 변한다고 하지만 실제 적용에서는 해자축(亥子丑)의 방합(方合)의 반합임에 따라 수(水)가 된다. 오미합은 사오미(巳午未)의 방합의 반합이 되어 화(火)가 된다.

③ 쉽게 변하지 않는 속성

흔히 합을 하면 그 속성이 변하는 것으로 인식된다. 그래서 합의 특징은 변한다, 묶인다가 일반론이다. 그러나 합이라고 해서 무조건 변했다고 믿는다면 너무 순진한 발상이고 적용이다. 천간합은 의외로 변함이 강하다. 즉 천간합은 순일무잡의 기운이 합한 것이기에 작용력이 빠르게 나타난다. 또 천간합은 주변 환경의 변화에도 민감하다.

지지합의 경우는 쉽게 변하지도 않고 변화에도 둔감하다. 지지합은 정신의 합이 아니다. 육체의 합이며 몸체의 합이다. 따라서 융화되는 데 시간이 걸린다. 합의 과정이 서서히 시간을 가지고 일어나며 시간이 흐를수록 점차 강해지는 특징을 드러낸다. 따라서 쉽게 변하지 않는 속성이 있다고 볼 수 있다. 극단적으로 변하지 않는 오행이 있는데 자오묘유가 그것이다. 따라서 자오묘유와 합을 하면 어떠한 경우라도 왕기인 자오묘유의 오행을 따라간다.

④ 화기오행

합의 결과는 다음과 같다.

- 생물과 봄은 미(未)의 상징으로 자축합토(子丑合土)는 지구(土)요.
- 인해합(寅亥合)은 자연현상이니 목(木)이다.
- 목이 성장하면 꽃이 피고 묘술합화(卯戌合火)하여 여름(火)이 온다.

- 진유(辰酉)가 합하여 금(金)이 된다. 열매를 맺으면 다음 동절은 숙면한다.
- 사신합(巳申合)하여 수(水)가 된다.
- 오미(午未)는 합하여 화(火)로 변한다.

지지합			
지지합		생극	합화(화기오행)
子	丑	剋合	土
壬癸	癸辛己		
寅	亥	生合	木
戊丙甲	戊甲壬		
卯	戌	剋合	火
甲乙	辛丁戊		
辰	酉	生合	金
乙癸戊	庚辛		
巳	申	剋合	水
戊庚丙	戊壬庚		
午	未	生合	火
丙己丁	丁乙己		

　　천간과 달리 지지합의 경우는 합의 과정이 생합(生合)과 극합(剋合)으로 나뉜다. 생하는 지지와 생을 받는 지지가 합을 이루는 경우가 있고 극하는 지지가 서로 합을 하는 경우가 있다. 이처럼 지지합은 극의 관계이지만 음양의 관계로 이루어지는 천간합과는 전혀 다른 합의 형태를 나타낸다.

지지합의 지장간

모든 지지는 지장간을 품고 있다. 이 지장간은 지지의 겉모습에 영향을 주고 영향력을 행사한다. 특히 지지는 지장간의 본기(本氣, 정기)를 표방한다. 그런데 이 지장간들의 지지들이 합하는 과정에서 상호작용을 일으킨다.

지지육합은 천간처럼 일정한 법칙에 따라 움직이거나 합하는 정직성이 없다. 정착성도 없다. 따라서 주어진 환경의 변화에 적용하고 부딪쳐 천변만화하는 성격이다. 이는 생동감을 나타낸다. 천간보다 더욱 드라마틱하다. 더욱 거친 변화가 있다. 다양한 변화가 일어난다. 이것만으로 인간의 운명에 더욱 영향을 미치는 오행이 천간합이 아니라 지지의 합과 변화라는 것을 능히 일러 안다.

① 자축합

자축합(子丑合)은 자수(子水)의 지장간 임계(壬癸)와 축토(丑土)의 지장간 계신기(癸辛己)가 결합한 것이다. 축토의 지장간 신금(辛金)은 자수의 지장간 임계수(壬癸水)를 만나면 녹이 슬어버리고 만다. 신금은 잘난 멋에 산다. 잘 제련된 보석이고 진주이며 다이아몬드이다. 제련이 잘된 은장도이다. 사람의 몸에서 빛나는 액세서리라고 하지만 임계수를 만나면 속절없이 가라앉고 만다. 자축합은 물을 만난 금속의 숙명을 보여준다. 따라서 신금은 임계수를 만나 제구실을 상실하고 만다.

기토는 비록 연약해 보이지만 임계수를 만나면 임계수를 흙탕물로 만들어버린다. 이를 일러 기토탁임(己土濁壬)이라고 한다. 기토탁임은 흔히 천간에 사용하는 용어이지만 지장간 상황에서도 적용이 가능하다. 결국 진흙탕을 만들어 물의 활동을 제한하고 물이 제구실을 하지 못하게 하니 토(土)만 남는 결과를 가져온다. 따라서 자축합은 토이다. 그러나 자수(子水)는 왕기(旺氣)이므로 변하지 않는다. 육합에서는 토로 적용하지만 삼합이나 방합에서는 수(水)로 적용하여 실전에서도 수로 적용해야 한다.

【앗, 잠깐!】   **기토탁임**

기토탁임(己土濁壬)이라는 말은 기토(己土)에 임수(壬水)가 가까이 있는 것이다. 임수가 기토에 가까이 오면 흐린 물이 된다는 의미이다. 아니 오염된다. 물이 흐려진다. 몸이 아프다. 되는 일이 없다. 기토는 물이 섞인 벌판과 같은 흙이니 물을 막을 수 없는 흙이다. 흔히 토는 물을 막지만 기토는 물을 막을 수 없다. 오히려 물과 섞여 진흙탕이 되어버린다.

임수가 일간이라 감안하고 파악한다. 농사짓는 논밭이 기토가 되는데 물이 주체로 있는 경우에 기토가 오면 흙탕물을 만들게 되어 아주 좋지 못하다. 그럼 물도 막지 못하고 흙탕물이 되니 혈관병이 의심된다. 육친으로 대입하면 임수일간의 처지에서 기토를 만나면 관(官)을 만나는 것이다. 기토는 임수일주의 관이 되는 것이다. 관이 흙탕물이 되니 허구한 날 직장문제로 골머리를 썩고 스트레스가 많게 된다.

---

② 인해합

인해합(寅亥合)은 인목(寅木)의 지장간 무병갑(戊丙甲)과 해수(亥水)의 지장간 무갑임(戊甲壬)이 결합한 것이다. 해수의 지장간 임수(壬水)는 인목의 지장간 병화(丙火)에 상처를 입히는 존재이고 때로는 불을 꺼버리기도 한다. 따라서 병화는 아무런 힘을 발휘할 수 없다.

인목의 지장간 무토(戊土)는 임수(壬水)가 흐르지 못하도록 막아 가둔다. 무토가 제방이 되어 흐르는 임수를 가두어 꼼짝 못하게 한다. 무토를 가르는 것은 갑목이다. 이로써 표면적으로 무토는 갑목에 제압당해 꼼짝하지 못한다. 이와 같은 생사의 연결고리에서 결국 목만 살아남으니 인해합은 목이다.

③ 묘술합

묘술합(卯戌合)은 묘목(卯木)의 지장간 갑을(甲乙)과 술토(戌土)의 지장간 신정무(辛丁戊)가 합한 것이다. 묘목의 지장간 갑을목(甲乙木)이 술토의 지장간 정화(丁火)를 만나는 것은 결국 불기둥 속으로 들어가는 것이니 화고(火庫)에 들었다. 술(戌)은 오화(午火)의 묘고(墓庫)이다. 불의 구덩이에 입고된 셈이다. 이에 정화는 힘을 받아 더욱 활활 타오른다.

거칠게 타오르는 술토의 지장간 정화는 묘목의 지장간 갑을목의 도움으로 불길이 더욱 거세지고 만다. 결국 신금을 녹이고 무토를 더욱 조열하게 만든다. 결국 화의 기운만 남으니 묘술합은 화이다.

④ 진유합

진유합(辰酉合)은 진토(辰土)의 지장간 을계무(乙癸戊)와 유금(酉金)의 지장간 경신(庚辛)이 합한 것이다. 진토의 지장간 무토는 유금의 지장간에 자리한 경신금(庚辛金)을 생하는 것이 가장 큰 임무이다. 결국 무토는 경신금을 생하고 죽는다. 을목은 유금을 만나니 상할 수밖에 없다. 계수는 유금의 자식으로 꼼짝할 수 없으니 결국 유금만 남은 셈이다. 따라서 진유합은 금이다.

⑤ 사신합

사신합(巳申合)은 사화(巳火)의 지장간 무경병(戊庚丙)과 신금(申金)의 지장간 무임경(戊壬庚)이 합한 것이다. 경금의 생을 받아 왕성해진 임수가 나아가 병을 친다. 병은 속절없이 무너지니 힘이 강해져 양양해진 임수는 주저하지 않고 기를 몰아 자신을 가로막고자 하는 무토를 공격하여 제방을 무너뜨리니 무토는 속절없이 무너지고 만다. 이를 일러 수다토류(水多土流)라고 하니 오행의 상모(相侮)라고 한다. 임수가 강해지니 경금은 어쩔 수 없이 물속에 잠기고 만다. 결국 임수가 혼자 남았으니 사신합은 수이다.

【앗, 잠깐!】   **오행의 상모(相侮)**

상극관계에서 극을 받는 오행이 극을 하는 오행보다 힘이 강하여 발생하는 경우를 나타내는 말로 각각 목모토(木侮土), 토모수(土侮水), 수모화(水侮火), 화모금(火侮金), 금모목(金侮木)이 그것이다. 이는 극을 당하는 대상이 힘이 강해져 극을 하려고 덤비는 상대를 억압하고 업신여기는 형태이다.

목모토(木侮土) 토중목절(土重木折): 땅이 너무 딱딱하여 새싹이 뚫고 나올 수 없다.

토모수(土侮水) 수다토류(水多土流): 홍수가 밀려와 제방이 무너진다.

수모화(水侮火) 화염수작(火炎水灼): 큰불에 물을 끼얹으면 불길이 번진다.

화모금(火侮金) 금다화식(金多火熄): 쇠가 너무 강하면 불을 꺼뜨린다.

금모목(金侮木) 목견금결(木堅金缺): 나무가 지나치게 단단하면 칼로 자를 수 없다.

⑥ 오미합

오미합(午未合)은 오화(午火)의 지장간 병기정(丙己丁)과 미토(未土)의 지장간 정을기(丁乙己)가 합한 것이다. 을목은 뜨거운 화기를 버티지 못하고 무너진다. 불을 보듬고 있는 기토도 불길에 빨갛게 달구어진 것과 같은 형국이니 이미 화의 기운을 내뿜고 있다. 화로가 불을 담으면 열기를 뿜어내고 돌과 흙으로 지어진 부뚜막도 장작을 때서 열기가 강해지면 불길과 열기를 뿜어내니 겉은 흙이지만 열로 작용한다.

을목은 불길을 살려놓고 자신을 불태우고 사라지니 흙이 열을 발생시키는 격이다. 결국 화기와 달구어진 불길만 단단한 셈이다. 그러므로 불만 남은 셈이니 오미합은 화이다.

2) 지지삼합(地支三合)

사주팔자를 구성하는 요소에는 여러 가지 지지의 합이 있다. 그런데 이 지지의 합에는 비슷한 세력을 모으는 세력의 합이 있다. 세력을 모은다는 점이 중요하다. 일종의 패거리라고 할 수 있고 달리 말하면 모임이라고도 할 수 있다.

어느 상황이나 그렇지만 모이면 힘이 강해지지만 다시 모이면 깨지는 경우도 있다. 우선 힘이 강해지는 것이니 이처럼 세력으로 모인다는 것은 지합보다는 강한 요소를 보여주는 것이라고 볼 수 있다.

합이 이미 이루어졌는데 다시 합을 이루는 요소가 오면 깨지는 경우가 있다. 예를 들어 1, 2, 3이 한 모임이라고 하자. 그런데 다른 1이 온다. 다른 1은 기존의 1을 빼고 자기와 어울리자고 충동질한다. 그렇게 되면 애초의 1, 2, 3이 흔들리거나 깨지게 된다. 세상의 이치도 이와 같아 합의 관계도 다르지 않다.

우리가 살아가며 느끼는 것 중 하나는 세력을 모으면 힘이 강해지고 자신의 의사를 관철하기가 유리하다는 것이다. 사주 판단에서도 그렇다. 그래서 모두 힘을 모은다. 무슨 회다, 어떤 조직이다 하며 자꾸만 세력을 모은 단체가 늘어난다. 그들은 많은 것을 요구하고 자신들의 의사를 관철하려고 한다. 지지의 합도 그렇다.

음양으로 일어나는 합이 자연의 이치와 우주의 이치에 따라 자연스럽게 맺어지고 불가분의 관계성이라면 세력의 합은 대단히 인위적인 합이다. 세력의 합은 자연스럽기보다 힘을 쓰고자 모이는 합이다. 생존관계와 이해득실을 따져 뭉치는 인위적인 합이므로 현실적이고 위협적이며 이합집산도 일어나는 합이다.

특히 지지들의 작용으로 일어나는 세력의 합은 천간의 합과 전혀 다른 결과를 가져오는데, 세력의 합은 목과 금의 대립, 화와 수의 싸움으로 귀결되는 경우가 많다. 이를 금목상쟁(金木相爭)이라거나 수화상전(水火相戰)이라 하는데 이는 유리하게 이끌거나 힘을 부풀리기 위해 세력들이 연합하는 관계이다. 이 세력은 때로 일간을 도울 수 있지만 반대로 일간을 극하기도 한다.

삼합(三合)은 달리 삼합회국(三合會局)이라고 한다. 십이지지의 지지에서 장생(長生), 제왕(帝王), 묘(墓)에 해당하는 각기 다른 오행 세 글자가 수화상전(水火相戰)은 달리 수화쌍전(水火雙戰)이라고도 한다. 사주원국의 형태가 수와 화의 기운으로 이루어져 수기와 화기가 물러서지 않고 대립하는 형국이다. 사람의 성정이 사납고 화를 내며 자해도 한다. 물러서지 않는 성격이며 반드시 이겨야 속이 풀린다. 사주가 오행 중 수(水) 오행과 화(火) 오행이 상극으로 충돌하는 사주이다. 부분적으로 충돌할 수 있지만 원국이 화와 수의 대립으로 구성되어 있을 수도 있다. 이처럼 수화상쟁(水火相爭)으로 구성된 사주팔자에 수생목(水生木), 목생화(木生火)로 통관시켜 중화해주는 목 오행이 없거나 지나치게 미약하면 갑상선 이상과 같은 병이 온다. 심장, 소장의 병도 의심된다.

금목상쟁(金木相爭)은 사주가 금의 오행과 목의 오행이 대립하는 경우를 말한다. 부분적으로 적용하기도 하지만 원국 전체를 대입하기도 한다. 달리 금목상전(金木相戰)이라고도 한다. 금극목(金克木)의 현상이 일어난다. 마음이 안정되지 않고 늘 불안하다. 목 오행은 신체에서 간, 담, 척추, 뇌신경, 갑상선, 척추신경계, 기억력 등에 해당한다. 금에 극을 당하니 병이 온다. 여기에 대운까지 강한 금 대운을 만나면 대책이 없다. 나무가 도끼의 공격을 견디지 못해 허리가 꼬부라지는 격이다. 척추협착증과 척추디스크가 발병할 가능성이 높다.

동시에 합체한다. 중앙에 자리한 왕기(旺氣)와 만나므로 왕기의 오행이 표출된다. 자오묘유(子午卯酉)가 왕기이다. 세 글자가 만났지만 대표되는 왕기의 오행 성질을 지니며 기운이 매우 강력하다.

목(木), 화(火), 금(金), 수(水) 4오행으로 변화하는 것이다. 즉 삶을 시작하는 글자 하나, 가장 왕성한 글자 하나 그리고 묘고(墓庫)라고 하여 자숙하고 침체된 글자 하나로 이루어진다. 이 중 가장 왕성한 왕기가 중심이 되어 오행의 특색을 가지게 된다.

지지와 천간의 합을 이루는 현상 중에서 가장 강한 합이 되며 지합처럼 형충파해를 파훼하거나 공망을 파훼 혹은 억제하는 역할을 한다. 지지의 세 글자가 모여 합을 이루는데 삼합의 중앙에 해당하는 자가 가지는 오행으로 변화한다. 중앙에 위치하는 오행은 자오묘유로 왕기이고, 이 왕기의 오행이 삼합의 오행을 대표한다.

해묘미(亥卯未)는 중앙에 왕기 묘를 배치하고 삼합하여 목국(木局)이 되어 을(乙)로 변화하고, 인오술(寅午戌)은 중앙에 왕기 오를 배치하고 삼합하여 화국(火局)이 되어 병(丙)으로 변화한다. 사유축(巳酉丑)은 중앙에 왕기 유를 배치하고 삼합하여 금국(金局)이 되어 신(辛)으로 변화하고, 신자진(申子辰)은 중앙에 왕기 자를 배치하고 삼합하여 수국(水局)이 되어 임(壬)으로 변화한다.

삼합은 계절의 가장 강한 왕지(旺支)인 자오묘유(子午卯酉)를 중심으로 하여 구성된다. 즉 왕지의 시작인 생지와 끝에 해당하는 고지가 하나의 기운으로 연합하는 세력으로 만들어진다. 삼합은 왕지가 없다면 이루어지지 않는다. 생지와 고지의 오행이 왕지의 오행으로 합화하여 왕지와 같은 오행으로 화기오행의 과정을 거쳐 왕지와 같은 하나의 세력권으로 행세한다. 왕지 없이 생지와 묘지만으로 배치되면 가합(假合)이라고 한

삼합의 구성		
장생제왕 묘(長生帝旺 墓)	변화오행(變化五行)	변화십간(變化十干)
해(亥) 묘(卯) 미(未)	목국(木局)	을(乙) - 陰木
인(寅) 오(午) 술(戌)	화국(火局)	병(丙) - 陽火
사(巳) 유(酉) 축(丑)	금국(金局)	신(辛) - 陰金
신(申) 자(子) 진(辰)	수국(水局)	임(壬) - 陽水

다. 가짜 합이라는 의미이다.

계절 변화의 정점이며 각 오행의 부동인 왕지는 자오묘유로 이루어지고, 이에 따라 변하는 생지는 인신사해(寅申巳亥)이며, 고지는 진술축미(辰戌丑未)이다. 이들 오행은 평소에는 자신들의 오행 성격을 잃어버리지 않지만 대장격인 자오묘유가 나타나면 자신들의 오행과 삶을 내팽개치고 달려가 왕지의 오행을 따라간다. 마치 신하가 왕을 부르면 달려가듯 하는데 이것은 하나같이 생지와 고지가 왕지와 같은 오행을 지장간에 지니고 있기에 가능한 이치이다.

삼합국의 구성요소		
왕지	생지	고지
	지장간	지장간
子(壬癸)	申	辰
	壬	癸
午(丙己丁)	寅	戌
	丙	丁
卯(甲乙)	亥	未
	甲	乙
酉(庚申)	巳	丑
	庚	辛

왕지를 중심으로 삼합이 이루어진다. 왕지가 나타내는 오행이 삼합의 오행이다. 왕지의 지장간에 암장된 천간이 생지와 고지에 암장되어 있다.

- 목(木)의 왕지(旺支)는 묘(卯)이다. 묘의 지장간에는 갑과 을이 암장되어 있다. 왕지인 묘는 생지인 해와 고지인 미를 불러들여 목국을

만드는데 해의 지장간에는 갑이 암장되어 있고 미의 지장간에는 을이 암장되어 있다. 생지와 고지의 지장간에 암장되어 있는 갑을이 묘의 지장간이다. 즉 모든 왕지가 그러하지만 생지와 묘지에는 왕지의 지장간이 모두 배치되어 있다.

- 화(火)의 왕지는 오(午)이다. 오의 지장간에는 병과 정이 암장되어 있다. 왕지인 오는 생지인 인과 고지인 술을 불러들여 화국을 만드는데, 인의 지장간에는 병이 암장되어 있고 술의 지장간에는 정이 암장되어 있다. 생지와 고지의 지장간에 암장되어 있는 병정이 오의 지장간이다.

- 금(金)의 왕지는 유이다. 유(酉)의 지장간에는 경과 신이 암장되어 있다. 왕지인 유는 생지인 사와 고지인 축을 불러들여 금국을 만드는데, 사의 지장간에는 경이 암장되어 있고 축의 지장간에는 신이 암장되어 있다. 생지와 고지의 지장간에 암장되어 있는 경신이 유의 지장간이다.

- 수(水)의 왕지는 자(子)이다. 자의 지장간에는 임과 계가 암장되어 있다. 왕지인 자는 생지인 신과 고지인 진을 불러들여 수국을 만드는데 신의 지장간에는 임이 암장되어 있고 진의 지장간에는 계가 암장되어 있다. 생지와 고지의 지장간에 암장되어 있는 임계가 자의 지장간이다.

삼합을 이루는 지지들은 목적을 달성고자 하는 강력한 열망으로 뭉쳐 있다. 삼합의 기운은 똘똘 뭉쳐 있지만 기운을 촉발하려면 일정한 계기가 필요하다. 움직일 수 있게 흔들어주는 동기가 없다면 삼합은 잠을 자는 화석과 다를 바 없다. 그러나 일단 촉발되면 물불을 가리지 않고 덤비니 가을철의 들불과 같고 낙엽이 쌓인 벌판에 불어오는 불기둥과 같다.

천간에 삼합에 해당하는 오행이 있거나 대운과 해운, 월운과 일운에 삼합과 동일한 오행이 천간으로 들어오면 촉발된다. 그러나 목표가 상실되면 극단적으로 합의 기운이 약해지며 외부의 영향을 받아 쉽게 변화하는 특성이 있다.

예를 들면 지지에 인오술삼합(寅午戌三合)이 이루어져 있다고 하자. 이 삼합은 구성되어 있지만 평소 작용하지 않는다. 그러나 천간에 병정(丙丁)과 같은 화의 오행이 오면 지지의 인오술삼합이 발동한다. 또한 해운이나 대운에서 인오술삼합과 같은 오행이 오면 발동한다. 병(丙)이 오거나 정(丁)이 오면 발동한다. 사화(巳火)가 오거나 오화(午火)가 와도 발동한다. 동종의 오행이 오면 발동한다.

삼합은 지극히 현실적이다. 삼합을 이루는 생지와 고지는 항시 다른 속성을 가지고 살아가며 다른 역할을 수행한다. 오행도 같지 않으니 따로 떨어져 있으면 각각의 현실에 적응할 뿐이다.

해묘미삼합(亥卯未三合)을 살펴보자. 해(亥)는 평소 수(水)의 오행이다. 묘(卯)는 목(木)의 오행이다. 미(未)는 토(土)의 성분이다. 만약 왕지인 묘목이 나타나지 않았다면 해는 수의 오행으로, 미는 토의 오행으로 살았을 것이다. 그러나 묘목이 나타남으로써 해와 미는 본연의 역할을 버리고 목이 되어 묘를 보좌한다.

지지삼합을 이루는 지지들은 항시 기회를 기다리는 꿈나무처럼 시기를 엿본다. 기회를 찾다가 왕지가 부르면 바로 합을 하여 세력을 확장한다. 그 세력은 방합에는 미치지 못하나 열의와 속도, 순간적인 폭발력은 방합보다 강하다. 결과적으로 생지와 고지는 각각의 임무와 오행을 지니고 있지만 합을 할 때는 주체성을 잃어버리고 합을 하는 형국이다.

지장간의 삼합							
삼합	寅午戌		申子辰		巳酉丑		亥卯未
지지/지장간	寅	戊丙甲	申	戊壬庚	巳	戊庚丙	亥	戊甲壬
	午	丙己丁	子	壬癸	酉	庚辛	卯	甲乙
	戌	辛丁戊	辰	乙癸戊	丑	癸辛己	未	丁乙己
삼합국	화국(火局)		수국(水局)		금국(金局)		목국(木局)

삼합은 근본적으로 지장간에 암장된 기운의 합이라 할 수 있다. 생지, 왕지, 고지에 암장된 동일한 오행이 합을 이끈다.

3) 방합

방합(方合)은 한 방위를 지칭하는 지지의 3지(支)가 모인 것이다. 즉 동서남북을 지칭하는 지지가 모인 것이다. 지지삼합(地支三合)보다는 포괄적이고 넓다. 그러나 집중력은 지지삼합보다 약하다. 달리 계절합(季節合)이라고도 한다. 결국 동서남북을 차지한 3지가 모여 방향(方向)의 합을 이루는 것이다.

방합도 삼합과 마찬가지로 세력의 합이다. 비슷한 기운을 지닌 지지들이 모여서 세를 형성하는 모습이다. 음양의 이치와 자연의 이치에 따라 모이는 세력으로 인위적이며 현실적인 힘을 가지고 있다. 대단히 위협적이며 파괴적이고 이합집산의 변화가 많은 합이다.

사주의 지지에 방합의 형태가 배열되어 있으면 합이 된 오행의 기세가 강하다. 그렇다 해도 그 기세가 삼합에는 미치지 못한다. 이러한 판단을 하는 까닭은 지지들의 오행속성 때문이다. 방합은 삼합과 달리 합을 하더라도 각각의 오행에 따른 속성을 변화시키지 않고 겉으로 드러난 기운만으로 세를 이루어 국(局)을 형성한다.

방합은 달리 방국(方局)이라 하는데 그 기세가 당당하기는 하나 각각 자신을 변화시키지도 않고 각자의 글자가 주관대로 행세하므로 결합력이 떨어진다. 세력의 힘만으로는 방합이 앞서나 결합력은 삼합이 앞선다. 따라서 연구가들에 따라 삼합의 결속력이 우위에 있다고 주장하는 경우가 있고 방합이 우위에 있다고 주장하는 경우도 있다. 세력의 크기와 범위에서는 방합이 앞서고 세력의 친밀도나 결속력은 삼합이 앞선다고 할 수 있다.

방합은 동서남북의 동일한 방위에 있는 지지들이 모여서 국면을 형성하는 것이다. 이는 무리를 만드는 것이다. 비슷한 방향으로 모이는 것이니 이합집산이다. 마치 대형을 갖추는 것과 같고 끼리끼리 모여 만든 조직과도 같다. 가을날 운동회에 모인 청군과 백군의 집단과 같고 아직 목적을 모르고 모인 한 무리 집단 같다.

방합의 구성에는 지지의 순서가 반드시 차례대로 병렬할 필요는 없다. 지지에만 모두 자리하면 방합이다. 때로 완벽하지 않아도 방합의 성격을 지니는 경우가 있다. 이것을 반합(半合)이라 한다. 그러한 경우에도 왕지는 반드시 있어야 한다. 왕지 없이 방합을 이룬 것도 가합(假合)이다. 간혹 월지에 자오묘유(子午卯酉)가 있는 경우가 있다. 이 경우를 진정한 방합이라 한다. 방합을 이루려면 왕지인 자오묘유가 반드시 있어야 한다. 자오묘유를 중심으로 일정한 방향으로 나뉘어 묶인다.

- 동쪽으로는 인묘진(寅卯辰)이 모여 목국(木局)을 이룬다.
- 남쪽으로는 사오미(巳午未)가 모여 화국(火局)을 이룬다.
- 서쪽으로는 신유술(申酉戌)이 모여 금국(金局)을 만든다.
- 북쪽으로는 해자축(亥子丑)이 모여 수국(水局)을 만든다.

乙癸戊	巳	午	未	丁乙己
辰		火局		申
卯	木局		金局	酉
寅		水局		戌
癸辛己	丑	子	亥	辛丁戊

이처럼 하나의 방향으로 치우친 3개 지지가 각각 정방(正方)에 해당하는 방향, 즉 자오묘유(子午卯酉)를 중앙에 두고 국(局)을 이룬다. 이 자오묘유는 달리 왕기(旺氣)라 부르니, 오행의 성숙 혹은 가장 강한 힘이고 방향에서는 가장 정확한 방위에 해당한다.

이 방합은 세 글자로 이루어지는데 두 글자는 같은 오행이다. 고지(庫支)만 오행이 토로 다를 뿐이다. 방합의 고지는 삼합의 고지와 마찬가지로 모두 토이다. 실제로 고지는 모두 토로 이루어져 있어 방합을 이루는 오행과는 다른 오행이다. 그러나 합을 이루면 왕기의 오행을 따라간다.

화국을 예로 들어본다. 사오미(巳午未)는 화국으로 방합을 이루었다. 사오(巳午)는 화(火)의 오행이지만 미(未)는 토(土)의 오행이다. 이 미는 토의 오행이지만 방국으로 합을 하여 화의 오행을 띠게 된다.

묘고(墓庫)에 속하는 진술축미(辰戌丑未)는 어떤 방식으로 방국의 세력에 동조하는지 살펴볼 필요가 있다.

- 진토(辰土)는 고지(庫地)로서 지장간의 중기(中氣) 계수(癸水)가 여기 (餘氣)의 을목(乙木)을 생조하여 목국(木局)을 지원한다. 진토는 수 (水)의 오행에 대하여 고지이다.
- 미토(未土)는 고지로서 지장간의 중기 을목이 여기(餘氣)의 정화를 생조하여 화국(火局)을 지원한다. 미토는 목(木)의 오행에 대하여 고 지이다.
- 술토(戌土)는 고지로서 지장간의 중기 정화가 여기의 신금(辛金)을 담금질하여 금국(金局)을 지원한다. 술토는 화(火)의 오행, 토(土)의 오행에 대하여 고지이다.
- 축토(丑土)는 고지로서 지장간의 중기 신금이 여기의 계수(癸水)를 생조하여 수국(水局)을 지원한다. 축토는 금(金)의 오행에 대하여 고 지이다.

방합을 이루는 지지들은 인간 세상의 고향과 같다. 같은 방향이다. 같은 마을이다. 같은 곳이다. 같은 지역이다. 세상을 살아가며 만나는 이러한 이치와 비슷한 결합이다. 즉 나름 끈끈한 연대감으로 뭉치는데 혈연, 지연, 학연으로 뭉치는 것이다. 이름하여 반창회나 동창회, 동문회나 거족적으로 뭉치는 화수회나 친족모임 같은 성격이다. 누가 보아도 이 모임이 무엇을 위한 것인지 알 수 있다. 매우 단단하고 끈끈해 보인다. 그처럼 결속력이 강하지만 환경 변화에는 완고함으로 똘똘 뭉쳐 속수무책이고 견고함을 드러낸다.

　방합은 일행기득격(一行氣得格)에 속하는 것과 내격(內格)에서 단순히 지지가 방합해서 사주에 영향을 주는 오행이 강해질 수 있다. 역시 삼합처럼 원국에 두 글자가 있는 상태에서 행운에 다른 나머지 한 자를 이루면 그 이루어진 기간에 힘을 발휘한다.

동방합	남방합	서방합	북방합
인묘진(寅卯辰)	사오미(巳午未)	신유술(申酉戌)	해자축(亥子丑)

- 인묘진(寅卯辰)의 3지(支)가 완전하면 동방목합(東方木合)이다.
- 사오미(巳午未)의 3지(支)가 완전하면 남방화합(南方火合)이다.
- 신유술(申酉戌)의 3지(支)가 완전하면 서방금합(西方金合)이다.
- 해자축(亥子丑)의 3지(支)가 완전하면 북방수합(北方水合)이다.

4) 반합

　반합(半合)은 반회(半會), 조회(朝會)라고도 한다. 삼합을 이룰 때, 삼합은 세 지지가 합쳐지지만 반합은 2개만 합쳐지는 경우이다. 이때 반드시 삼합 중 가운데에 해당하는 왕지(旺支)가 있어야 성립된다. 즉 자오묘유(子午卯酉)가 반드시 들어야 반합이다.

　삼합이나 지합 중 중앙을 차지하는 왕지 없이 만나는 경우가 있다. 예를 들면 인오술화국에서 오 없이 인과 술만 만나는 격이다. 해묘미삼합에서 왕지인 묘 없이 해와 미만 만나는 격이다. 이 경우는 가합(假合)이라 한다. 가합은 실제적인 합이라 보기는 어렵다.

반합이란 방합이나 삼합을 이루는 세 가지 지지 중 한 가지가 빠져 2개만 있는 경우이다. 삼합과 방합은 왕지를 기준으로 형성된다. 즉 왕지인 자오묘유가 있어야 힘을 발휘한다. 왕지를 바탕으로 생지와 2자이거나 왕지와 고지의 2자이면 어느 정도 세력이 형성되어 힘을 발휘하지만 왕지 없이 생지와 고지만으로 이루어진 경우는 세력이 형성되어도 대장이 없고 이끌 세력이 없으므로 작용하지 못한다.

어떤 경우라도 왕지가 없는 2글자 조합은 겉으로 드러나는 것과 달리 내부적으로 결속력이 전혀 없다. 멀리서 바라보는 방관자의 자세에 부합되어 그 세력은 사용하기 힘들다. 혹 학자들 중에는 왕지가 없음에도 반합으로 보아 적용하는 경우가 있으나 이는 올바르지 않다고 생각한다.

반합이라는 것은 일반적으로 정의하여 방합(方合) 또는 삼합(三合)에서 글자가 한 개 없는 경우를 말한다. 방합에서는 인정하지 않는 경우도 적지 않다. 그러나 실제에서는 대부분 적용한다.

실제 추명의 현장에서 반합으로 적용되어 나타나는 현상은 거의 없다고 본다. 단 반합이 이루어져 있는 상태에서 대운이나 해운에서 다른 한 지지가 도움을 주어 삼합이 이루어지면 비로소 힘을 발휘하는 경우의 수가 많다.

지금까지 사용하는 일반적인 이론에 따르면 '반합은 세 글자 중 왕지(旺支)가 들어 있어야 성립된다' 또는 '글자가 떨어져 있어도 성립된다'와 같은 여러 가지 설이 있는 것도 사실이나 실제 사주에서 변화는 지극히 미미하다.

삼합의 경우와 방합의 경우는 크게 다르지 않다.

- 신자진(申子辰)을 이루는 삼합에서 각기 신자(申子)만으로 이루어지거나 자진(子辰)만으로 이루어지면 반합이다. 그러나 왕지인 자(子)가 빠진 신진(申辰)은 반합이 될 수 없다. 신진(申辰)으로 이루어지면 이를 가합이라 한다.

- 사유축(巳酉丑)을 이루는 삼합에서 각기 사유(巳酉)만으로 이루어지거나 유축(酉丑)만으로 이루어지면 반합이다. 그러나 왕지인 유(酉)자가 빠진 사축(巳丑)은 반합이 될 수 없다. 사축(巳丑)으로 이루어지면 역시 가합이다.

- 인오술(寅午戌)을 이루는 삼합에서 각기 인오(寅午)만으로 이루어지거나 오술(午戌)만으로 이루어지면 반합이다. 그러나 왕지인 오(午)자가 빠진 인술(寅戌)은 반합이 될 수 없다. 인술(寅戌)로 만나면 역시 가합에 불과하다.

- 해묘미(亥卯未)를 이루는 삼합에서 각기 해묘(亥卯)만으로 이루어지거나 묘미(卯未)만으로 이루어지면 반합이다. 그러나 왕지인 묘(卯)자가 빠진 해미(亥未)는 반합이 될 수 없다. 해미(亥未)로 만나면 가합이다.

삼합의 반합			
	삼합	반합		잠재삼합(假合)
화국(火局)	寅午戌	寅午	午戌	寅·戌
수국(水局)	申子辰	申子	子辰	申·辰
금국(金局)	巳酉丑	巳酉	酉丑	巳·丑
목국(木局)	亥卯未	亥卯	卯未	亥·未

잠재삼합(가합)은 현재 아무런 힘도 없고 세력도 없지만 언제든지 삼합으로 발전할 가능성이
있는 조합이다. 대운이나 년운, 월운이나 일운에 왕지인 자오묘유가 들어오면 삼합이 이루어져
강력한 힘을 발휘한다.

- 해자축(亥子丑)으로 이루어지는 방합에서 각기 해자(亥子)만으로 이 루어지거나 자축(子丑)만으로 이루어지면 반합이다. 그러나 왕지인 자(子)가 빠진 해축(亥丑)은 반합이 될 수 없다. 해축(亥丑)으로 이루 어지면 가합이다.

- 신유술(申酉戌)로 이루어지는 방합에서 각기 신유(申酉)만으로 이루 어지거나 유술(酉戌)만으로 이루어지면 반합이다. 그러나 왕지인 유 (酉)자가 빠진 신술(申戌)은 반합이 될 수 없다. 신술(申戌)이 만나면 가합이다.

- 사오미(巳午未)로 이루어지는 방합에서 각기 사오(巳午)만으로 이루 어지거나 오미(午未)만으로 이루어지면 반합이다. 그러나 왕지인 오 (午)자가 빠진 사미(巳未)는 반합이 될 수 없다. 사미(巳未)가 만나면 가합이다.

- 인묘진(寅卯辰)으로 이루어지는 방합에서 각기 인묘(寅卯)만으로 이 루어지거나 묘진(卯辰)만으로 이루어지면 반합이다. 그러나 왕지인

묘(卯)자가 빠진 인진(寅辰)은 반합이 될 수 없다. 인진(寅辰)이 만나
면 가합이다.

삼합의 반합			
	방합	반합	|잠재방합(假合)
남방합 화국(火局)	巳午未	巳午	午未	巳·未
북방합 수국(水局)	亥子丑	亥子	子丑	亥·丑
서방합 금국(金局)	申酉戌	申酉	酉戌	申·戌
동방합 목국(木局)	寅卯辰	寅卯	卯辰	寅·辰

잠재방합은 현재 아무런 힘도 없고 세력도 없지만 언제든지 방합으로 발전할 가능성이 있는 조
합이다. 대운이나 년운, 월운이나 일운에 왕지인 자오묘유가 들어오면 방합이 이루어져 강력한
힘을 발휘한다.

【앗, 잠깐!】 　　　　　　　　　　　　　　　　　　　　　合의 강약

합의 종류는 아주 다양하다. 천간은 단순하게 천간합의 작용만 있으나 지지는 다르다.
육합, 삼합, 방합이 그것이고 반합도 존재한다. 문제는 이 세 합 중 어느 것이 결속력이
가장 강한가 하는 것이다. 물론 그 범위도 중요하다. 아직도 방합과 삼합의 결속력이나
범위에 대해서는 의견이 분분하다. 삼합>방합>반합>육합으로 순서가 결속력을 나
타낸다는 것이 일반적이다.

이와 같은 지지의 구성으로 반합이 되었거나 왕지가 빠진 상태여서 삼
합이나 방합을 이루지 못한 상태이지만 행운에서 그 빠진 자를 만나 방
합을 이루거나 삼합을 이루면 그 기간에는 강력한 힘을 발휘하게 되며
왕기의 지지가 가지는 오행으로 합일된다. 특히 원국에서 가합상태이나
대운이나 세운에서 자오묘유가 와 합을 이루면 비로소 삼합이나 방합으

로서 위력을 발휘한다. 아울러 반합도 지합이나 방합, 삼합처럼 형충파해와 공망을 해소한다.

3. 형(刑)

사주를 볼 때 살펴야 할 것이 한둘이 아니다. 사주의 간지를 살필 때는 일정한 공식이 적용된다. 그 첫 번째 법칙은 당연히 간대간(干對干), 지대지(支對支)로 상호작용한다는 것이다.

천간은 천간끼리 적용하여 간명하고 지지는 지지끼리 대응하여 간명한다. 다음으로 지(支)의 동요(動搖)가 천간에 미치는 영향력을 살피게 된다. 이때 여러 가지 간명의 조건 중에서 뚜렷한 현상으로 나타나는 지지의 작용은 크게 삼형(三刑)과 충(冲)을 살필 수 있다.

형(刑)은 삼합과 방합의 상호작용에서 나타나는데 그 현상은 극렬하다. 사실 형의 작용은 충의 결과와 비슷하다. 일반적으로 형이 있으면 충과 마찬가지로 간명한다. 사건과 사고, 질병이 일어나고 몸을 다치며 소송을 당하고 횡액으로 몸을 떤다. 살아가며 충에 해당하는 어려움이 발생한다고 보는 것이 일반론이다.

사주를 간명하며 선입견으로 살피면 문제가 발생한다. 합은 무조건 좋고 형충파해는 나쁜 일이 일어난다는 의미는 무시하자. 형도 충도 마찬가지이지만 부정적 이미지와 긍정적 이미지가 동시에 존재한다. 또 형의 존재만으로도 직업을 적시하는 경우가 있는데 이는 그다지 어울리는 답은 아닌 것 같다.

술사 중에는 사주원국에 형이 있으면 무조건 칼을 쓰는 직업에 종사한다고 풀이한다. 의사, 약사는 그렇다 치고 검사와 판사, 변호사를 추가한다. 아마도 재판이나 법을 다루는 사람의 직업이 칼을 다루는 직업이나 같다고 파악하는 것 같다. 물론 사주의 구성에서 금(金)의 오행이 강하면 그러한 판단이 가능하다. 단순히 사주에 형이 있다는 이유만으로 검사, 판사, 의사에 어울리는 직업이라고 보기는 어렵다.

합의 동적 자극에 자극이 가해져 더욱 흉의(凶意)나 화란(禍亂)을 가져온다. 형은 지지의 미약한 기운이 현저하게 변하며 강한 세력으로 변하여 성패에 직접 영향을 미친다. 사주원국이나 행운(行運)에서 형(刑)하거나 충(沖)된 글자를 또다시 형하거나 충하면 신상에 부정적인 결과를 가져온다.

형은 충(沖)보다 약하지만 사주에 충이 없고 합만 있을 때는 형이 충과 똑같은 작용을 한다. 특히 인사신(寅巳申) 삼형(三刑)은 놀랍도록 강한 작용을 한다. 삼형은 늘 주의를 기울여 간명해야 한다. 형에는 다양한 형태가 존재한다. 삼형(三刑)과 상형(相刑), 자형(自刑)이 그것이다. 이 중에서 삼형이 가장 무섭고 강한 작용을 한다.

형이라 함은 글자 그대로 형벌을 가하는 것이니 운명의 흐름에 큰 작용을 하는 것이다. 형의 작용이 큰지, 충의 작용이 큰지는 여전히 논란이 있다. 분명한 것은 형의 작용이 만만치 않다는 것이다.

형의 종류는 다양하다. 같은 형 중에도 구분이 있다. 형도 때로 도움이 되기도 한다. 원국의 어느 글자가 해신(害神)이 될 경우는 형하여 제거하면 반길(半吉)하다. 원국의 어느 글자가 이신(利神)이 될 경우에 제거하면 약을 없앤 격이니 크게 해롭다.

지지를 구성하는 12개 글자 중에서 토의 오행을 나타내는 진술축미를 고라고 한다. 창고라는 의미이다. 평소 창고는 잠겨 있어야 정상이다. 창고 속에는 많은 것이 들어 있다. 명예, 돈, 여자, 남자, 자식 혹은 행동력이나 사고의 틀까지 들어 있다. 이 창고가 열리는 것을 개고(開庫)라고 한다.

내정법을 살필 때 눈에 띄는 여러 가지 이론과 방법 중에서 개고가 눈에 보인다. 진술축미(辰戌丑未)의 사고(四庫)는 형충으로 개고(開庫, 창고가 열림)된다는 것이 일반 이론이다. 즉 개고가 이루어지면 진술축미 속에 암장되어 있던 지장간이 천간으로 투출한다는 내용이 그것이다. 이는 오래전부터 술사들이 적용하고 있다.

세월이 흐르며 많은 이론이 재창조되고 점검되면서 옳고 그름을 따지고 있다. 개고 이론도 많은 도전을 받고 있다. 《적천수천미》나 《자평진전》에서는 개고 이론에 대해 비판적이다. 그러나 명리는 현실이다. 적용의 묘를 찾아야 한다. 현실적 적용에서 개고는 분명 존재한다는 술사들의 주장을 무시할 수 없다.

개고에 대한 이론은 다양하다. 몇몇 고전에서 개고 이론을 비판하지만 여전히 적정성과 사주 풀이의 사용적 측면에서 정확성으로 개고설을 주장하는 술사들이 적지 않다. 이 개고 단계에서 반드시 논의되는 것이 개고 조건이다. 개고 조건은 의외로 간단하다. 즉 개고는 형충으로 이루어진다는 이론이다. 개고가 이루어진다는 주장을 채택하지 않는 술사들도 있기는 하지만 아직 이러한 이론을 채택하는 술사들이 많은 한 이해하고 연습하며 익혀둘 가치는 충분하다.

사주에 형이 있다 해도 모두 형의 특징을 사용하는 것은 아니다. 형을 쓸 수 있는 사주를 가진 사람이 누구인가가 중요하다. 형이 있는 사람은 권력자인 경우가 많다는 주장이 있다. 이는 어느 정도 사실인 듯하다. 과거 권력을 쥔 사람들의 경우를 생각하면 이해가 가는 말이다.

사주원국에 형이 있는 사람은 권위나 권력을 잘 사용한다. 따라서 사주에 형이 있는 사람은 칼을 사용하는 직업인 의사, 약사 그리고 칼에 버금가는 권력을 사용하는 판사, 검사, 변호사를 지칭하는 경우가 있다. 형이 있거나 금의 기운이 강한 사람 중에는 의료인이나 법조인으로 성공하는 이들이 많은 것이 사실이다. 때로는 정치 분야에서 활동하거나 권력을 지닌 사람도 많다. 형이 있다고 반드시 권력자는 아니지만 권력지향적인 것은 사실인 듯하다.

형을 흔히 삼형이라 부른다. 형의 종류가 세 가지 있기 때문이다. 또한 지지에서 작용하는 삼합은 물론이고 인오술, 사오미와 같은 삼합국의 조직을 붕괴시키기 때문이기도 하다.

삼형은 사회적인 문제에서 심각하게 작용한다. 집단과 조직을 와해시키거나 파괴시키고 붕괴시킨다. 조직원 속으로 파고들어 대립을 유도하고 반목, 불화, 시기, 질투, 투쟁심을 불러일으키는 것으로 그치지 않고 전쟁, 상해, 격투, 살생을 부를 정도로 극렬하다.

- 인사(寅巳), 사신(巳申), 인신(寅申)은 무은지형(無恩之刑)이라 하고

- 축술(丑戌), 술미(戌未), 축미(丑未)를 붕형(崩刑)이라 하는데 지세지형(地勢之刑)이라 하고

- 진진(辰辰), 오오(午午), 유유(酉酉), 해해(亥亥)를 자형(自刑)이라 한다.

- 형은 일정한 법칙에 따라 성립된다.

- 형은 삼합 대 방국의 대립이다.

【집중】   **개고(開庫)**

사주 풀이 개념에서 개고라는 말을 자주 사용한다. 창고가 열렸다는 의미이다. 그렇다면 창고가 무엇인가를 먼저 파악해야 한다. 창고는 지지의 진술축미를 이야기하는 용어이다. 즉 진(辰)은 수(水)의 창고, 술(戌)은 화(火)와 토(土)의 창고, 축(丑)은 금(金)의 창고, 미(未)는 목(木)의 창고이다. 이 창고가 열리는 것을 개고라고 한다. 개고가 되어야 그 속에 담긴 재원을 사용할 수 있다. 개고가 이루어지는 것은 달리 소토라고도 하는데, 그 방법에는 여러 가지가 있으며 대표적인 것은 다음과 같다.

1. 토대토의 충(진술축미는 모두 토이다.)
2. 토대토의 형
3. 갑목의 작용

---

1) 상형(相刑), 서로 형한다

형이란 흉측한 것을 말한다. 형벌이다. 감옥에 갇힌다는 의미를 지닌 글자이다. 형은 나쁘다. 그러나 그 형을 제복(制伏)하면 형의 권한을 행사하는 법관, 검사, 경찰관, 검찰, 감찰과 관련 있는 직업을 가지게 된다는

것이 일반론이다. 또한 그러한 직업에서 능히 성공가도를 달릴 수 있다.

원리는 간단하다. 흔한 말로 범법자와 법을 다스리는 사람의 사주는 특이하게도 유사성이 있다는 말을 한다. 같은 기운이라는 의미가 된다. 혹자는 반발할 수 있는 말이지만 법을 집행하는 사람과 범법자는 종이 한 장 차이다. 어느 길로 갔는가의 문제가 될 것이다. 조금 더 깊이 생각하면 타고날 때 법과 관련 있는 사람인 셈이다. 법을 사용하면 법의 이용자가 되지만 법을 어기면 범법자가 되는 것이다. 사주원국에 형이 있는 사람은 법과 가깝다고 판단한다. 여기에서 판단해야 할 것이 있다. 법을 사용할 것인가? 법에 당할 것인가의 문제가 그것이다.

사주가 그다지 뛰어나지 않으며 격이 작고 일간이 힘에 부치면 법조계로 갈 수 없다는 것이 중론이다. 형살이 강하면 직업으로 활인업(活人業)이 해당한다. 사람을 살리는 직업을 가지게 된다. 그러나 사주가 미약하면 사람을 살릴 수 없다. 다른 길을 택해야 한다. 즉 사주원국이 약하면 사람을 살리는 활인이 아니라 기계를 고치거나 물건을 고치고 수리하며 변형시키는 일을 하게 될 가능성이 높다. 정미소, 시계수리공, 자동차 정비, 항공기 정비, 건축물 수리, 묘지와 관련된 일이 바로 그것이다.

상형의 종류에는 자묘형(子卯刑), 자유형(子酉刑), 자미형(子未刑), 술미형(戌未刑), 축술형(丑戌刑)이 있다.

상형(相刑)				
子卯	子酉	子未	戌未	丑戌

- 자오묘유가 상형이니 자오상형 묘유상형이다.
- 상형을 무례지형(無禮之刑)이라 한다.
- 성질이 횡포(橫暴)하며 불화한다.
- 예의를 지키지 않고 타인에게 불쾌감을 준다.
- 육친, 부부간 불화한다.
- 관재구설(官災口舌), 시비, 납치, 구금, 포로, 감옥, 감금, 상해 등과 같이 매사 뜻대로 되기 어렵고 힘든 생애를 보내는 형(刑)이다.

자묘형

자묘형(子卯刑)은 달리 자묘상형(子卯相刑)이라고 부른다. 또 일부에서는 달리 호형(互刑)이라고 칭하기도 한다. 호형이란 서로 형을 가한다는 의미이다. 서로 찌르는 격이다. 서로가 상처를 입느냐다. 즉 자도 상처를 입지만 묘도 상처를 입는다.

자묘상형 혹은 호형이라고 부르는 이유는 자가 묘를 형하고, 묘가 자를 형하는 관계이니, 즉 상호 형하는 관계를 형성하고 있기 때문이다.

자묘형이 지니는 근본 뜻은 나쁘지 않다. 맑은 물인 자수가 자라나는 묘목을 생하여 준다는 의미를 지니니 자수가 물의 역할을 하고 자라나는 묘목은 도움을 받으니 좋다. 자수의 지장간 계수는 을목을 보면 열정을 가지고 도움을 주는 관계로 좋은 역할이 주어졌다고도 볼 수 있다. 지장간 속에 잠자고 있는 천간의 조합으로만 살핀다면 자묘의 지장간 을계(乙癸)의 조합은 매우 아름답다.

명리학은 자연의 조화와 인간의 생사를 적용하여 만들어졌다. 자연의 이치가 그러하듯 자수가 지나치면 묘목에는 문제가 된다. 자수가 힘이 넘쳐 너무 많은 묘목을 생하고자 하거나 묘목이 너무 왕성하게 제공되는 자수에 의해 지나치게 자라면 문제가 된다. 수는 차가운 물이다. 묘는 작은 식물이다. 물이 지나치면 뿌리가 썩는다. 이것이 자묘형이 되어버린다. 수다목부(水多木腐)의 이치가 성립된다.

형이란 상하는 것이다. 죄를 받는 것이다. 다치는 것이다. 고립되는 것이다. 갇히는 것이다. 각각의 형(刑)에서 어느 글자가 상하는지 세밀하게 살펴야 한다. 이는 원국에 짜인 구조를 살펴야 가능하다.

근본적으로 자와 묘자는 상처를 받는 구조이기는 하다. 그러나 자묘형이라 하여 무조건 자와 묘가 동시에 상하는 것은 아니다. 상황에 따라 그 현상도 각각 다르게 나타난다. 만약 원국의 구조에서 자수가 상한다면 어떠한 십신인가에 관계없이 정신적인 방황, 판단오류, 장애 등이 생긴다.

자묘형은 자수가 묘목을 생하는 구조이기 때문에 형이라고 보기 어렵다고 주장하는 연구가도 있다. 그러나 사주원국에 자묘상형이 자리한 경우에는 형이 어느 정도 작용한다고 본다. 있는 것은 있는 것이고 없는 것은 없는 것이다. 부재(不在)와는 그 문제가 다르다. 있는 것은 반드시 작용한다.

자수의 지나치게 강한 힘으로 묘목이 상하면 활동성이 제약된다. 뿌리가 상한다고 본다. 묘목이 상하면 활동의 장애, 몸의 문제가 나타나고 사업이나 생활의 구조에서 자금 흐름으로 인한 장애 등을 수반한다.

그보다 자묘형을 간명할 때는 자오묘유가 지니는 성격을 더욱 중시한다. 자오묘유는 모두 왕지이다. 묘 또한 왕지의 하나이다. 묘는 목의 왕지이며 도화(桃花)의 기운이다. 자도 도화의 기운이다. 결국 자묘형은 도화의 기운끼리 부딪치는 것이다. 도화가 부딪치니 남녀가 만나 문제를 일으키는 것처럼 그 여파가 크다. 따라서 무례지형이라고 정의되었다. 자묘형이 일어나면 주로 남녀 관계와 관련되어 불미스러운 일이 발생된다.

자묘는 모자관계(母子關係) 또는 장유관계(長幼關係)이기도 하다. 어미와 아들의 관계이다. 어른과 아이의 관계이다. 이는 예의를 요한다. 부모에 대한 예의가 필요하다. 어른에 대한 예의가 필요하다. 자묘는 이 관계가 무너진 것을 의미한다. 자묘는 예의와 제도를 무시하는 특성을 보인다. 패륜, 불륜, 무례를 나타내니 자묘를 무례지형이라고 부르는 것도 지나친 말은 아니다. 도덕과 윤리, 법과 규범이 무시되기 쉽고 악덕과 불륜이 잠재된 형살이다. 언제라도 비도덕적인 일이 발생할 가능성이다.

사주원국에 자묘형이 있으면 아랫사람이 윗사람을 배신하기 쉬우며 패륜이 나타날 가능성이 높다. 윗사람에게 대들거나 무례하니 법도가 무시된다. 또 아랫사람이 윗사람에게 저항하고 모함하거나 욕설의 가능성이 많다. 상황에 따라서는 학대, 구타, 간통, 오명, 추태, 주사 등의 행태가 나타난다. 도화로 이루어진 형살이라 나아가 연상녀와 연하남의 불륜, 가산탕진, 패가망신 등이 일어날 가능성이 높다. 사주에 자묘형이 있는 사람은 다음과 같은 특징을 지닌다.

- 안팎으로 냉정한 성품으로 다른 사람과 화합하기 힘들다.
- 강직하고 과격한 성품을 지닌다.

- 부부간에 화목하기 어렵다.

- 자식 양육이 어렵다.

- 처자와 반목한다.

- 남녀 관계에서 비정상적이고 변태적인 상황을 만든다.

- 뇌질환의 가능성이 농후하다.

- 비뇨기과 질환에 주의해야 한다. 성병, 방광염, 신장염 주의

1990년 3월 12일(양력) 14시 40분			
천간	乙	丙	己	庚
지지	未	子	卯	午

병자일주이다. 사주 내에 형충파해가 골고루 섞여 있다. 이 중 자묘는 상형이다. 서로 형하는 관계이다. 월지와 일지에 자리한 두 오행이 상형하니 사이가 나쁘다. 월지는 부모 형제의 자리인데 일지와 상형하니 형제, 부모와 사이가 좋지 않음을 알 수 있다. 그러나 묘미의 합이 있어 형이 해소되었다고 볼 수 있다.

자유형

형과 충이 일어날 때 합으로 하여 해소하지 못하면 흉하다. 반드시 합을 통한 해소가 필요하다. 그러나 어찌 사주가 인간의 마음대로 되는가? 사주는 타고나는 것이니 노력으로 바뀌는 것이 아니다. 사주원국에 형이 되는 글자가 있으면 약이 되겠지만 그렇지 못한 경우도 많다.

형이 되는 지지의 글자가 다른 지지에 자리한 글자와 합이 된다면 이는 해소된 것으로 인식한다. 단 멀리 있는 글자와 합하는 요합(遙合)은 생각해볼 여지가 있다. 즉 년지의 글자가 월지의 글자와 형의 관계인데, 시지의 글자가 년지와 합하는 경우다. 년지와 시지는 너무 멀어 요합이

다. 이 경우는 형이 해소되었다고 판단하기가 어렵다. 합으로 인한 형의 해소는 매우 중요하다. 공망인 경우 공망이 되는 지지의 글자가 다른 글자와 합되거나 충형되면 해공되는 것과 동일한 원리이다.

만약 형충이 일어나 격이 탁해진다고 해도 흉신끼리의 형충은 흉하지 않고 오히려 길하다. 나쁜 것끼리 형하거나 충하면 나쁜 것이 깨지고 약해져 좋아진다. 그러나 좋은 것이 서로 형하고 충하면 깨지므로 나빠진다. 길신끼리 형충하여 좋은 기운을 깨뜨려버리면 더욱 흉한 현상이 일어난다. 애초에 사주원국에서 중요한 역할을 수행하는 상신(上神)을 깨뜨리는 것이 매우 흉한 것이기에 길신을 깨뜨리는 것이 더욱 나쁘다.

상형과 자형은 나란히 붙어 있지 않으면 전체 사주의 현상이 극도로 약화된다. 따라서 동주(同柱)한 것이 가장 강한 형살을 불러일으킨다. 자수 또한 형을 불러일으키는데 유금을 만나면 상형이다. 서로 형하는 사이가 된다.

자수와 유금이 만나는 자유형(子酉刑)은 매우 흉하다. 나타나는 현상은 자묘형과 크게 다르지 않다. 이러한 이치는 자오묘유가 모두 남녀의 성기를 의미하며 도화의 기운이기 때문이다. 중국(中國)에서는 살에 대한 이치를 이미 폐기한 것으로 보아 쓰이지 않는다고 하지만 도화의 의미는 여전히 사용한다.

자유형은 판단에 따라서는 모호할 수도 있다. 유금이 자수를 생하는 관계이기 때문이다. 그러나 지나치게 강한 지원도 극이다. 지나치게 지원하면 유금이 자수를 억압하기 때문이다. 금다수탁(金多水濁)이라는 말이 있다. 쇠가 많으면 물이 흐려진다는 의미다. 자유형이 여기에 해당한다. 생하는 오행이 지나치게 강하면 생을 받는 오행은 억압을 당한다. 유금이 지나치게 자수를 생함으로써 자수는 포화상태가 되는 것이다.

자수와 유금의 상대적인 생극관계는 사실 표면적인 적용일 뿐이다. 사왕지(四旺支)의 특성상 자오묘유는 생을 받거나 생을 해주지 않으려는 특성이 있다.

1993년 9월 16일(양력) 9시 11분				
천간	庚	庚	辛	癸
지지	辰	子	酉	酉

경자일주이다. 천간지지에 금의 기운이 매우 강하다. 자유는 상형이다. 자유상형이 2개나 이루어진다. 일지와 년지가 상형이고 일지와 월지가 상형이다. 년지는 조상의 자리이니 조상의 복이 없음을 알겠다. 월지는 부모 형제의 자리인데 일지와 상형하니 형제, 부모와 사이가 좋지 않음을 알 수 있다. 진유의 합으로 월지의 상형은 그 힘이 떨어질 것이나 년지의 상형은 시지 진토가 멀어 요합이라 상형이 해소되었다고 보기가 힘들다.

자미형

상형이란 서로 해한다는 의미이다. 자미형(子未刑)은 달리 자미상형(子未相刑)이라고 부른다. 또 일부 이론에서는 호형(互刑)이라고 칭하기도 한다. 호형이란 서로 형을 가한다는 의미이다. 자미상형 혹은 호형이라고 부르는 이유는 자가 미를 형하고 미가 자를 형하는 관계이니, 즉 상호

1989년 12월 11일(양력) 미시				
천간	癸	乙	丙	己
지지	未	巳	子	巳

을사일주이다. 월지의 자와 시지의 미가 상형한다. 합을 이루는 오행이 없으므로 형은 흉의를 드러내고 만다.

형하는 관계를 형성하고 있기 때문이다. 나타나는 현상은 자묘형과 거의 동일하다. 학대, 구타, 간통, 오명, 추태, 주사 등의 행태가 나타난다.

술미형

술미형(戌未刑)은 시세지형(恃勢之刑)이라고 부른다. 술 중 지장간 신금(辛金)이 미 중 지장간 을목(乙木)을 극한다. 또한 미 중 지장간 정화(丁火)가 술 중 지장간 신금(辛金)을 서로 극하는 과정에서 형(刑)이 성립되는 구조이다.

술미형의 구조에서 지장간에서 보여주듯 무기(戊己) 두 개의 토가 시세(恃勢)의 배경이 되는데, 하나같이 토생금(土生金)하여 술 중 지장간 신금을 생조하는 작용에 치우쳐 있어 신금이 을목을 극손(剋損)할 수 있으므로 술미형이 된다. 즉 금은 토를 설기하는 것이고, 토 처지에서 금을 생하는 것은 설기로 손해를 보는 것이다. 따라서 술미형은 지장간에서 보여주듯 서로 손해를 보는 것이다.

술 중 지장간 신금이 미 중 지장간 을을 능히 극을 함에 모자람이 없으나 미 중 지장간 정화(丁火)가 반격하니 신금도 온전히 을을 공격하는 것만이 능사는 아니다. 서로 위기를 느낀다. 이처럼 서로 공격하고 공격당하는 관계인지라 어쩔 수 없이 양측이 함께 피해를 당하고 피해를 주는 관계를 피할 수 없다. 서로 피해를 주는 사이가 된다. 이는 서로 대립하여 칼을 겨눈 격이니 어쩐지 그 형상이 양인(兩刃)을 생각하게 한다.

흔히 술미형을 토극토, 토대토의 형이라 한다. 토끼리 극을 하는 형상이다. 토가 서로 대립하고 싸우는 형상이다. 진술과 축미는 충이기도 하고 형이기도 하다. 토끼리 충은 해가 없다고 하나 없는 것은 아니다.

토의 대립은 달리 땅을 갈아엎는다고 표현하기도 한다. 이를 소토(疎土)라고 한다. 부정적인 간명이 이루어지는 경우가 많지만 긍정적으로 해석하여 땅이 갈림으로써 공기가 들어가고 씨앗이 발아한다는 의미도 있음은 심상하므로 참고해야 하는 사항이다. 따라서 토충이나 토대토의 형충은 새로운 시작, 부동산에 관련된 일의 발동, 일의 전개 등으로 해석하기도 한다.

술미형에 따르는 변화와 작용은 주로 땅에 관련된 일이다. 부동산인 토지에 관련된 일이 우선 작용한다. 그 외에 건축물, 묘지, 대지 등과 관련된 일이다. 흙과 관련된 일이 일어날 가능성이 크다. 재산의 이동이나 직업의 이동, 부동산의 투자, 시작, 개발, 주택이나 부동산에 관련된 시설의 개조가 이에 해당하고 제조, 가공, 습득, 채취, 밭갈이, 사람들 사이에서 일어나는 조정작용이 일어난다.

부정적 현상으로는 주객의 난동, 주취에 따른 사고, 음주운전, 형제간 불목, 형제간 불화, 형제와 대립, 동료의 불신, 택지 문제, 직업 변동, 친한 사람들의 배신, 암투, 투기, 말실수, 송사, 전투, 시기, 질투, 무고, 모함, 형액, 압송, 모략, 재판, 위기, 함정, 불친절, 비위, 엮임, 구속, 혹사, 탈재, 착취, 사기, 도박, 도취, 훼손, 가해, 손상, 손해 등이 생긴다.

술미형에 따르는 질병으로는 입에 관련된 것이 많다. 순수한 입병, 입에서 냄새가 나는 구취, 수족구병, 치아의 흔들림, 입술 부위에 상처가 생기거나 흠집이 생기며 입가가 찢어지는 사고, 입가의 버짐, 치아에 병이 생기기도 한다. 비위가 상하거나 다치고 위장의 문제, 척추, 등골, 디스크, 척추측만증, 좌골신경통이 생긴다.

1972년 10월 31일(양력) 13시 12분				
천간	壬	乙	庚	壬
지지	午	未	戌	子

을미일주이다. 월지가 술이고 일지가 미이므로 술미형이 이루어진다. 월지와 일지가 형의 관계이므로 어머니와 사이가 좋지 않다고 해석한다. 또한 내 배우자와 어머니 사이가 나쁘다고 해석한다. 그러나 시지 오화가 일지 미토와 합하고 시지 오화가 월지 술토와도 합하므로 형이 깨진 것으로 본다.

【앗, 잠깐!】   시세지형(恃勢之刑)

사주원국에서 형이 되는 글자의 세력 다툼이다. 사주 내에서 인사(寅巳), 사신(巳申) 사이에서 일어나는 형의 관계이다. 흔히 삼형이라 부르는 인사신(寅巳申)은 각각 사화의 장생과 사화의 건록이 되는 지지의 신이고 서로 세(勢)를 극대화하여 자랑한다. 따라서 세를 구성하는 이들 글자가 중심의 사(巳)를 놓고 상호 극전이 되는 관계이다. 축술미(丑戌未) 또한 삼형이다. 축술미의 구조도 인사신과 다르지 않아 중앙의 술을 두고 축과 미가 세를 이루어 형이 된다.

축술형

축술형(丑戌刑) 역시 토대토이다. 지지에는 토의 오행이 4개 있는데 진술축미가 그것이다. 토의 오행은 각각 짝을 지어 충을 한다. 진술충, 축미충이 그것이다. 토충은 마주 보는 관계이고 방향성도 있다. 충이 두 쌍이라면 형도 두 쌍이다. 충에서 만나지 않은 글자를 찾아가면 형이라고 볼 수 있다.

축술의 토대토 형은 시세지형이다. 세력을 믿고 싸운다. 축 중 지장간 계수(癸水)가 술 중 지장간 정화(丁火)를 극한다. 또한 술 중 지장간 정화는 축 중 지장간 신금을 극한다. 이처럼 지장간은 서로 극을 한다. 아울러 표면적으로도 축술은 토의 오행인데 서로 시세하는 형국이며 각각의 토는 신금을 서로 원하는 형태이므로 형이 성립된다.

축술형은 음간끼리 싸움이라는 특징을 지닌다. 수가 강한 금의 도움을 받아 화를 공격하고자 한다. 화가 꺼질 수 있는 상황이다. 이처럼 축 중 지장간 계수가 술의 지장간에 자리한 정화를 극하고자 할 때, 무토가 계수를 합화하여 무계합을 해서 방어하고자 하는 세력을 동원한다. 이것이 시세에 해당한다. 즉 목적을 이루고자 하여 세력을 동원하는 것이다. 이 시세의 역할과 작용이 결국 형의 원인으로 작용한다. 결국 시세라는 것은 배경을 믿는 것이다. 자신을 도울 수 있는 세력이다.

술 중 지장간 무토가 축 중 지장간 계수를 합하여 세력을 형성하고 합화되어야 하지만 술 중 지장간 무토가 축 중 지장간 계수를 이미 방합(方合)하여 술 중 지장간 무토와 축 중 지장간 계수의 합에 도움을 주지 못하는 경우가 생기고, 정화가 계수에 공격을 가하면 사태가 심각해진다. 즉 계수는 공격을 받게 되면 무에게 도움을 받아야 한다.

두 천간의 합은 연인이라고 살펴도 된다. 연인이 공격을 받는데 도움을 주지 않으면 배신감을 느끼게 된다. 무토는 도움을 줄 수 없는 상황이다. 결국 계수도 믿었던 무에게 배신을 당했다는 생각을 할 것이다.

이처럼 사주원국에 축술형이 자리하면 항상 믿고 의지하던 사람에게 배신당하는 결과가 따른다. 이때 계수도 반격한다. 따라서 그 파장이 세진다. 때로는 술 중 지장간 정화가 축 중 지장간 계수에게 공격을 받을 수 없다 하여 자신과 같은 지지 속의 지장간 신금을 향해 공격하고 반격할 때도 있다. 이때는 서로 손상을 입는다.

본시 축술미(丑戌未) 삼형(三刑)은 충과 해가 같이 일어나는 충해와 다르다. 음토와 양토의 상대적 집합이기에 대립하는 기운으로 나타난다. 양과 양은 항시 대립하기 마련이다. 음과 음도 항시 대립한다. 만약 음과 음, 양과 양이 대립하였다면 무서운 전쟁이었을 것이다.

축술형은 음과 양이 상대적 대립이기에 사업상 주객의 다툼 정도의 파장이다. 그 이상은 아니다. 중개인과 매도인 사이의 긴장, 고용주와 고용인 사이의 감정, 약간 신경질적인 대립이나 뒤집을 정도의 대립은 아니다.

술미형에서는 가벼운 정도의 대립이 발생한다. 사장과 종업원에게서 생기는 정도의 혹사와 착취가 일어난다. 주인은 극대의 이익을 추구할 테고 종업원은 일을 쉬거나 핑계를 대고 일을 게을리하거나, 적당한 금액을 슬쩍하는 등과 같은 주인을 기만하는 일이 일어난다. 어쩔 수 없이 고용주와 고용인 사이에 불만과 불신이 생긴다. 이것으로 서로 배신행위가 일어난다.

사주원국에 축술형이 있으면 늘 불신과 불화가 따른다. 세상을 믿지 못하는 일이 일어난다. 어떤 일을 하더라도 의혹이 생겨 불신한다. 결과를 믿을 수 없으며, 누구와의 사이라 해도 신뢰에 문제가 생기기 때문에 투쟁을 초래한다. 마침내는 법을 찾아 송사를 벌이고 결국 관형지액(官刑之厄)을 야기하여 끝을 보고 만다.

여러 가지 형이 있지만, 형은 주객전도(主客顚倒)의 작용을 가져온다.

믿음이 사라진다. 형제나 동료 사이에는 배신과 불신을 가져온다. 믿었던 일들이 깨져나간다. 동료나 업무관계, 사업관계에서는 이해관계의 균열이나 붕괴를 가져오며, 믿었던 사람이 등을 돌린다. 그 과정에서 서로 암투와 견제가 주된 작용으로 일어난다. 믿음이 사라진다. 어디나 주객이 존재함에도 서로 불화와 배신이 일어난다. 주인이 고용인을 착취하거나 멸시하고 이용한다.

이러한 현상은 지능이 모자라거나 세상에 눈이 어두운 사람들을 노예처럼 부리는 사람들을 생각나게 한다. 어제오늘의 일이 아니다. 강자가 약자를 착취한다. 이러한 일은 심심치 않게 일어난다. 가진 자가 약자를 억압한다. 고용당해 일하는 사람은 고용주를 배신하거나 기만한다. 보이지 않는 곳에서 손해를 입히거나 해코지를 한다. 시기와 질투는 오히려 평이하고 모략을 일삼는다.

주객 거래에서도 일이 틀어져 서로 송사를 벌여 관형지액으로 옥에 갇히고 법의 심판을 받는다. 처음은 좋으나 끝이 나쁘다. 늘 시비구설이 따르고 투쟁, 경쟁이 있다. 결국에는 형책이 따른다. 재판에 회부되는 격이다. 본인이 원해서 재판으로 가기도 한다. 재판을 받으면 실형 선고를 받을 가능성이 크고, 결국 전과자 낙인이 찍힌다.

사주원국에 축술형이 있는 여자는 고독이 기본이고 부부불화가 따르니 혼인이 편안하지 않다. 부부간에도 불화와 배신이 따르고 늘 피해의식에 시달린다.

축술형에 따르는 질병으로는 심신장애, 신경계통, 뇌신경이상 질환처럼 신경이나 정신에 관련된 병이 많다. 목이 어느 정도 받쳐주면 상태가 덜하다. 축술형의 결과는 지나치게 신경을 쓰며 사는 모습을 투영해준다. 심장판막, 심장계통도 신경성이다. 정충증, 늑막염, 골수염, 좌골신경통, 크고 작은 상처나 흠집이 삶의 고단함을 보여주고 폐막염, 횡격막염증으로 고생한다.

형이 나쁜 것만은 아니다. 자기 사주에 형이 있다면 반대로 형을 이용하는 것이 상책이다. 형을 이겨내고 능히 제복하면 형권(刑權)을 구사한다. 형권이란 근본적으로 죄를 다스리는 권력이다.

사주의 형은 형권과 무관하지 않다. 사주에 형이 강한 자는 법의 권력을 행사하고 구사할 수 있는 법관, 검사, 경찰관, 교도관, 형무관 등으로 진출이 가능하다. 만약 법을 다루는 직업이나 직급이 아니라면 각 조직의 감찰, 감사가 어울리고 회사의 경우에도 감찰부서나 감사부서에 임할수 있다. 반대로 사주에 형이 강한데 형권과 거리가 멀어지면 결국 법의권력에 제약을 받는다는 논리가 형성된다.

형은 사물을 변개(變改)하거나 이용하는데 이러한 소질이나 성질이 직업에 이용될 수 있다. 변개하는 것은 모양을 바꾸거나 성향을 바꾸는 것이나 모두 같은 개념이다. 형은 변개 요소가 다분하다. 즉 어떤 형체를 작업으로 바꾸어 다른 용도로 사용하게 하거나 다른 모양으로 만드는 개념이다. 이러한 기능을 직업으로 전용할 수 있다. 자동차 정비, 기계 정비, 제분, 정미, 차수리, 도색, 시계 수리, 도량형기 제작, 건축물 제작과 수리, 묘지 보수 혹은 정비, 묘지 이장이나 관리, 토석과 관련된 직업, 목재 사업이나 가공업, 토굴 작업, 개수와 개설, 정비와 보수, 지형이나 사물의 변동에 관련된 공사가 모두 형의 작용이 필요하다.

1963년 9월 11일(음력) 1시 48분			
천간	癸	癸	壬	癸
지지	丑	卯	戌	卯

계묘일주이다. 월지에 술토가 좌하고 시지에 축토가 좌하니 축술형이다. 그러나 년지 묘목이 월지 술토와 합의 관계가 되므로 이 사주의 축술형은 해소되었다고 본다.

2) 육형(六刑)

형(刑)은 형살(刑殺)이라고도 하는데 그 의미가 남다르다. 살(殺)이라고 하는 것은 매우 특이한 용어다. 명리에서 사용하는 살이라는 단어는 두 가지로 살(殺)과 살(煞)이다. 두 가지 모두 의미가 비슷하다. 명리에서는 살이라는 단어를 매우 중요하게 다룬다. 살이라는 것은 다친다, 당한다, 피를 본다는 의미가 강하다. 결국 형의 의미에서 작용만 살피면 충의 작용과 비슷하다.

일반 이론에서는 형이 있으면 충과 마찬가지로 사건, 사고, 질병, 소송, 형액 등의 어려움이 있다고 본다. 이론상 형이 강한 작용을 하는지, 충이 작용을 하는지 논할 수 있으나 그 결과는 그다지 다르지 않다.

형도 충처럼 긍정적인 의미와 부정적인 의미를 다 가지고 있기 때문에 무조건 나쁘다고만 할 수는 없다. 형은 옥에 갇힌다, 죄를 묻다, 감옥, 법률이라는 의미와도 통한다. 따라서 일반적이고도 대중적인 이론에서는 사주원국에 형이 있으면 변호사, 검사, 의사, 약사가 된다고 본다. 이는 칼을 다루는 직업이라는 측면에서 살핀다.

사주에 금의 오행이 많거나 합화오행으로 금이 많으면 비슷한 결론이나 직업적 판단을 한다. 즉 사주에 금의 기운이 강한 것은 형이 강한 것과 같은 맥락으로 보아도 좋다. 사주원국에 금이 강하면 법조인, 의사, 판검사, 군인, 경찰의 길을 제시할 수 있다. 어쨌든 사주원국에 형이 있다는 사실만으로 판사나 변호사, 검사, 의사가 되는 것은 아니며 여기에 더해서 격국이 완벽하게 구비되어야 이러한 직종에 나아갈 수 있다.

이러한 직종은 흔히 칼을 쓰는 직업이라고 한다. 달리 활인(活人)이라고도 한다. 사람을 살리는 직업을 가져야 한다는 의미이다. 이러한 경우 직업 선택에서 상품(上品)은 판사, 검사, 변호사와 같은 법조인이 될 테고 중품(中品)은 의사, 약사, 한의사가 될 것이다. 같은 직종으로 분류할 때 하품(下品)은 도살장 근무자, 어부, 요리사인 셰프가 된다.

형은 다양하다. 여러 가지 형에서 가장 강력하게 작용하는 형은 인사신(寅巳申)의 삼형과 축술미(丑戌未)의 삼형이다. 이렇게 완벽하게 구성되는 삼형은 세 글자로 이루어진다. 그런데 3개 지지가 아니라 지지가 각각 2개만 있어도 형살의 작용이 일어난다. 이를 육형(六刑)이라고 한다.

형을 일러 달리 형살이라고도 하는데 삼형살로 이루어진 세 글자보다 두 글자로 이루어진 육형은 완벽한 세력을 구성한 것이 아니기 때문에 그 흉의(凶意)가 다소나마 감소되어 나타난다. 그러나 년월일시 어디에 있더라도 작용한다고 살핀다.

육형(六刑)					
寅巳	巳申	寅申	丑戌	戌未	丑未

인사형

인사형(寅巳刑)은 무은지형(無恩之刑)이라 한다. 은혜를 모른다는 의미가 있다. 은혜를 갚지 않는다는 의미도 포함된다. 사주원국에 인사가 같이 좌하고 있다면 은혜를 모르는 사람이라 평가한다.

인(寅)이 사형(巳刑)한다. 인목이 사화를 형하는 사이다. 인사형은 해(害)에도 해당되어 형이며 또한 해이다. 형에 해가 가해지면 형해가 동시에 성립한다. 따라서 달리 하나의 작용만 하는 형과 달리 작용이 극히 강하고 지나치게 패도적이다.

인사형은 무은지형이며 시세지형이라 원국에 나타나거나 해운이 와서 형이 이루어지면 실의, 망은(忘恩)의 특성이 나타난다.

인사형은 세력을 이끄는 형세의 형이라 시세지형이라 부른다. 원국이나 운에 오면 세력의 갈등이 가장 먼저 일어난다. 또 다른 형보다 강하게 일어난다. 평소 언어에 문제가 생기고 무정하며 암암리에 시기하거나 시기를 당한다. 질투가 불같이 일어나거나 질시를 당하고 승부 기질이 강하게 발동하며 경쟁심도 생긴다.

또 표리부동(表裏不同)을 생각나게 한다. 화장실 갈 때와 나올 때 다르다는 말과 유사하다. 이익과 목적을 달성하는 것까지는 문제가 없을 수 있으나 이룬 후가 문제다. 은인에 대한 배신, 망은(忘恩)을 밥 먹듯 한다. 배은망덕이라는 말이 괜히 생긴 것이 아니다.

중요한 시기에 도움을 주거나 자신을 가르친 스승과 은인을 원수로 여기고 건방진 행동을 한다. 육친 간에 정이 멀어진다. 항시 시비구설이 따른다. 피곤이 멀어질 날이 없다. 반목과 질시, 형액이 있으며 송사를 일으키고, 말이 험악하며 거동이 조악하다. 명리훼손, 정의를 위한 직언을 서슴지 않으나 벌이 되어 돌아오는 것이 문제이다. 법적 이론과 구실에 의지하여 사람을 누르려 하고 따진다.

독심(毒心)도 지닌다. 생명에 대한 존엄이 부족하다. 살상하는 것을 기쁨으로 여기니 사람을 다치게 하는 것은 물론 사냥, 낚시를 즐긴다. 공명심(功名心)이 발동되니 물불을 가리지 않고 나아가 공을 세워 이름을 날리고 싶은 욕심이 있다. 앞서 나아가고 마구잡이식으로 힘을 사용하며 상대나 적을 공격하고 몰아붙인다. 운이 따르면 공을 얻어 영광이 따를 수도 있지만 운이 다하면 공격을 받고 갈 곳이 없다.

인사형이 원국에 나타나면 건강에도 영향이 있다. 모든 형은 건강에 영향을 미친다. 근본적으로 인은 목이니 간담이 문제가 생기고 사는 화이니 심장과 소장에 병이 생긴다. 다른 병도 이에 기인한다. 건강상 소장에 병이 침습하고 삼초혈(三焦穴)이 불편하여 치료가 필요하다. 이에 관련이 있는 병으로는 편도선, 임파선, 인후(咽喉), 혀와 입안, 얼굴이나 치아에 이상이 생기거나 아프다.

사건과 사고도 속출한다. 일을 하다보면 유난히 많이 다치는 현상으로 나타난다. 물건에 다쳐 상처를 입거나 흉기로 온몸에 흉터가 생긴다. 남을 해하려고 든 무기가 자신에게 상처를 입히기도 한다. 자가당착(自家撞着)이다. 상대를 찌르려 든 흉기가 자신의 손을 베는 격이다. 법을 사용해도 그렇고 무력을 사용해도 결과는 다르지 않다. 때때로 연탄가스나 부탄가스처럼 악성 가스나 독극물 중독이 의심된다. 차량 사고 등이 일어나고 다변하다.

여러 가지 문제가 겹치면 심각성이 더해진다. 인사는 형이고 해이다. 충에 해가 겹치면 평생 불치의 고질병에 치유하기 어려운 불구가 되는 경우가 있으므로 어린 나이에 아프거나 몸이 휘는 등의 여러 증상이 있으면 망설이지 말고 병원으로 달려가 진료하고 증상을 치료해야 한다.

1971년 2월 20일(양력) 11시			
천간	癸	丙	庚	辛
지지	巳	子	寅	亥

병자일주이다. 월지에 인목이 좌하고 시지에 사화가 좌하니 인사형이다. 그러나 년지 해수가 월지 인목과 합의 관계가 되므로 이 사주의 인사형은 해소되었다고 본다.

사신형

사신형(巳申刑)은 조금 모호하다. 이미 지지의 합에서 사신합(巳申合)이라 하였기 때문이다. 따라서 사신형은 형과 합이 동시에 일어나는 형합(刑合)이다. 즉 사와 신은 지지의 합에서 지지육합이면서 육형에 해당하므로 형합이라 한다. 형과 합이 동시에 일어난다는 사실은 중요하다. 문제는 두 가지 작용이 일어난다면 무엇이 먼저이고 무엇이 나중인지를 가려야 한다는 것이다.

인생사가 그렇지만 인간의 운에서도 대부분 좋은 일이 먼저 오고 나쁜 일이 나중에 온다. 나쁜 일이 먼저 오고 좋은 일이 나중에 오면 좋겠지만 우리 인간의 역사가 말해주듯 반드시 논리적이지는 않다.

아마도 이왕 올 것이라면 차라리 형이 먼저 오고 합이 나중에 오기를 바랄지 모르겠다. 나중이 좋기를 바라는 마음이다. 그러나 형합은 명백한 순서가 있다. 먼저 합하고 나중에 형이 작용한다는 것이 통론이다. 이러한 이치로 보아 처음에는 지극히 합법적으로 결합이 이루어진다. 좋은 관계가 먼저 일어난다.

원국에 사신형을 가진 사람을 살펴보자. 사람의 관계라면 서로 의사가 통하여 매사에 좋은 일들이 일어날 가능성이 높다. 사업도 처음에는 좋다. 연구도 처음에는 좋을 것이다. 인간관계에서 거래의 성사가 효율적이고 계약도 긍정적이다. 이처럼 좋은 관점이나 조건에서 이해와 소득의 득실관계가 좋은 방향으로 맺어진다.

문제는 합이 지나간 후에 형이 작용하는 이치이다. 달이 차면 기우는 격이다. 낮이 지나가면 밤이 오는 것과 같다. 처음에는 서로 친하고 존경하며, 도와주고자 하여 친분이 쌓이고 영원히 변함이 없을 것 같다. 사람의 마음이 시간이 흐르면 변하듯 형의 작용도 같다. 처음에는 합의 작용으로 분위기가 좋고 서로 도우나 시간이 흐름에 따라 형의 작용으로 바뀌어간다.

형의 작용은 적나라하다. 형은 상대를 억압하고 상처를 입히고 칼로 찌르는 것과 다르지 않다. 억압의 기운이다. 차질과 배신이 일어난다. 좋던 사람과 대립한다. 큰일도 아니지만 서로 오해가 생겨 실패하고 만다. 사소한 일에 반목한다. 동업했다면 결과는 실패로 귀결되고 때로 불화로 재판까지 갈 수도 있다. 사소한 일로 시작해 점차 거대해진다. 시기와 반목, 시비와 구설이 일어난다. 타인에게 서로 흉을 본다. 암투, 모략, 경쟁과 시기가 동시에 일어나 서로에게 칼질을 한다. 다투는 것은 흔한 일이다. 몸으로 싸우는 경우도 생겨난다. 투쟁과 상해가 생기며 결국 파산하거나 좋던 사이가 돌변해 적이 된다.

사신형을 흔히 선소후원(先疎後怨)의 관계라고 한다. 즉, 처음에는 좋은 인연이라 생각한다. 처음에는 의견이 합치되어 봄날 같다. 약간 문제가 있어도 서로 이해하고 용서하며, 불만해도 수긍한다. 서로 좋으니 행복하고 일의 진척이 있다. 그러나 운의 흐름이 바뀐다. 즉 합에서 형으로 바뀐다. 좋다고 웃으며 사귀거나 일하다가 시간이 흐르면서 점차 사이가 벌어진다. 결국 서로 원수같이 생각하며 자칫 종말에 이르면 인격모독을 하고 법정 싸움을 하며, 상황이 심각하면 칼부림까지 일으킨다.

겉으로는 부드럽고 온화한 미소라고 하지만 결국 속에 칼을 품은 것이나 진배없다. 양인(兩刃)처럼 날카로운 흉의가 일어난다. 암암리에 서로를 향해 암투를 보내니 하루도 편할 날이 없다. 서로 해(害)하는 말을 하며 상처를 도려내듯 날카롭게 대립한다. 결국 서로를 해하여 처음의 좋은 일과 마음이 단절된다. 인간관계가 오래가지 못하고 헤어짐에 이르러서는 흉함으로 변한다. 극단적으로 윗사람에게 불손해지고 만다. 장유유서(長幼有序)가 무너진다. 가장 가슴 아픈 것은 남을 해하지 않으면 본인이 해함을 당하게 되니 마음이 아프고 살의를 지니게 된다.

이와 같은 합형 작용은 남녀 궁합에서도 일어난다. 궁합은 월지가 매우 중요하다. 일지를 살필 때도 형살을 살펴야 한다. 월지나 일지의 대입에서 사신형합이 일어난다면 이는 매우 불합리하다. 처음에는 합이니 사이가 나쁠 것이 없다. 그러나 시간이 흐를수록 결국 절벽으로 달리는 마차를 탄 것과 같다. 그 결과의 끝은 비참하다. 모든 간명 시에 유심히 살펴야 하지만 부부 궁합에서는 특히 주의하여 살펴야 한다.

사신형이 일어나면 병도 길다. 신체상으로 질병이 발생하면 바로 해소하지 못해 지병으로 발전하기 쉽다. 병이 육체 내부로 깊이 잠입하여 사소한 병이라도 오래가는 약점이 있다. 늘 아프다는 생각을 한다. 사소한 병에도 두려움을 낸다. 마음의 병에 치여 산다. 욕심이 지나쳐 물건을 탐하는 병도 얻는다. 허례허식(虛禮虛飾)에 매달린다. 인후(咽喉)에도 병이 온다. 한의학적으로 소견을 내면 대장과 소장 사이에 발생하는 질병이 종극에는 한열로 발전하여 여간 고생이 아니다.

1985년 7월 7일(음력) 22시 12분			
천간	癸	癸	甲	乙
지지	亥	巳	申	丑

계사일주이다. 천간이 수(水)를 나타내는 계수(癸水)가 병립하였으므로 성격이 강하게 나타난다. 월지 신금이 일지 사화와 형합하였다. 년지나 시지의 합이 없으므로 형합은 발동한다. 처음에는 합이 작용하여 나쁘지 않으나 점차 형의 작용으로 나빠진다. 결국 일지와 월지의 형합이니 부모와 사이가 나빠질 것이라는 것이 예측 가능하다. 또 배우자와 내 부모 사이도 그다지 좋지 않을 것임이 암시된다.

인신형

인사신(寅巳申)으로 이루어지는 삼형에서 인과 신이 모여 만든 형이다. 지지의 세 글자로 이루어지는 국(局)의 경우는 삼합과 방합, 삼형살이 있다. 삼합도 3개 지지로 이루어지며 가운데의 왕지가 가장 강한 힘을 발휘한다. 지지방합의 경우도 방향을 나타내는 3개 지지가 모여 방합을 이루는데 중앙에 자리하는 왕지의 역할이 크다. 심지어 중앙에 자리하여 기를 모아주는 왕지가 없으면 삼합이나 방합을 합으로 인정하지 않는 적용이 기본 법칙이다.

인사신형은 3개 글자로 국을 이룬 것이다. 그러나 삼합이나 방합과는 조금 다르게 적용한다. 인은 신을 형한다. 인신은 충이기도 하여 어쩔 수 없이 작용이 일어난다. 운세 흐름에 따라 부지런하고 건설적이나 활동보다는 수입이 적고 지출이 많다. 질병으로는 심장병, 간장병, 폐질환, 대장에 관련된 병이 나타난다.

1990년 8월 16일(양력) 4시 47분				
천간	甲	癸	甲	庚
지지	寅	丑	申	午

계축일주이다. 월지에 신금이 좌하고 시지에 인목이 좌하니 인신형이다. 그러나 년지 오화가 시지 인목과 합한다. 합을 이루어 형이 깨질 것 같으나 오화와 인목의 합은 요합이라 실효성이 없다. 그대로 인신은 형과 충의 작용을 한다. 일지 축토도 아무런 역할을 하지 못하니 인신형의 흉의가 드러난다.

술미형

술미형(戌未刑)은 상형(相刑)에서 이미 다루었다. 축술형과 그다지 다르지 않다. 토대토의 대립이나 충돌과 격파, 토충(土冲)과 같은 역할을 한다. 토가 깨지고 지장간이 밖으로 튀어나오는 것을 개고(開庫)라고 하는데, 이름하여 창고가 열린다는 의미이다. 이 지장간 중 진술축미는 고지(庫支)라 하여 모두 창고로 보는데, 충이나 형이 일어나야 깨진다고 보고 개고를 살핀다.

술은 미를 형한다. 형의 작용이 일어나면 축도 깨지고 술도 깨진다. 이를 소토라고 하여 밭갈이라는 개념으로 인식한다. 밭을 갈아놓으니 공기가 풍부해지고 씨앗이 발아하여 자라나기 시작한다. 따라서 토대토의 충이나 형은 새로운 시작, 출발, 벌이는 시기, 저지르는 시기로 인식된다. 진술축미의 충작용과 형작용은 그래서 그 결과와 벌어지는 일의 전개가 그다지 다르지 않은 것도 특징이다.

운세의 흐름으로 살피면 축술형과 그다지 다르지 않은데, 동기간끼리 쟁투하거나 부부가 불화하여 늘 고독하다. 주인과 종업원의 주객 사이의 다툼이 일어나고 부부끼리도 서로 주인을 다투듯 경쟁한다.

술미형의 질병은 당연히 토충이고 토형이니 위장이나 비장에 문제가 일어난다. 그밖에 심신부자유와 뇌신경 이상이 나타나는데 심장판막증과 모든 신경계질환이 일어난다.

2003년 7월 12일(양력) 16시 12분			
천간	丙	丙	己	癸
지지	申	戌	未	未

병술일주이다. 천간에 비견인 병이 병립하여 강한 성격으로 나타난다. 년지에 미가 있고 일지에 술이 있어 술미형이다. 월지에도 미가 좌하여 역시 술미형이다. 쌍형이라는 말은 없지만 두 형이 자리한 셈이다. 시지 신이 어떤 지지와도 합의 관계를 성립하지 않으므로 술미형의 흉의가 표출된다.

축미형

축미형(丑未刑)은 축술형이나 술미형과도 진행과 결과가 그다지 다르지 않다. 토대토의 형살이다. 토충과 같은 역할을 한다. 두 토가 부딪치니 결국 토가 깨지고 지장간이 밖으로 튀어나오는 상황에서 결과가 이루어진다.

진술축미는 지지에서 토를 나타내는 오행이다. 이를 창고라는 의미에서 고장지 혹은 묘고라고 한다. 이 토의 오행이 지지에서 서로 충돌하는 것을 개고라고 하는데, 이름하여 창고가 열린다는 의미이다. 진술축미는 고지라 하여 모두 창고로 보는데, 충이나 형이 일어나야 깨진다고 보고 개고를 살핀다. 진술축미가 충이나 형을 받아 깨지면 지장간이 투출되어 활동을 시작한다.

축은 미를 형한다. 형의 작용이 일어나면 축도 깨지고 미도 깨진다. 이를 소토라고 하여 밭갈이라는 개념으로 인식한다. 축의 지장간은 계신기이고 미의 지장간은 정을기이다. 축의 지장간 계와 미의 지장간 정이 극하고, 축의 지장간 신과 미의 지장간 을이 극한다. 충돌이 일어나고 서로 극한다.

토충이나 토형은 토의 오행이 서로 부딪치는 것이다. 일종의 붕괴가 일어나고 밭을 갈아엎는 효과가 나타난다. 밭을 갈아엎으니 땅속으로 스며든 공기가 풍부해지고 그동안 잠자고 있던 씨앗이 발아를 하여 자라나기 시작한다. 따라서 토대토의 충이나 형은 새로운 시작, 출발, 벌이는 시기, 저지르는 시기로 인식된다. 진술축미의 충작용와 형작용은 그래서 그 결과와 벌어지는 일의 전개가 그다지 다르지 않은 것도 특징이다.

운세의 흐름으로 살피면 축술형과 그다지 다르지 않은데, 축미형이 일어나는 운에는 활동성이 증가하고 무언가 하려는 의지가 강하다. 그러나 자기 위신과 자기 뒤의 배경을 믿고 나아가다가 실패하는 수가 많다. 질병으로는 비장과 위장에 관한 병이 일어나는데 이는 토의 오행과 관련된 현상이기 때문이다. 그밖에 소장, 담낭, 요도 등의 병이 발생하므로 주의를 요한다.

2003년 7월 27일(양) 16시 12분			
천간	丙	辛	己	癸
지지	申	丑	未	未

신축일주이다. 축미는 형이자 충이다. 년지 미토와 일지 축토는 충이며 형이다. 월지 미토와 일지 축토는 형이다. 형이 두 개나 자리한다.

축술형

축술형은 앞에서 다룬 내용과 같으므로 여기서는 생략한다.

3) 삼형, 삼형살

인사신(寅巳申): 영악하고 날카롭고 치명적이다.

축술미(丑戌未): 둔하고 동작은 느리나 치명적이다.

삼형살(三刑殺)은 형에서 가장 무섭다. 형이 살로 자리 잡았으며 파괴력이 매우 뛰어나다. 명나라 시대 인물인 만육오(萬育吾)가 지은《삼명통회(三命通會)》에서 삼형살에 대하여 자세하게 언급했다.《삼명통회》를 인용하여 설명하면 다음과 같다.

"삼형살은 셋을 의미하는 삼(三)자와 형벌을 의미하는 형(刑)자를 쓴다. 삼형살은 세 가지 강하고 지독한 형이 겹치는 것을 의미하는 용어다. 삼형살은 이름이 말하듯 세 글자가 모여서 이루어진다. 사주팔자의 사주원국 안에 각각 인사신(寅巳申)과 축술미(丑戌未) 3개로 이루어진 글자가 모두 있는 것을 말한다."

《삼명통회》에 기술되어 있는 것처럼 삼형살은 사주원국에 반드시 세 글자가 존재해야 이루어진다. 세 가지 형벌이라는 해석도 가능하다. 지지에 축술미와 인사신이 같이 있는 것이 바로 그것이다. 그러나 4개 지지로 이루어지는 사주에서 3개가 모이기는 쉽지 않다. 따라서 완벽한 삼형살이 이루어지는 경우는 그다지 많지 않다. 그러나 만약 이루어지기만 한다면 강한 기운으로 작용한다. 《삼명통회》는 계속 이어진다.

"그러나 모두 같지 아니하다. 세 글자가 원국 내에 모두 모이지 않고 단지 두 자만 모이는 것은 (삼형살이라 하지 않고) 상형(相刑)이라고 하거나 자형(自刑)이라고 한다. 이 상형이나 자형은 각기 자묘(子卯), 진진(辰辰), 오오(午午), 해해(亥亥)이다. 이처럼 두 글자로 이루어진 것이다. 이 중에서 같은 글자로 이루어진 것을 자형살이라고 한다."

《삼명통회》에서는 자형과 상형을 삼형살과 다르게 분리한다. 그 여파와 드러나는 형태가 다르기 때문일 것이다. 이처럼 일반 이론에서도 자형과 상형은 분리하고 삼형살과도 분리한다. 근본적으로 상형이 중첩되어 삼형살을 이루지만 그 파괴력은 엄격한 차이가 있다. 《삼명통회》를 계속해 인용한다.

"삼형살의 특징은 끈질긴 것이다. 매달려서 액운을 불러들인다. 액운을 초래하는 것이다. 사주의 년월일시라는 자리에 관계없다. 사주원국에 있기만 하다면 모든 사주에 적용된다. 사주원국에 3개 글자가 모두 자리하면 그 영향이 지나치게 강하게 나타나고 사주원국에 2개 글자가 자리하면 세 글자가 있을 때보다는 많이 감소하는데 10년마다 오는 대운이나 1년마다 오는 세운과도 적용되어 나쁜 영향력이 가미된다."

《삼명통회》의 내용은 삼형살이 있을 경우에 어떤 결과를 가져오는지 보여준다. 또한 삼형살의 일부를 이루는 자형이나 상형이 원국 내에 존재한 경우를 파악한다. 즉 2개 글자가 있을 경우 대운이나 1년마다 오는 세운에 마지막 한 글자가 마저 와서 삼형살을 이룬다고 명기하고 있다.

좀 더 세밀하게 살펴본다. 애초에 형은 2개 글자로 이루어지고 3개 글자로 이루어지기도 한다. 자형과 상형이 그렇다. 그러나 깊이 생각하면 형이란 본디 세 글자로 이루어진 것이다. 3개 글자로 이루어져야 완벽하다. 이를 삼형살이라 한다. 그러나 두 글자로 이루어진 것도 형이 있다. 이형살(二刑殺)이라는 말은 없다. 애초에 삼형이 먼저 형성되었을 수도 있다. 삼합의 반합과 같은 이치다. 이후 두 글자로 이루어진 형이 규정되었을 가능성을 배제할 수 없다.

같은 글자 2개로 이루어진 것을 자형이라 한다. 스스로 형을 일으켰다는 의미다. 사주를 구성하는 지지에는 12개 글자가 있다. 과거에는 이 중 몇 개만이 자형으로 인정되었다. 자형도 그 여파가 심하다. 2개로 이루어진 자형과 달리 3개로 이루어진 삼형살은 작용력이 극악하다. 삼형살은 그 작용이 지나치게 강하게 나타나지만 그와 비교하여 2개 글자로 이루어진 자형이나 상형은 그 작용이 다소 약하다.

실전에서 사주에 형살을 적용하여 간명할 때 신중해야 한다. 삼형살은 법적인 문제나 건강으로 적용하는 경우가 일반적이다. 여러 가지 형에서 삼형살은 반드시 일어난다는 전제를 두게 되는 경향이 있다. 또한 2개 글자로 이루어진 형이 있으면 역시 건강을 주목하게 된다. 그러나 2개 글자로 이루어진 자형이나 상형의 경우에도 일이 틀어지고 깨지거나 법적인 문제가 발생한다.

삼형살은 결국 벌을 받아야 하는데 세 가지 힘이 겹치는 것이다. 삼형살은 세력으로 이루어진 형살이다. 2개로 이루어진 지합보다 3개로 이루어진 삼합이나 방합이 강하게 작용하고 파괴력을 지니는 것이나 크게 다르지 않다. 이처럼 세 글자로 이루어지는 조합은 국(局)의 권역이다. 2개로 이루어진 자형이나 상형보다 3개로 이루어진 삼형살이 강하고 극악하며 거부하기 어려운 시련을 준다.

삼형살이란 근본적으로 내가 남을 구속하거나 남에게 구속을 당하게 되는 살이다. 그래서 형(刑)이다. 옥에 갇힌다는 의미다. 강력한 힘이다. 강력한 제약이다. 옥살이를 당하는 것이다. 형이란 옥을 다스리는 것이고 형벌을 주관하는 것이다. 오죽하면 형이라는 글자를 사용하겠는가?

사주원국에 삼형살이 있다면 권력에 몸을 맡겨야 길하다. 권력을 사용하지 못하면 권력에 당하는 법이다. 형에도 권력이 있으니 이를 형권이라 한다. 형의 집행자가 되어야 제약을 받지 않는다. 형권을 가지면 형의 집행자가 되지만 형을 지배하지 못하면 당하는 것이다. 어쨌든 법이 가까이 있다. 부리지 못하면 당한다. 이 때문에 직업으로 법관, 의사, 군인, 경찰, 검찰, 변호사가 되면 형권을 쥐게 되는 셈이다. 따라서 사주원국에 형이 강하면 직업을 법조계로 나아갈수록 성공 확률이 높아진다.

반대의 경우도 있다. 법에 당하는 경우다. 법조계로 나아가지 못하여 일반 직업에 종사한다면 이는 형권에 노출되는 격이다. 즉 법을 다루는 직업을 갖지 못하는 경우에는 내가 오히려 법의 심판을 당하는 형태가 된다. 결국 재판을 많이 받거나, 법원에 출두가 일어나고, 교도소를 자주 드나들거나 자꾸만 고발을 당한다. 법과 연관성이 멀어지면 그나마 다행인데 이때는 자주 몸을 다치고 수술을 하는 경우가 많다.

삼형살이 사주원국에 자리하면 결국 칼을 사용하는 직업이 좋은데 법은 칼을 휘두르는 직업이기 때문이다. 예부터 법은 칼이다. 악한 자를 다스린다. 범법자를 다스린다. 죄지은 자를 다스린다.

삼형살은 칼을 의미하기도 한다. 칼은 법, 피, 공권력을 나타내기도 한다. 법조계로 나아가지 못하면 의사나 약사, 한의사와 같은 활인의 직업이 좋고 최하급은 셰프라고 할 수 있다. 결국 피를 보는 직업이라 할 수 있는데, 명백하게 말하면 개념상으로 형살이 있으면 피를 보는 직업이 좋다. 법조계가 좋은 직업이고 권위가 있지만 사주 분석을 하며 오행의 범위에서 살필 때에는 피를 보는 직업이고 의사도 마찬가지다. 가장 하급이 짐승이나 어류의 피를 보는 셰프가 된다.

사주원국에 삼형살이 자리하는데 다시 해운이나 대운에서 이에 해당하는 지지가 와서 충살이 작용하면 전쟁이 나는 격이다. 사주 내에 삼형살이 있다고 무조건 발동하는 것이 아니다. 충격이 있어야 발동한다. 다시 살에 해당하는 글자가 오면 발동한다. 적이 원거리에서 포를 쏘거나 항공기가 날아와 포탄이 떨어지는데 소총을 든 적군이 눈앞으로 다가와 총을 쏘는 격이다. 이 경우 형이 중중으로 겹친다고 표현할 수 있다.

이러한 운이 되면 그 형상이 아주 강하게 나타난다. 이 같은 형상의 겹침이 일어나 길신(吉神)이 당하면 때로 극한의 살기로 죽음에 이를 수 있다. 삼형살은 아차하면 두려운 일에 도달할 수도 있다.

그나마 가벼운 때는 주변 사람들과 다툼으로 관재구설수가 있게 된다. 흔히 형살이 있는 사주의 주인은 전생에 업이 있다고 말한다. 그래서 전생의 업을 갚기 위해 덕을 쌓는 일을 게을리하지 말라고 한다. 이와 같은 일을 찾으니 활인(活人)이 좋다고 하는 것이다. 사람을 살리는 직업이다. 활인은 종교와 사람을 살리는 일로 대변되는데 의사가 좋은 예다. 그와 더불어 마음을 가지런히 하고 시기심이 발동하고 폭발적으로 나타나는 성격이나 행동을 다스려 좋은 방향으로 이끌어갈 수 있도록 노력해야 한다.

삼형살은 인사신(寅巳申), 축술미(丑戌未) 세 글자로 이루어지는 살이다. 여러 가지 살 중 가장 작용력이 강하다. 삼형살은 안정감을 깨뜨린다. 개혁하는 기질이다. 단점만 있는 것이 아니다. 원국에 삼형살이 자리하면 장점이 드러난다. 장점은 자기 소신이 뚜렷하고 카리스마가 있어 정의로운 지도자가 될 수 있다. 단점도 있다. 사고, 질병, 소송, 형액이 발생한다. 근본적으로 원국에 삼형살이 자리하면 냉정하고 자기주장이 세다. 반드시 수술수가 있다. 동분서주하며 늘 바쁘다. 경찰, 군인, 의사 등 생사여탈권을 쥐는 직업을 가지면 좋게 작용한다. 사주원국에 2개의 글자가 있다가 대운이나 세운에 한 글자가 와서 완벽한 삼형살이 형성되면 작용력이 무섭게 일어난다.

- 일주가 강한데 사주가 좋으며 삼형이 있으면 권력을 쥔다(정치가, 군인, 경찰, 검찰 등으로 출세한다).

- 일주가 강하고 사주가 나쁘며 삼형이 있으면 깡패 두목이나 건달이 된다.
- 일주가 약하고 사주가 좋지만 삼형이 있으면 출세는 하나 사고나 병으로 단명한다.
- 일주가 약한데 사주도 나쁘며 삼형이 있으면 병을 앓고 평생 되는 일이 없어 거지가 되고 행려병으로 사망하거나 단명한다.

삼형살	
寅巳申	丑戌未

【집중】   삼명통회(三命通會)

흔히 명리학의 5대 고전을 들라면 각각 《자평진전(子平眞詮)》, 《연해자평(淵海子平)》, 《국통보감》, 《명리정종(命理正宗)》, 《삼명통회(三命通會)》를 들기도 한다. 물론 규정된 것은 아니어서 《적천수》가 5대 고전에 들기도 한다. 《삼명통회》는 내용이 방대한 명리학 서적이다. 아직도 그 내용이 완벽하게 밝혀지지 않은 책이다. 명나라 시대 육오(育吾) 만민영(萬民英, 1523~1566)이 총 22권으로 집필하였다. 이 책은 최초의 '명리학백과사전'이라는 명예를 가지고 있다.

《삼명통회》는 명리 이론이 매우 방대하다. 다른 서책과 달리 다소 체계화가 덜 되어 있는 편이다. 따라서 발심하여 입문한 초학자들로서는 이해하기가 다소 어렵다. 《삼명통회》는 옛날의 간명방법인 삼명학(三命學)과 새로운 간명법인 자평명리학의 모든 이론을 적용하고 총망라했다. 《삼명통회》는 귀중한 국가지식으로 인정되어 중국에서 《사고전서》에 수록되었다. 청나라 건륭제가 만든 《사고전서》는 기존의 어느 서적과 비교할 수 없는 어마어마한 규모의 대형 백과사전이라고 할 수 있다. 명대 이전의 모든 명리학설이 《삼명통회》로 합해졌다는 설이 힘을 얻는다. 또 명대 이후 모든 명리학은 《삼명통회》에서 파생했다는 찬사를 듣는다.

인사신

인사(寅巳)도 상형되고 인신(寅申)도 상형된다. 인사신(寅巳申) 삼형을 지세지형(持勢之刑)이라 한다. 이는 세력을 의미한다. 세력을 가지고 다투는 격이다. 두 글자로 이루어진 것이 아니라 세 글자로 이루어진 삼형살은 가장 강한 파괴력을 지니고 세력을 이끌기 때문이다. 가장 강력한 형태의 결과가 나타난다.

사주원국에 이러한 삼형살이 있으면 자기 세력을 믿고 기고만장한다. 주저할 것이 없다. 거칠게 행동한다. 거칠 것이 없으며 세력의 힘이 강하니 무조건 나아간다. 결국 거세게 나아가다가 좌절되기 쉽다.

하지만 무조건 나쁘다고 할 수도 없다. 연장은 사용하기 나름이다. 삼형살도 사용하거나 적응하기 마련이다. 활인업에 종사하는 것이 가장 이상적이다. 판사, 검사, 변호사, 의사, 약사, 한의사, 간호사, 셰프, 도살장 근무 등이 좋다.

인사신은 12운성으로 대비하기도 한다. 사주의 년월일시 구성이 제왕(帝王), 장생(長生)으로 이루어져 있으면 이로운데, 이러한 사주는 위진만리(威振萬里)라 하여 만리에 위엄을 떨친다고 한다. 그러나 년월일시 흐름에서 쇠(衰), 절(絶), 사(死), 묘(墓)로 진행되거나 이러한 12운성이 주로

1989년 1월 20일(음력) 신시			
천간	丙	丙	丙	己
지지	申	辰	寅	巳

병진일주에 병병이 병립(병존)한다. 지지는 인사신 삼형이 이루어졌다. 일지에 자리한 진이 어떠한 지지와도 합의 관계를 형성하지 못하기 때문에 인사신 삼형의 흉의가 강하게 드러난다.

깔리면 소아마비에 걸리기 쉽고 재앙이 많으며 남자는 어리석고 여자는 고독한 팔자가 된다.

축술미

축술상형(丑戌相刑)이 이미 이루어졌고 축미상형(丑未相刑)도 된다. 두 상형이 만나 축술미(丑戌未) 삼형을 이루었다. 축술형과 축미형이 무은지형(無恩之刑)이라 하였듯 축술미 삼형도 무은지형이라 한다.

지지에 축술미 삼형살이 이루어지면 성질이 냉정하다. 차가운 심정을 지니니 성정이 뱀과 같다. 따라서 친구가 없으며 외로울 수밖에 없다. 대립이 심하고 사람을 깔보는 성격이 드러나 사람을 사귀기에 편하지 않다.

평소 은혜를 입어도 배반하고 은혜를 모르니 은인을 해치고 만다. 타인의 비밀을 남에게 잘 알려주니 진심을 보이기 어렵다. 그에게 진정으로 사실을 말하기 어렵다. 진실로 믿을 수 없는 사람이다. 축술미 삼형살을 지닌 사람에게 자신의 비밀을 말하면 언젠가 반드시 부메랑이 되어 돌아온다.

비밀을 이야기할 대상이 아니다. 속마음을 터놓으면 나중에 반드시 비수가 되어 돌아온다. 좋은 의도가 나쁜 의도로 변한다. 따라서 신의가 없다고 한다. 비밀을 지키지 못하고 남의 비밀을 떠벌이니 비의지도(非義之道)를 쓴다. 사고가 불량하고 행실도 불량하다. 여자는 산액이 있다.

축술형과 술미형이 합쳐진 결과가 드러나기 마련이다. 특히 건강에서는 비장과 위장에 탈이 많은데 이는 축술미 삼형이 모두 토의 오행으로 이루어져 탈이 나기 때문이다.

2009년 10월 17일(양력) 4시 20분			
천간	戊	乙	甲	己
지지	寅	未	戌	丑

을미일주이다. 월간에 갑이 있어 등라계갑이 이루어졌다. 년지 축, 월지 술, 일지 미가 축술미 삼형을 이루었다.

4) 자형(自刑)

자형은 같은 지지의 글자가 나란히 서는 것이다. 이는 같은 기운을 지닌 두 글자가 서로 대립한다는 의미가 강하다. 오오(午午), 진진(辰辰), 유유(酉酉), 술술(戌戌), 축축(丑丑), 미미(未未), 해해(亥亥) 일곱 가지이다.

자형						
午午	辰辰	酉酉	戌戌	丑丑	未未	亥亥

예부터 이르기를, 진오해유(辰午亥酉)의 자형(自刑)이니 진오와 오유를 자형이라 한다. 그것뿐 아니다. 자형의 종류는 다양하다. 현재는 지지의 12자 중 7자를 자형으로 본다. 그럼 정말로 7자만 자형인지 생각해볼 필요가 있다. 나머지 5자는 자형이 아니라는 근거를 찾기가 어렵다.

자형은 시간이 지나며 점차 늘었을 것으로 보인다. 옛 문헌에는 진진, 오오, 유유, 해해만 자형으로 기록된 적이 있으나 지금에 이르러서는 오오, 진진, 유유, 술술, 축축, 미미, 해해를 모두 자형으로 하니 일곱 가지이다.

최근 이론가들이나 술사들은 같은 자가 병립(병존)하는 12가지 모두를 자형이라고 판단해야 한다고 주장하기도 한다. 즉 지지의 12자 모두 같은 글자가 나란히 배치되면 자형으로 보아야 한다는 이론이 힘을 얻고 있다. 군이 5자를 배척할 이유가 없는 것이다. 또 배척해야 한다는 이론은 아직 없다.

자형은 왜 형인가? 이는 똑같은 두 기운이 상충하기 때문이라는 주장이 강하다. 풍수지리에서도 논의되듯 같은 힘을 지닌 두 힘이 대립하는 것을 말한다. 그렇다면 12개 지지를 살펴 모두가 같은 의미를 지녀야 할지도 모른다. 같은 글자 2개가 나란히 서면 모두 자형으로 풀어도 무방하다. 따라서 자형은 2개가 붙어 나란히 서야 하며 떨어져 있으면 그 효과는 극히 미미하다.

- 자형이 사주원국에 있으면 타인에게 의존하고 독립성이 적다.
- 매사 열성이 부족하고 일을 하면 용두사미격이다.
- 자존심이 강하여 쓸데없는 주장을 잘하고 적을 만든다.

POINT

자형 자형(自刑)은 똑같은 글자 2개가 나란히 서는 것이다. 달리 병존이라고 하거나 병립이라고도 할 수 있다. 2개 간은 기운이 대립하는 것이다. 따라서 늘 경쟁심리가 발동하고 대립하는 속성이 드러난다. 과거에는 4개를 자형이라 하였고 최근까지는 자형이 늘어나 7개를 인정한다. 지지의 글자는 모두 12자인데 이 중 7자가 자형이다. 나머지는 5개 글자인데 아직 자형으로 인정하지는 않는다. 그러나 곧 나머지 5개도 자형으로 분류될 것이다.

- 속마음이 험독(險毒)하며 지능이 부족하고 불구가 되기 쉽다.
- 혹 자식이 질병이 있기도 하고 처가 병이 있기도 하다.
- 스스로 자신을 해하는 행동을 한다.
- 경쟁을 좋아하고 늘 타인과 대립한다.

오오자형

같은 글자가 나란히 서면 자형이다. 오화(午火)는 화기(火氣)의 극왕지세인 절기이다. 가장 강한 열기와 빛을 뿜어내는 시기이다. 자오묘유는 왕지라고 부르듯 왕성기(旺盛期)이다. 화의 기운으로는 가장 강한 글자이다. 화기가 가장 왕성한 절정기이다.

오화의 지장간 병화(丙火)가 가합(加合)하면 불타오르는 것과 같다. 오화는 모닥불이다. 그러나 오화가 2개 겹치면 모닥불이 아니고 산을 태우는 것이나 같다. 열기가 하늘을 충(沖)하듯 뻗치고 빛이 사방으로 번진다. 지장간에 자리한 두 병화가 강렬하게 합하니 모든 것을 녹여버릴 듯 염열(炎熱)이 된다.

세상의 이치는 하나도 그른 것 없다. 오화는 작은 불이라는 의미도 있다. 모닥불 정도이다. 그러나 모닥불이 커지면 산불이 된다. 불이 나서 화기가 강왕하면 인간이 감히 접근하지 못한다. 산을 태워버리는 산불에 접근하기는 쉽지 않다. 접근하면 주변도 모두 태워버린다. 때로는 산불 진압에 나선 사람을 집어삼켜버리기도 한다.

때로 지나치게 강하면 폭발성을 드러내기도 한다. 일순간에 폭발하여 무서운 화염을 사방으로 분사하며 재만 남는다. 오오자형(午午自刑)은 이러한 이치를 드러낸다. 지나치게 강하면 자신도 피해를 보는 격이라 자학, 자해의 액이 사주 주인의 몸에 닥친다. 자신 스스로 해를 입히는 결과를 낳는다.

정오라고도 한다. 태양이 중천에 떴다는 표현이다. 오(午)는 태양이 활성화된 모습이다. 모닥불이라는 물상도 가능하지만 태양이라는 물상도 가능하다. 지장간 병화가 바로 태양이다. 오오자형은 태양이 중천에 위치하여 만물을 향해 따사로운 빛을 내리쬐어 조사(照射)하는 위력도 있다. 이는 온화하고 생물을 자라게 하며 식물의 열매를 맺게 하는 힘이다. 오오자형이 반드시 부정적 의미만 있는 것은 아니어서 길하게 되면 용감하고 과단성 있는 성격을 드러낸다.

오오는 밝은 빛이다. 긍정적인 현상으로 나타나기도 한다. 밝은 빛은 민속적인 성향을 드러낸다. 밝은 빛은 강인하고 투지가 불타는 모습을 드러낸다. 꺼지지 않는 불굴의 모습이다. 오오자형은 형이니 관으로 진출하면 법집행의 모습이다. 오오의 모습은 양인(兩刃)이라 칼을 든 것과 같으니 수술의 의미도 있다. 따라서 오오자형을 지닌 사주는 일생에 반드시 수술 경험이 있게 된다고 본다.

사주원국에 오오자형이 있으면 밝음이니 굴함이 없다. 위세당당의 풍모를 드러내며 사물을 살필 때 밝게 관찰하는 성향이다. 밝은 성정도 나타난다. 밝음이니 세밀함이다. 어둠을 밝히는 것이다. 세밀하고 밝게 보는 것이다. 탐사, 탐지, 사찰, 수사와 같은 탐구의 성격이 돋보인다. 밝은 것이니 명백함을 추구한다. 구명, 심판의 기준을 가지고 사물을 대한다. 화기의 기운이 강하다는 것은 예술성을 나타낸다. 화려함을 추구한다.

센스가 있다. 문화적 성향이 나타날 가능성이 높다. 선양과 목표를 이루는 현달의 목적을 드러낸다.

오오자형이 흉하게 작용하면 날카롭고 무지막지하다. 과감성을 지나 괴강살(魁罡殺)의 특징을 드러낸다. 파괴적이다. 모두 태워버리는 격이다. 칼날을 드리운 듯 양인의 특징이 드러난다. 오(午)는 양인의 성격이다. 양인의 특징과 괴강살의 특징이 드러나니 충돌, 폭행, 살인, 수술, 횡포, 횡액, 자살과 같은 행위와 결과를 만들어낸다.

오오는 불길이고 빛이다. 두 글자가 겹쳐 그 힘이 강폭해지니 화염, 가스사고, 폭발사고, 분신자살, 화기사고와 같은 횡액이 즐비하게 나타나고 절단, 시력을 잃는 것과 같은 피해가 따른다.

1975년 4월 2일(음력) 오시			
천간	戊	戊	辛	乙
지지	午	午	巳	卯

무오일주에 무토가 병립(병존)이다. 무오는 양인살인데 두 개가 병립하니 배우자가 아플 가능성이 높다. 지지는 사오화국에 오화가 나란히 병립하여 오오자형이 이루어졌다. 오오자형은 왕지의 자형이라 파괴력이 놀랍다.

진진자형

진(辰)은 수(水)의 묘고(墓庫)이다. 수가 모이는 창고다. 때로는 묘가 되기도 한다. 또한 법의 창고라고 해석한다. 창고이니 사물을 보관한다. 물건을 쌓아둔다. 주로 물질을 보관하고 저장하는 곳을 창고라고 하듯 사주에서 진술축미로 나타나는 토의 지지오행은 창고라고 해석한다.

법의 창고이니 구류장이다. 영창이고 교도소이다. 범법자를 구속, 억류, 감금, 억압하는 작용을 한다. 군중을 모으거나 집합하는 역할을 한다. 시장이나 회의장, 세미나장, 경기장, 군부대와 같이 집단이나 세력을 형성하기도 하는 역할로 나타난다. 사주에 진진이 병립하면 자형이기도 하지만 사람을 모으는 일에 적격이다.

진진은 물의 창고이기도 하므로 해수산물의 냉동보관을 의미하기도 한다. 냉장고이다. 냉동창고이다. 진술축미는 창고이니 물자의 보관, 저장을 나타내고 토를 나타내는 오행이므로 땅, 대륙, 바다와 같은 광범위한 영역을 뜻하기도 한다.

사주원국에 자리한 진진자형(辰辰自刑)의 작용이 좋게 나타난다면 법을 집행하는 법관, 검사, 경찰관, 일반 회사의 감사, 정보 담당자, 감찰직 등의 직업에 종사할 가능성이 높다. 그밖에 직업을 택한다면 회의와 관련된 조직, 단체가 해당된다. 보관, 저장, 포장, 냉동창고, 시장에 관련 있으며 건축, 일반 공사, 개수, 수리와 같은 토목 일반의 한 부분을 담당한다. 그밖에 일적인 개념의 포장과 관련 있는 직업이 어울린다. 이와 관련된 직업을 찾는다면 가장 이상적이다.

진진자형이 흉하게 작용되면 억압, 구속, 억류, 재판에서 실형 선고, 송사, 구설 시비가 일어나고 병으로는 유혈, 위장병, 피부병, 신석증(腎石症)

1964년 3월 10일(음력) 13시 53분			
천간	癸	庚	戊	甲
지지	未	子	辰	辰

경자일주에 무진의 괴강성이 드러난다. 지지는 년지 진과 월지 진이 나란히 배치되어 진진자형이 이루어졌다. 진진은 물의 기운이 강한 글자의 대립이다. 물과 관련된 사고가 일어나거나 몸의 기관에서 물과 관련된 장기에서 문제가 발생할 가능성이 높다.

등이 작용한다. 사회적으로 일어날 수 있는 흉한 일들로 흉액이 범람하고 붕괴, 유실, 파도, 풍랑 등의 피해가 일어난다.

【아차!】　　　　　　　　　　　　　　　　　　　　　　**콩팥돌증(신석증)**

콩팥돌증(신석증腎石症)이란 무엇인가?

사주원국에 진진자형이 있는 경우 콩팥돌증이 있을 수 있다. 신장질환으로 면역매개 질병이다. 콩팥돌증이란 신장 안에 형성된 결석증을 말한다. 결석은 보통 신우나 방광에 위치해 일반적으로 신장결석이라 한다. 원인은 수산칼슘 결석, 스투루바이트 결석, 요산 결석, 다른 광물형태 혼합형 결석 등이 있다. 증상은 다양한데 없거나 배뇨장애와는 관련 없는 혈뇨, 하부 요로계 감염 증상, 주기적인 복부와 옆구리 통증, 요독과 관련된 증상이 나타난다.

유유자형

유금(酉金)은 계절적으로 금기(金氣)가 매우 강한 시기이다. 또 금의 기운이 절정에 달하는 이 시기를 왕기라고 한다. 왕기는 어떤 기운이 절정에 달했음을 말한다. 이미 수없이 전술(前述)한 것처럼 자오묘유는 왕기이다.

금의 기운이 매우 강한 장성지기에 이른 시기이다. 이 시기는 가을의 절정이기도 하다. 가을의 기운은 금의 기운이다. 숙살지기(肅殺之氣)의 기운이다. 단단하고 날카로우며 서리 같은 차가운 기운이다. 유금은 차가움의 대명사라고 해도 지나친 말이 아니다. 금의 기운이 견고하고 첨예하다. 날카로운 칼날 같은 기운이 작용하는 시기이다.

유유의 지장간에는 금의 기운이 중중하다. 유금의 지장간에는 각각 경

(庚)과 신(辛)이 암장된다. 모두 강하고 차가운 금의 기운이다. 이 강한 금의 기운으로 인한 자형이 성립된다. 금의 기운은 날카롭고 강하며 차갑다. 이러한 기운이 서로 대립하고 부딪친다. 어떤 경우에도 금기의 태강함을 면하기 어렵다.

금기(金氣)가 강하면 숙살지기라고 한다. 숙살지기는 사람을 베어 죽이는 기운이라 말할 수 있다. 또한 정신병을 유발하는 기운이다. 풍수지리에서 말하듯 숙살지기는 여자를 밖으로 나가도록 몰아내는 기운이다. 유유자형(酉酉自刑)이 일어나면 숙살지기를 발하여 사물의 성장을 억제한다. 그뿐 아니라 첨예한 금기가 사지나 손가락·발가락의 절단, 자상으로 나타나고 매사 타인으로부터 억압과 같은 영향을 받는다.

유금(酉金)은 근본적으로 여자를 상징한다. 정확히 여자의 성기를 상징한다. 깊은 자궁이라는 의미다. 따라서 유유자형이 있는 여자는 생리에 좋지 않은 현상이 나타난다. 생리통, 산후통과 같은 영향이 늘 나타난다.

모든 형이 부정적인 것은 아니다. 유유자형이 길하게 작용하면 긍정적 요소를 나타낼 수도 있다. 절단과 같은 금의 기능에 충실한 현상이 긍정적으로 나타난다. 어떤 일에 대한 제제, 공업적 제제·제련, 산업용에서 절단, 재구성, 재단이 이에 해당한다. 구역이나 면적을 가름, 나눔, 분할, 조섭, 전정(剪定), 절제, 예단(豫斷), 구획정리, 조기, 재단, 방정, 절개, 시정, 변경, 보완, 갱신, 재발견, 조숙, 결실, 경화(硬化), 응고, 응집, 집결, 집합, 취집, 그룹, 무마, 수화, 자활, 생산 등에 관련한다.

유유자형이 흉하게 작용하면 부정적인 현상이 나타난다. 같은 현상이라도 부정적인 것과 긍정적인 것이 다르다. 자르는 것이 사용하기 위해 자르는 것과 어쩔 수 없이 잘리는 것이 다른 것과 같은 이치다. 사물절단, 사지절단, 수족절단, 자상, 창상, 훼손, 복개, 수술, 시술, 상해, 상처, 자침, 부러짐, 깎임, 무너짐, 숙살과 같은 신체에서 불합리한 현상이 일어난다. 국제적이나 현상적으로는 전쟁, 억압, 감금, 숙청, 통제, 영어(囹圄), 납치, 고립, 결박, 고문과 같은 일이 발생하고 출혈, 칼로 상해, 자진(自盡), 자결, 자살, 음독, 총탄으로 인한 사고가 나타나 극한 상황으로 몰린다. 요통, 간장(肝腸)통, 통풍, 무릎·팔·다리·손가락·발가락의 통증이 일어난다.

1949년 윤7월 24일(음력) 15시 53분			
천간	壬	己	癸	己
지지	申	酉	酉	丑

윤달에 태어났고 기유일주이다. 기유일주는 수렴의 기운이 강하나 차가운 심성을 지녔다. 월지가 유이고 일지가 유이니 유유자형이 이루어졌다. 유금은 매우 차가운 글자이고 차가운 심성을 이야기한다. 계유는 매우 뛰어난 감각을 의미하기도 한다. 여자 사주에서 유유자형이 나타나면 산후통과 같은 현상이 두드러진다. 유(酉)자의 속성 때문이다.

술술자형

술(戌)이라는 글자 속에는 칼이 있다. 술이라는 글자를 이루는 과(戈)라는 글자는 흔히 창이라고 읽힌다. 그러나 과(戈)라는 글자는 예부터 전쟁용 무기인 창이 아니라 범인을 죽일 때 사용하는 무기라는 이치도 있다. 따라서 술이 겹쳐 술술자형(戌戌自刑)이 되면 칼을 맞는다 혹은 수술을 한다는 의미가 되기도 한다.

술술자형은 스스로 비판하는 성질이다. 자신을 책망한다. 자학하고 비하한다. 때로는 술술(戌戌)이 겹치니 토중첩(土重疊)이라 태만해지기 쉽다. 사람을 깔보는 성격이 나타나기도 한다. 아무런 의미 없이 시간을 흘려보내기도 한다. 산 너머 산이라 앞이 보이지 않고 안개 속처럼 답답하기도 하다.

본시 토가 과하게 중첩되면 사람을 무시하는 성정이 드러난다. 토의 중첩이 그렇다. 술술자형도 토의 중첩이다. 사람을 무시하는 성향이 생긴다. 사람과 사이에서 대립이 심화되거나 욕을 먹는다. 자기주장에 물러서지 않으니 적이 생긴다. 때로 절간에 들어가 있는 것처럼 기운이 없다. 어쩔 수 없이 다가오는 불합리한 일에 노출된다. 불가항력적인 상황이 오니 어쩔 도리가 없다. 모든 것을 버려야 하나? 사상적으로 철학적이 되기도 한다. 현실의 공부는 물론이고 원대한 뜻을 포기하기도 한다.

토의 대립이고 토의 충돌이다. 대립이며 충돌이다. 토가 나란히 서니 토의 긍정적 성격과 부정적 성격이 나타난다. 물론 토가 충돌하니 소토의 현상이 일어나기도 한다. 토가 토를 충하고 대립하니 개고(開庫)가 이루어진다. 소토는 일의 시작, 전직, 긍정적 업무 시작 등의 일들이 일어난다. 소토의 결과와 현상은 긍정적이지만 반드시 소토만 일어나는 것은 아니다. 토의 지나친 대립으로 부정적 현상도 다수 일어난다. 특히 건강에서는 토의 대립으로 위장과 비장, 십이지장과 췌장에 무리가 오거나 심한 병이 온다. 자형으로 인한 현상과 결과는 대부분 다른 자형과 그다지 다르지 않다.

1960년 10월 25일(양력) 신시			
천간	丙	丙	丙	庚
지지	申	戌	戌	子

병술일주에 병병이 삼립(삼존)이다. 천간에 같은 글자가 3개 투간하면 부자의 명일 가능성이 높다. 그런데 지지는 술토가 연속 2개가 나란히 병립하여 자형이 이루어졌다. 지지는 술토가 연속 2개가 나란히 병립하여 자형이 이루어졌다. 임진왜란의 영웅 논개의 사주는 지지가 모두 4개가 나란히 술토였으며 일설에는 영조의 사주도 지지가 모두 술토였다고 전한다. 술(戌)자에는 칼을 의미하는 글자가 들어 있다. 쇠붙이에 다치거나 차사고 등이 염려된다.

축축자형

축축자형(丑丑自刑)은 술술자형이나 그다지 다르지 않다. 역시 토의 대립이고 토의 중첩이다. 축은 습기가 많은 토이다. 신장·방광 혹은 위장에 영향을 미친다. 토가 토를 충하고 대립하니 개고(開庫)가 이루어진다. 토가 토충을 하니 토가 중첩된 결과를 가져오기도 한다. 토가 중첩되면 위장에 병이 오고 사람을 무시하는 성정이 나타나기도 한다. 자신을 드러내지 않고 타인을 속이기도 한다.

토의 문제가 일어난다. 다른 토충의 결과로 일어나는 현상과 크게 다르지 않다. 축축자형의 특징은 신장에 매우 강하게 작용한다는 것이다. 이는 축이 토의 형상을 지니지만 내부적으로 물의 성질을 지니기 때문이다. 축토는 서릿발이 선 땅과 같다. 겉은 흙이지만 속은 얼음인 셈이다. 얼음도 물이다. 따라서 축축자형이 일어나면 물과 관련 있는 인체의 장기가 영향을 받는다. 축축자형이 이루어지면 허리디스크, 무릎의 병이 나타나고 신장에 무리가 와서 나타날 수 있는 현상들이 드러난다.

1997년 12월 18일(음력) 축시			
천간	癸	癸	癸	丁
지지	丑	亥	丑	丑

계해일주의 천간에 3개 계수가 투간되어 있다. 이처럼 같은 글자 3개가 연속 투간되면 부자의 명일 가능성이 매우 높다. 이 사주의 문제는 지나치게 차갑다는 것이다. 하나의 정화가 있으니 역부족이다. 년지가 축토이고 월지가 축토이며 시지 또한 축토이다. 축축자형이 흉악한 기운을 발휘한다. 하체의 병이 의심되고 차가운 기운에 의한 발병이 있을 것으로 보인다. 축(丑)은 무릎을 꿇은 모습의 상형자이기도 하다. 하체의 부상이나 무릎 아래의 부상이 염려된다.

미미자형

미미자형(未未自刑) 또한 토의 대립이며 토중첩이다. 토가 토를 충한다. 토가 나란히 선다. 대립하고 부딪치며 키재기를 한다. 때로 소토를 일으키기도 한다. 토가 토를 충하고 대립하니 개고가 이루어진다. 근본적으로 토의 문제가 일어난다. 토는 묘고이다. 충과 형으로 대립하면 창고의 문이 열린다. 개고는 변화를 가져온다.

미는 마른 땅이다. 사막토이다. 바람에 날리는 모래와 같은 땅이다. 열기가 있는 땅이다. 미의 지장간에는 정화가 자리한다. 미미의 대립이므로 지장간의 정화와 정화의 대립과 충돌이 일어난다. 지장간 을목과 을목의 대립과 충돌도 일어난다. 지장간 기토의 대립과 충돌이 일어난다. 충돌은 대립을 격화하지만 긍정적인 요소도 있다. 소토가 일어나면 잠자던 지장간의 기운이 일어나 시작을 나타낸다. 새로운 일을 시작할 때이다.

토의 문제가 일어나니 위장계통의 병을 조심해야 한다. 미토는 열토인지라 지장간 정화의 작용이 강하게 나타난다. 열토는 심장과 연관이 있

214

다. 때로 심장에 무리가 온다. 열기는 정신적인 문제를 가져온다. 조현병과 같은 현상이 나타나기도 한다. 자형으로 인한 현상과 대부분의 결과는 다른 자형과 그다지 다르지 않다.

2015년 7월 30일(양력) 미시			
천간	丁	丁	癸	乙
지지	未	未	未	未

정미일주에 천간이 정정의 화가 나란히 서서 병립(병존)이다. 지지는 모두 미토로 이루어져 있다. 자형이 국을 이루었으니 파괴력이 놀랍다. 여자 사주에서 지지가 모두 토가 배치되면 자식이 잘 들어서지 않는 경우가 있다. 지지가 모두 자형으로 이루어졌으니 폐해가 의심된다.

해해자형

해수(亥水)는 대단히 차가운 물이다. 음수이며 바다와 같은 물이다. 물은 흐르는 것이며 지형에 따라 그 모습을 변화시키는 물상이다. 거대한 물을 의미한다. 이 거대한 물이 다시 거대한 물을 만났으니 통제는 사실상 불가능하다.

해수는 천간의 임수와 같은 역할이다. 물의 흐름은 유통, 혈액과 같은 이치를 나타낸다. 수의 오행이 고갈당하거나 말라버리면 인체에 혈액과 관련된 병이 온다. 해수는 인체에서 혈액이나 소변에 해당한다. 따라서 해해자형(亥亥自刑)이 있으면 혈액의 순환에 문제가 발생할 수도 있으며 소변이나 대변의 배변에 문제가 발생하기도 한다. 혈액의 흐름이 나빠질 수 있다. 심혈관질환이 있을 수 있다.

이미 두 해수가 마주 보고 서서 대립하는데 다시 년운으로 해수가 오거나 대운으로 온다면 사태가 심각해진다. 해운에 다시 해수가 온다면 그 힘이 중압(重壓)된다. 이처럼 가형(加刑)을 이루면 바다가 넘치는 것과 같다. 지나치게 많은 수의 세력이 일정한 범위를 지나쳐 넘쳐흐르는 것과 같다. 이러한 현상이 신상에 미치면 당뇨나 고혈압증을 일으킨다. 신장과 방광이 깨진다. 따라서 해해자형에 해가 오거나 해가 운으로 들어오면 중증(重症)이 되기 쉽고 해해자형에 다시 충격을 가하면 매우 불길하다.

형이란 때로 타격을 주어 일깨우는 격이다. 반드시 나쁘기만 한 것은 아니다. 길하게 응용되면 물의 흐름이니 관련된 것과 연관이 있다. 청소, 세면, 환경 변화, 세족, 세수, 세탁, 집의 수리, 목욕, 청결, 정화, 청렴, 사정의 의미가 있다. 해해자형이 이루어지면 새로운 환경을 모색한다. 또 살고 있는 형상을 바꾸고자 하는 마음이 발동된다. 그동안 묵혀두었던 집을 청소한다.

해해자형은 천문지사이니 하늘의 조화로 인한 일이나 과정, 변화에 따른 혜택이 주어져 긍정적으로 풀리면 천신이 도운 격이다. 해해자형이 발동하면 선조와 관련된 일이 일어난다. 조상을 돌아보게 된다. 조상과 관련된 일을 하게 된다. 선영을 손보는 경우도 이에 해당한다. 산소의 수축이 해당한다. 납골당의 수리, 오랫동안 잊었던 벌초를 하게 된다.

긍정적인 판단도 있다. 정당한 생활, 신선함, 이어져오던 불운의 종식, 소화, 산아, 오래도록 자식을 낳지 못하던 사람의 일신상에 입태가 오고 출산 가능성이 높아진다.

자형은 근본적으로 흉하다. 해해자형이 흉하게 작용하면 물과 관련된 재앙이 따른다. 장마, 태풍, 파동, 동결, 범람, 동해(凍害), 서리, 음한, 폭풍,

해풍, 호우, 고기압, 저기압, 한파, 유실, 붕괴, 침수, 위축과 같은 자연현상에 노출되어 피해를 입거나 다친다. 주변의 변화나 부정적 시선에 따라 음흉, 풍파, 형액이 일어나고 폭우, 폭뢰에 피해를 본다. 절상, 두절, 파제 등이 따른다.

1999년 11월 19일(양력) 14시 11분			
천간	癸	乙	乙	己
지지	未	亥	亥	卯

을해일주에 천간에는 을목의 병립(병존)이다. 을목의 병립은 새의 무리를 나타내기도 하여 시끄럽다고 푼다. 지지는 월지와 일지에 해수가 자리하여 해해자형이 이루어졌다. 해해자형은 본래 의미가 있기도 하지만 차가운 글자의 형이라 몸에 냉증이나 물과 관련된 병이 오기도 한다.

5) 형(刑)의 통변

현대 명리학에서 형(刑)은 통변의 중요한 요소이다. 사실 통변이라는 말의 의미도 다양하기는 하다. 심지어 육친을 통변성이라 부르니 명리학에서 모든 요소가 통변이라고 할 수 있다. 형도 그와 같아 변화를 깨달아야 한다.

형을 해석한다? 아니, 통변한다. 물론 여러 가지 해석의 틀은 있다. 흔히 말하기를 합과 형충파해라고 한다. 형을 먼저 논한 것을 보면 형의 중요성을 알겠다. 대부분 연구가들은 충과 형을 두고 판단을 유보하는 경우가 있다. 어느 것이 더 중요한가?

고서를 살펴보면 다양한 주장이 제기된다. 일부 학자들이나 서적에서는 형(刑)을 일러 부당하다고 주장하며 인정하지 않는 내용도 있다. 반대로 형을 충보다 더욱 중요한 이슈로 받아들여 간명하는 학자나 서적도 적지 않으니 알 수 없는 일이다.

흔히 명리학에서 가장 중요하다고 말하는 책 중 하나가 《적천수》이다. 명리를 배운다면 반드시 읽어야 한다. 그런데 이 《적천수》에서는 '자묘(子卯)는 상생하는데 무슨 형이냐?' 하고 반문한다.

일반적 개념의 이론으로 접근한다. 형의 논증에서 자묘는 분명 상형이다. 자와 묘는 서로 형을 가한다는 이론이다. 그러나 달리 살피면 자는 수(水)요, 묘는 목(木)이니 수가 목을 생한다. 이는 형과는 다른 이치가 될 수도 있다. 생의 관계는 유정한 것이다. 즉 자는 묘를 생하는 관계이다. 자식과 어머니의 관계이다. 부모와 자식 간에 형이 성립한다는 말인가? 부당하다는 말이 일리가 있다. 당연히 수생목(水生木)이니 그럴 만하다.

이와 같이 오행의 생극관계를 적용해보면 자묘 관계는 당연하게도 생의 관계로 보인다. 오히려 자수가 묘목을 도와주는 관계가 아닌가 생각할 만하다. 초심자라면 당연히 그것을 파악해야 하고 형의 관계를 살필 것이다. 이 경우에 자형이 아니라고 해도 틀렸다고 할 수 없다. 그러나 자묘는 상형이다.

다시 살핀다. 술미(戌未)와 축미(丑未)는 같은 오행인데 무슨 형이냐고 따진다. 모두 토이다. 토의 대립이다. 같은 오행은 같은 기운인가? 어찌 보면 그렇다. 같은 오행이 있다면 힘이 강해지는 것 아닌가? 서로 힘을 보태 강하게 드러나는 것이 아닌가? 그런데 왜 형인가? 술미(戌未)와 축미(丑未)는 모두 토를 나타내는 오행이다. 토가 토를 형한다고? 어찌 그릴 수 있지? 사실 토는 이미 충의 관계이다. 토충(土冲)은 밭을 갈아엎는다는 의미로 받아들이기도 한다.

그뿐 아니다. 세밀하게 보지 않으면 모든 것이 이해되지 않는다. 인(寅)과 사(巳)는 부딪치는 관계가 아니라고 보아야 당연하다. 그럼에도 형이다. 목과 화이니 당연히 상생 관계이다. 이는 기본 이론이다. 어머니와 자식의 관계이다. 상생하는데 무슨 형이냐고 말하고 싶을 것이다. 그럴듯한 의견이고 반문이다. 나아가 인과 신은 이미 충이 되었는데 또다시 무슨 형이냐고 반문한다. 형과 충이 같이 작용한다는 것이 무엇을 의미하는지 알 수 없는 경우도 있다.

일반 명리학자들도 충은 심각하게 분석하지만 형은 무시하는 경우가 종종 있음을 알겠다. 혹자는 충보다 형의 작용이 더욱 크다고도 한다. 형과 충이 다른가? 그러나 깊이 파고들면 충과 형이 그다지 다르지 않다. 《적천수》에서 논하듯 상생과 충은 중요하게 여기면서 일부 형에 대해서는 그다지 중요하지 않게 취급하는 것이 사실이다. 그러나 그 결과를 이야기하면 충보다 강한 작용으로 나타나는 경우가 많으니 무시할 수 없다.

형의 종류도 다양하다. 상형만 이야기할 것이 아니라 같은 글자끼리 만나는 자형(自刑)만 해도 그렇다. 사실 자형(自刑)은 자형(字刑)이라고 보아도 무방하다. 지금까지는 자형도 일부 글자에만 인정하고 있다. 달리 생각하면 자형으로 정해진 일곱 가지만 작용력이 크다는 것이지 다른 글자가 자형이 아니라는 게 아닐 수도 있다.

풍수지리를 빗대어 설명한다. 같은 기운을 지닌 2개가 나란히 서면 대립한다. 자형이 그렇다. 모든 글자가 같은 글자를 만나는 것을 자형으로 보아야 한다고 생각한다. 최근에 자형을 뺀 나머지 글자들이 나란히 서면 상존(常存)이라 푸는 경우가 있는데 결국 자형과 같은 의미로 해석한다. 결과도 같이 나타난다. 이를 다시 병존(竝存)이나 병립(竝立)으로 풀거나 이해하고 적용하는 것도 하나의 방법이 될 것이다.

정말 형이 무력한가? 아니면 예부터 형이 없다고 하였는가? 그렇다고 《적천수》에서 형의 흉을 말하지 않은 것은 아니다. 결국《적천수》에서는 상생이나 충이 되는 일부의 형에 대하여 못마땅하게 생각한다는 것이지 형의 종류를 모두 부당하다고 주장하는 것은 아니니 형을 인정하지 않는다고 할 수는 없다.

형(刑)이란 잘못을 벌하는 것이다. 형이란 틀에 묶어놓고 칼을 내리치는 글자의 형상이다. 무서운 의미를 지닌 글자이다. 살벌하다는 말이 어울린다. 다시 말해서 쓰임이 올바르지 않을 때 형벌로써 다스리는 것이다. 형벌이란 무서운 것이다. 사고가 생긴다. 몸에 이상이 온다. 죽임을 당한다. 베인다. 결국 남에게 잡혀 묶인다는 의미가 있는 글자이다. 명리학에 쓰이는 글자는 그 의미뿐 아니라 때로는 글자의 형태도 중요하다.

통변하기를 형(刑)을 만나면 형사사건, 수술, 사고 등이 나타난다고 언급한다. 별로 유쾌하지 않은 일이 나타난다는 것이다. 피해를 보는 일이 일어난다. 제어할 수 없는 일이 일어난다. 형은 근본적으로 아프다는 의미가 있기도 하다. 묶인다는 의미도 무시할 수 없다. 조금 더 깊게 말하면 사고로 인한 수술, 질병에 의한 수술, 정신이상, 신체장애, 교통사고, 음주운전, 교통위반이 일어날 가능성이 많다는 것이 포괄적 통변이 될 것이다.

형의 판단을 어찌 개인이나 회사, 조직에만 적용할 수 있을까? 가정사에서는 부부이별, 부부싸움의 가능성을 점칠 수 있으며, 사회적으로는 대인관계의 어긋남으로 인한 감정 상함과 상해 그리고 폭행, 투자 손실, 흔히 관재구설이라 말하는 구설수와 관청에 의한 원하지 않는 억제 등이 있을 수 있다.

자형의 경우 글자에 따라 그 요인과 현실, 결과를 달리 말할 수 있다. 사실 형이란 인간사의 좋지 못한 일을 모아놓은 것 같은 느낌이다. 그래서 나는 형을 충(沖)에 앞서 해석하는 경우가 많다. 우리가 말할 때 형충파해(刑沖破害) 순서로 말하지 충형파해라고 하지 않는 것처럼 말이다.

사실 인생사에는 반전이 있다. 충이 늘 나쁜 것이 아니고 합이 늘 좋은 것이 아니라는 이론은 풍수지리의 생룡중사룡(生龍中死龍)이고 사룡중생룡(死龍中生龍)이라는 반어법이 생각나게 한다.

형(刑)이라는 단어가 이렇게 반드시 부정적인 것만은 아니다. 명리학에서는 형(刑)을 만나면 좋지 않지만, 구하고자 하는 일이 있다면 형(刑)이 아니면 구하지 못한다고 하였다. 형이 있어야 변화가 있다. 또 이루고자 하는데 이루어지지 않는다면 형이 되는 조짐을 살펴보아야 한다고 말한다. 이 또한 형의 작용이 반드시 나쁜 것이 아니라 무언가 변화를 하려면 형이라는 것을 거쳐야 하는 것을 의미한다.

인간의 삶에서 음양과 오행의 순리는 법도를 넘어 존중되고 적용될 수밖에 없다. 인간의 순리와 질서를 위해 적용하는 것이 법도이니, 이것을 잃지 않으면 형(刑)은 일어나지 않는다. 형은 어그러짐에서 일어나는 것이고 부딪침으로 일어나는 것이다. 부딪침이 없으면 일어나지 않는다. 부딪침으로써 변화가 있는 것이다. 형이란 글자와 글자가 부딪침으로써 변화가 일어나는 것이다.

인간과 인간의 만남에도 서로 존중하는 순리를 따르면 형이 일어나지 않는다. 변화가 형이다. 형이 있다면 변화가 있다. 싸우고자 하고 지배하고자 하며 위력을 과시하고자 하여 충돌이 일어나면 그것이 형이다. 형이 있은 후에 재개편이 있다. 하지만 이루고자 하는 일이 있다면, 그리고 구하고자 하는 것이 있다면 가만히 기다린다고 하여 이루어지거나 구해지는 것이 아니다.

형은 변화의 시점을 말한다. 변화가 요구되는 시점을 파악해야 한다. 그것이 형이다. 잘못된 어떤 일에 대하여 수정을 가해야 비로소 그 일이 순조롭게 돌아간다. 사주 풀이에서 형이 온다는 것은 바로 그런 시점이 왔다는 것이기도 하다.

기다리는 것이 움직여 부딪쳐야 오는 것이 형이다. 형이란 바로 그런 것이다. 하늘과 인간, 땅과 인간, 인간과 인간 사이에 뭔가 어긋나는 것이 있거나 잘못이 발생하면 그것이 바로 형(刑)이다. 그러면 그것을 고쳐야 하는 것이니 깨닫고 움직여야 한다. 형은 움직임의 시작이다. 어긋나는 것을, 어긋나는 시기를 보여주는 것이 바로 형이니 심사숙고해야 한다. 삶에서 무엇이 문제인지 깨달아서 바로잡아야 한다. 그래야 흉이 길로 바뀐다. 형(刑)은 바로 그런 것이다.

명리학자들은 많은 사람을 간명하며 인생을 본다. 그중 형의 작용도 파악하게 된다. 어찌 보면 형의 작용은 인간의 행운(行運)을 살피는 요소에서 아주 작은 부분으로 치부될 수 있을 것이다. 그러나 간명 중 형(刑)을 만나면 심사숙고해서 파악하고 무조건 흉하다고 할 것이 아니라 변화를 주목해야 한다. 이는 진로를 수정할 것이지 반드시 나쁘다고만 판단할 것이 아니다.

형은 인간의 정신과 물질에서 발생한다. 충과 그다지 다르지 않다. 부딪침이 일어나는 곳에서 나타나는 현상이다. 정신에 문제가 있다면 정신의 충돌이 일어나므로 정신세계에서 무엇이 문제이며 무엇을 바꾸어야 하는지 알려주어야 하고 바뀌어야 하는 부분을 제시해야만 한다. 따라서 각각의 형에 대한 연구가 절실하다. 모든 형은 같지 아니하기 때문이다. 또 물질계에 문제가 있다면 그 물질계에서 잘못된 부분을 수정해서 올바르게 잡아야 한다. 그래야 흉을 길로 바꾸는 올바른 통변이 된다.

4. 충(沖)

역학의 기초이론에 따르면 합과 형충파해가 있으며 이 중에서 가장 작용력이 강한 것은 합(合)과 충(沖)이다. 혹자는 형(刑)의 작용력이 크다고 주장하기도 한다. 일견 틀리지 않은 말이라는 생각이 든다.

천간이든 지지이든 합이 만남, 결합, 화합, 기쁨이라는 다양한 의미를 지니고 있는 것과 비교하여 충은 매우 불안전한 측면의 의미를 가지고 있다고 푸는 것이 일반론이다. 즉 이별, 충돌, 다툼, 슬픔과 같은 의미를 가지며 대인관계에 막대한 영향을 미친다고 보는 견해다.

사주를 간명하다보면 다양한 이론과 기법을 적용하게 되는데, 가장 먼저 적용하거나 사용하는 기법의 하나가 단연 합과 충이다. 합은 만나 합해지는 것이다. 1 + 1은 1이다. 합은 만나서 합해지고 묶이는 것이다.

충이란 부딪치는 것이다. 다른 무엇인가가 충돌한다. 서로 부딪친다. 두 힘이 부딪치는 것이다. 힘과 힘이 부딪치면 결국 어느 한쪽이 깨지거나 양편이 모두 깨지기 마련이다. 따라서 충은 깨진다는 의미가 있다.

충의 근본 원리는 오행의 상극관계이다. 상극이란 목극토(木剋土), 토극수(土剋水), 수극화(水剋火), 화극금(火剋金), 금극목(金剋木)과 같은 자연의 법칙에 따라 이루어진다. 이러한 오행의 관계에서 상극이란 어느 하나의 오행이 상대 오행을 완벽하게 제압하는 개념이다. 그러나 서로 대치하여 할퀴고 상처를 주는 관계가 성립되기도 한다. 이러한 경우를 충(冲)이라 한다. 즉 일방적으로 어느 한편이 터지거나 상처를 입고 물러서는 관계가 아니라는 말이다. 어느 한편이 일방적으로 불리하지 않고 양쪽 힘의 크기에 따라 유리·불리, 성패가 갈린다.

충이란 근본적으로 음양의 대치상황이고 방향의 대치상태이다. 음양의 실체라고 할 수 있는 화수(火水)의 대치상태를 의미한다. 또 화의 오행과 수의 오행이 대치상태로 분화하면 화수목금(火水木金)의 오행상태가 되는데, 이 또한 대치상태가 된다.

오행이 다시 분화하면 천간과 지지의 대결국면으로 충의 대립관계가 만들어진다. 이때 천간 또한 오행과 마찬가지로 대치상태가 되어 충이 되며, 간지의 충돌지점은 양과 음, 음과 양의 위치에 해당하므로 천간지지의 충은 양양(陽陽), 음음(陰陰)의 동일한 음양의 충이라 할 수 있다.

일부 이론에서는 근본적으로 충이 방향과 계절의 충이라고 말한다. 따라서 천간은 방향의 개념과는 거리가 멀기 때문에 천간충은 없어야 한다는 일부 학인들의 주장도 있지만 고래로 천간의 충도 인정받고 있다. 아울러 사주를 간명할 때 천간의 합을 살피듯 천간의 충도 살피니 없다고 하기는 어렵다.

천간의 10자에서 무기토(戊己土)는 중화의 의미이고 중앙의 위치에 자리해 모든 것을 수용한다. 따라서 중재하고 중화하니 충이 없다고 하고 갑경(甲庚), 을신(乙辛), 병임(丙壬), 정계(丁癸)의 4쌍이 충을 하고 무기(戊己)는 충이라 하나 어떤 효과나 여파가 없으므로 허충(虛沖)이라 한다.

지지의 충은 오행이 사상으로 변환되니 방향성을 지니게 된다. 따라서 진술축미(辰戌丑未)의 토의 오행이 목화금수(木火金水)를 중재하기 위해 배속되었으므로 서로 대치점에 있는 지지들이 생지는 생지끼리, 왕지는 왕지끼리, 고지는 고지끼리 충을 하게 된다. 따라서 인신(寅申), 사해(巳亥), 자오(子午), 묘유(卯酉), 진술(辰戌), 축미(丑未)가 충이다.

충은 서로 대칭적인 구조를 지닌다. 그래서 호충(互沖)이라 한다. 여섯 개가 되므로 지충은 달리 육충(六沖)이라 하고 동서남북의 충이며, 춘하추동(春夏秋冬)의 충이고 사상(四象)의 대치를 나타낸다.

충의 작용은 적대적인 대치상태를 나타낸다. 두 세력이 힘을 갖추거나 엇비슷한 대치상태라고 한다면 충돌이 일어나 결국 서로 상처를 입거나 손실이 발생한다. 따라서 세력이 비슷하다면 눈치를 보고 충돌을 피하거나 긴장상태를 유지한다. 때로는 일시적으로 협정을 맺고 안정을 찾는다.

일시적으로 안정을 찾았다고 해서 지속력이 있다는 것은 아니다. 일시적으로 균형이 팽팽하다 해도 대운이나 세운, 월운, 일운 등에서 한쪽 세력을 지원하는 비겁이나 인성의 운이 오면 두 세력 간의 균형이 무너지며 충돌을 일으킨다. 결국 부딪치면 상처가 나고 성패가 가려지니 늘 긴장상태에서 헤어나지 못한다.

충에는 천간충(天干沖)과 지지충(地支沖)이 있다. 특히 태어난 날의 천간(日干)은 자기 자신을 의미하므로 매우 중요하다. 일간이 천간합이 되거나 천간충이 될 때 가장 강하게 작용한다. 무엇보다 앞서 천간충을 살펴야 한다. 지지의 경우에도 다른 지지보다 일지의 충이 가장 강하게 작용한다. 그와 더불어 다른 천간과 지지의 충도 역시 영향력이 있다.

처음부터 충을 하는 두 세력 간에 힘의 균형이 무너진 상태라면 강한 간지는 승리에 취할 것이다. 득의양양하여 자만심에 빠질 것이며, 약한 간지는 풍전등화가 되어 바람 앞의 등불처럼 생사존립의 위기를 맞을 것이다.

대치상태가 유지되면 긴장의 단계다. 깨지면 충돌상태가 되어 전쟁이 일어나는 것과 같다. 이러한 충의 결과는 심리적인 고통이 따르고 육친의 변고가 감지된다. 사업의 부침은 물론이고 충을 받는 육친을 분석하여 그 예후를 짐작할 수 있다.

영원한 고전《적천수(滴天髓)》의 기록을 살펴보면 년운에서 충이 오면 사주원국에 있는 지지의 강약에 따라 행운의 왕자가 사주원국의 약자를 충한다. 결국 약자가 뽑혀 나가니 이를 왕자충쇠(旺者沖衰), 쇠자발(衰者拔)이라 칭하고, 운의 흐름에 따른 행운의 약자가 사주원국에 자리한 왕자를 충하면 왕자가 발현한다고 하여 이를 쇠자충왕(衰者冲旺), 왕신발(旺神發)이라 한다. 즉 사주원국에 있는 약자가 충으로 뽑혀 나가면 흉화가 발생한다고 간명하고, 약한 오행이 와서 원국의 왕자를 충하면 왕자가 발흥하여 길운이 된다고 간명한다.

충은 기능이 다양한데, 원국의 합이나 충 등을 풀어서 정체되어 있는 원국의 기운을 유통시키고 소통시키는 순환작용을 일으킨다. 따라서 충이 반드시 나쁘다고 간명해서는 안 된다.

의외의 결과도 나타난다. 충이 온 그해 그 시기에 승진하는 경우가 많고 재물이 들어오는 시기가 되기도 한다. 충은 파괴하고 상처만 주는 것이 아니라 막힌 것을 뚫어주기도 하고 참았던 기운을 뿜어 올리기도 한다. 때로 욕구 분출이 이루어져 외도를 하거나 무작정 사업을 벌이거나 하는 등의 위험을 자초하기도 한다.

충은 반드시 흉하게만 작용하지 않는다. 합은 좋은 것이고 충은 나쁜 것이라는 선입견을 지워야 한다. 충이란 두 세력이 대치하는 것일 뿐이다. 대립 자체로는 길흉이 없다. 희비도 없다. 다만 충이 어느 형태로 작용하는지, 용도와 방법에 따라 길흉이 갈리는 것이니 애써 살펴야 한다.

1) 간충

천간의 충돌을 천간충 또는 간충(干冲)이라고 말한다. 사주원국에서 항상 일간을 중심으로 판단하되 전체 기운의 상관관계와 흐름을 파악해야 한다. 천간충이 일어나면 마찰, 충돌, 변동 상황이 발생한다.

충(沖)은 충돌이다. 서로 다투고 싸우는 것이다. 대부분 충이 있으면 나쁘다고 간명하지만 반드시 나쁘다고 볼 수는 없고 상황에 따라 다르다. 사주 구성에 따라서는 충이 절대적으로 필요한 경우도 있다.

간충은 각 천간에서 차례로 세어 일곱 번째 천간과 서로 충돌하는 것이다. 음양의 위상은 같다. 즉 양은 양끼리 충하고 음은 음끼리 충한다. 방의상으로 정반대에 있기 때문에 충돌의 기운은 극대화된다.

무토와 기토는 간충에 포함되지 않는다는 이론이 있고, 충은 하지만 효과나 작용은 없다는 허충(虛沖)의 이론이 충돌한다. 허충도 충이다. 충이 아닌 것과 충인 것은 다르다. 특히 사건·사고를 파악하기 위해 천간 지지의 합충극을 살필 때는 반드시 허충도 살펴야 한다. 따라서 일반적인 사주의 간명에서 충을 논할 때는 무기(戊己)도 충으로 논하는 것이 옳다고 보인다.

충은 다툰다, 대립한다는 뜻이다. 자연의 이치가 그러하듯 수컷끼리 만나면 늘 다툰다. 암컷끼리 만나면 늘 다툰다. 음양이 어울리지 못했기 때문이다. 음과 음, 양과 양의 대립은 원시적이고 통속적이다. 본능적이고 묵시적이다. 음과 음은 다툴 수밖에 없다. 양과 양은 다툴 수밖에 없다. 음양의 동류(同流)는 서로 이성을 차지하려는 것이나 때로는 자신을 드러내거나 지위를 차지하려고 싸우기도 한다.

암컷도 좋은 수놈이 나타나면 서로 차지하기 위해 반목과 질시를 한다. 특히 동물이나 자연의 생태계는 그것을 증명한다. 종족본능의 발로이다. 인간이 지니는 사주도 이와 같아서 음양이 다르면 합을 하는데 음양이 같으면 충돌이 일어난다. 이것이 원초적인 자연의 이치이다.

특히 간충을 논할 때는 극도 따라서 논해야 한다. 일부에서는 극을 무시하는 경우도 있으나 반드시 따져야 한다고 생각한다. 극은 특히 충과 합을 따져 사건·사고의 풀이를 할 때 반드시 필요하기 때문에 절대로 무시할 수 없다. 이름만 다를 뿐으로 극의 작용은 충의 작용과 크게 다르지 않다.

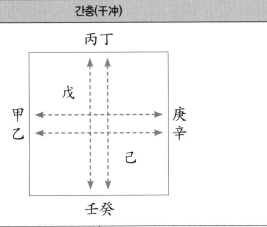

干沖	沖의 결과
甲 + 庚 - 沖	가족 우환, 직업 변동
乙 + 辛 - 沖	가정불화, 문서 분실
丙 + 壬 - 沖	비밀 폭로, 금전 손해
丁 + 癸 - 沖	관재 구설, 손재, 재판
戊 + 甲 - 沖	관재 구설, 다툼, 재판
己 + 乙 - 沖	매사 불성, 관재

천간 충 간의 충에 대한 이론은 약간의 오차가 있고 이설이 있을 수 있다. 오랜 세월 이어진 명리학의 이론에서 설왕설래하는 이론 중 하나가 간충이다. 연구자 중에는 간충은 존재하지 않는다고 주장하는 사람이 적지 않다. 어쨌든 오래도록 간충은 있어왔고 아직도 많은 연구자가 간충을 사용하는 것만은 분명해 보인다.

갑경충(甲庚冲)

경금이 갑목을 극하는 형태의 충이다. 양금인 경금이 양목인 갑목을 충한다. 서방인 경금이 동방인 갑목을 충한다. 가을을 나타내는 경금이 봄을 나타내는 갑목을 충한다. 단단한 무쇠 도끼가 잘 자란 느티나무를 베는 격이다.

을신충(乙辛冲)

신금이 을목을 극하는 형태의 충이다. 음금인 신금이 음목인 을목을 충한다. 서방인 신금이 동방인 을목을 충한다. 가을을 나타내는 신금이 봄을 나타내는 을목을 충한다. 예리한 가위나 칼이 하늘거리는 화초를 베는 격이다.

병임충(丙壬冲)

임수가 병화를 극하는 형태의 충이다. 양수인 임수가 양화인 병화를 충한다. 북방인 임수가 남방인 병화를 충한다. 겨울을 나타내는 임수가 여름을 나타내는 병화를 충한다. 차갑게 얼어버린 물이 솟구치는 불기둥을 끄는 격이다.

정계충(丁癸沖)

계수가 정화를 극하는 형태의 충이다. 음수인 계수가 음화인 정화를 충한다. 북방인 계수가 남방인 정화를 충한다. 겨울을 나타내는 계수가 여름을 나타내는 정화를 충한다. 차가운 겨울비가 피어오르는 모닥불을 끄는 격이다.

갑무극(甲戊剋)

갑목이 무토를 극하는 형태의 극이다. 양목인 갑목이 양토인 무토를 극한다. 느티나무와 같은 갑목의 뿌리가 대지를 가르고 파고든다. 동방인 갑목이 중앙인 무토를 극한다.

을기극(乙己剋)

화초이며 풀 같은 을목이 논바닥 같은 기토를 극한다. 이는 파고든다고 하기보다 덮어버린다는 표현이 어울린다. 음목인 을목이 음토인 기토를 극한다. 동방인 을목이 중앙인 기토를 극한다.

경병극(庚丙剋)

병화가 경금을 극한다. 양화인 병화가 양금인 경금을 극한다. 활활 타오르는 병화가 거친 철광석을 녹인다. 남방인 병화가 서방인 경금을 극한다.

신정극(辛丁剋)

정화가 신금을 극한다. 음화인 정화가 음금인 신금을 극한다. 활활 타오르는 모닥불인 정화가 잘 다듬어져 있는 보석인 신금을 다시 녹인다. 남방인 정화가 서방인 신금을 극한다.

임무극(壬戊剋)

무토가 임수를 극한다. 양토인 무토가 양수인 임수를 극한다. 거대한 둑과 같은 무토가 거대한 호수를 가두고 있다. 중앙의 무토가 북방인 계수를 극한다.

계기극(癸己剋)

기토가 계수를 극한다. 음토인 기토가 음수인 계수를 극한다. 질퍽거리며 습기 많은 중앙의 기토가 맑은 물로 흐르려 하는 북방의 계수를 만나니 극을 하고 물이 흐려진다.

극과 충이 크게 다르지 않다. 혹자는 음양의 극까지 따져야 한다고 주장한다. 즉 을(乙)과 무(戊)가 극에 해당한다는 이론이다. 그러나 오행이 다르면 극을 하지 않는다는 기본 이론을 조금 더 충실하게 적용하고자 이는 회피한다.

이상에서 살펴보면 천간에서의 충과 극은 같은 효과, 같은 영향을 준다는 인식이 가능하다. 또한 천간의 충은 극의 성격을 지니고 있다. 따라서 극도 같은 효과를 나타낸다고 간명함이 옳다고 보인다. 그럼에도 예부터 충만을 따로 분리한 것은 이유가 있을 것이다.

천간충은 갑경충, 을신충, 병임충, 정계충의 네 가지와 무기 허충을 인정한다. 나머지는 극으로 파악한다. 연구자나 학자에 따라 이 모든 것을 충으로 파악하는 이론도 있다. 그러나 이전까지는 분류하여 적용한 것이 사실이다. 실전에서 극과 충을 판단하면 약간 차이를 느낄 수 있다. 충과 극은 미묘하지만 비슷한 차이가 있는데, 충이 극보다 여파가 더 크다는 것을 느낄 수 있다.

극은 매우 중요한 몇 가지 요소로 적용된다. 사건·사고를 파악할 때 사용하고 택일할 때도 극의 요소는 매우 중요하게 다루어진다.

위천리의 《정선명리약언(精選命理約言)》을 보면 다음과 같다.

"천간갑경상충(天干甲庚相衝) 을신상충(乙辛相衝) 임병상충(壬丙相衝) 계정상충(癸丁相衝) 개동여서(蓋東與西) 남여북상대야(南如北相對也) 병경정신상견이극론(丙庚丁辛相見以剋論) 불이충론(不二衝論) 개남여서불상대야(蓋南與西不相對也) 무기무충(戊己無衝) 개거중무대야(蓋居中無對也)."

이를 의역하면 다음과 같다.

"천간을 살피면 갑목과 경금이 서로 충하고 을목과 신금이 서로 충한다. 임수와 병화가 서로 충하고 계수와 정화가 서로 충한다. 이는 동방과 서방, 남과 북으로 서로 대치하기 때문이다. 병화와 경금, 정화와 신금을 서로 마주 볼 때는 극하는 관계로 보아야 하지, 이를 충의 관계라고 논하지 않는다. 이는 남쪽과 서쪽은 서로 마주 보며 대치하지 않기 때문이다. 무토와 기토는 서로 충이 없다. 이는 무와 기가 중앙에 있어 대치하지 않기 때문이다."

음양오행과 방위야말로 충의 근본 요건이다. 충은 반드시 방위개념에 접목되어야 한다. 그러나 방향이 서로 대치하지 않으면 충이 없으니 극으로 살피는 것이다.

간충은 크게 두 가지 상황에서 많이 사용한다. 그 하나는 궁합을 볼 때이다. 다른 하나는 사건·사고를 예측할 때인데, 이는 천간의 합충극과 지지의 합충을 모두 파악하여 그 숫자로 파악하는 방법으로 사용한다.

천간충의 경우 궁합에서는 절대적이라 할 수 있다. 즉 일간을 살펴 합의 관계인지 극의 관계인지 혹은 비화의 관계인지를 살펴 좋고 나쁨을 가린다. 물론 궁합은 일간만 살피는 것은 아니지만 일반론에서 일간의 합과 충은 높은 비중을 차지한다.

따져보면 대부분 합은 좋은 결과라고 예측한다. 예를 들어 궁합을 살피는데 일간이 갑목이고 여자가 경금이라면 경금이 갑목을 충하는 관계

【앗, 잠깐!】　　　　　　　　　　　**정선명리약언(精選命理約言)**

《정선명리약언》은 《자평진전평주》와 《적천수》에 버금가는 귀중한 명리학 서적이다. 사주학의 격국과 용신 등의 여러 가지 이론을 체계적이고 알기 쉽게 설명하였다. 사주를 판단할 때 가장 먼저 관찰하는 일간(日干)과 격국(格局), '억부(抑扶)와 강약(强弱)' 문제를 정확하게 지적했으며 현대 사주명리학의 용신론에 큰 영향을 주었다.

이 책의 저자 위천리는 1911년 3월 31일 저장성 가흥에서 태어났다. 절정의 기재로 공산화되기 전에는 원수산, 서락오와 더불어 상하이 명리학 3대가 중 한 사람으로 알려져 있었다. 또 남원북위라고 하여 당대 중국 명리의 2대 산맥이라 불렸다. 남쪽의 원수산, 북쪽의 위천리라고 하여 중국 영화에도 간혹 이름이 나온다. 장개석이나 송미령 같은 실력자들도 위천리의 고객으로 유명했다. 중국이 공산화되기 전에 홍콩으로 넘어가 역학을 전파하여 홍콩 역술의 발판을 이루었다.

이므로 여자인 경금이 남자인 갑목을 괴롭히는 관계이다. 이러한 경우는 궁합에서 나쁜 요소로 반영된다. 여러 가지를 골고루 살펴 결정하고 간명하지만 이러한 요소가 작용하면 그다지 좋을 것이 없다. 물론 일지의 충이나 형도 나쁘다. 특히 일주를 살펴 천충과 지충이 동시에 일어나면 다른 모든 것이 좋아도 결혼하지 않는 것이 옳다는 의견이 강하다.

2) 지지충

지지충(地支沖)은 글자 그대로 지지(地支)에서 이루어지는 충(沖)이다. 사주를 분석하는 간명에서 무엇보다 중요한 것이 바로 이 지지충이다. 지지충이 가장 변화가 심하기 때문이다. 사건·사고의 형태를 나타내는 아이콘이다.

지지충은 궁합을 살필 때도 가장 실제적인 역할을 하는 부분이다. 궁합을 살필 때는 월지와 일지까지 모두 중요하게 여겨 분석한다. 특히 월지가 중요하게 분석된다. 월지는 터를 나타내고 집을 나타낸다. 건강을 나타내고 나의 근본을 나타내는 것이니 더욱 중요하다. 합충을 살필 때 지지는 매우 중요하게 다루어진다. 근본적으로 이 지지의 합충을 살피는 것은 육체의 결합을 나타내기 때문이다. 특히 월지는 더욱 신경 써서 분석해야 한다.

사주를 간명함에 이 지지(地支)의 충처럼 다양하고 요긴하게 사용하는 경우는 드물다. 각각의 지지는 해당 지지로부터 일곱 번째 지지와 충(沖)

한다. 이러한 지지충에는 묘유충(卯酉沖), 자오충(子午沖), 인신충(寅申沖), 사해충(巳亥沖), 진술충(辰戌沖), 축미충(丑未沖) 등 여섯 개 충(沖)이 있다. 여섯 개 지지충이 일어난다고 하여 육충(六沖)이라고 한다. 또한 지지는 서로 상대방과 충하기 때문에 반대편에 자리한 글자와 충한다. 서로 충하기 때문에 호충(互沖)이라는 말이 생겼다.

지지충은 천간충(天干沖)보다 영향력이 크며 작용력이 빠르게 나타난다. 지지(地支)와 대운(大運), 년운(年運)이 충(沖)을 하면 육친(六親)의 변화가 우선하여 나타나고, 그다음으로 건강이나 심리특성에 작용한다.

지지충도 작용력이 다른데 묘유충(卯酉沖)이 가장 강력한 힘을 발휘하고, 자오충(子午沖) → 인신충(寅申沖) → 사해충(巳亥沖) → 진술충(辰戌沖) → 축미충(丑未沖) 순으로 작용한다. 묘유충은 큰 사건과 사고가 날 확률이 높고 진술충과 축미충은 지장간이 투간되면서 육친(六親)에 영향을 미친다.

- 자오충(子午沖): 쥐가 말을 놀라게 하니 이리저리 타향을 전전한다.

- 축미충(丑未沖): 소의 뿔과 양의 뿔이 부딪치니 싸움이 잦다.

- 인신충(寅申沖): 언행이 가벼워 항상 구설수가 있다(교통사고 조심).

- 묘유충(卯酉沖): 자신의 육친(근친)이 자주 아프다.

- 진술충(辰戌沖): 뜻하지 않은 일로 막힘이 많다.

- 사해충(巳亥沖): 사소한 일에 걱정과 근심이 많다.

지지육충(地支六沖)					
卯酉	辰戌	丑未	巳亥	寅申	子午

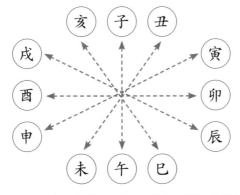

地支沖	沖의 결과
子 + 午 - 沖	관재 구설, 손재
丑 + 未 - 沖	매사 불성, 손재
寅 + 申 - 沖	애정 풍파, 사고
卯 + 酉 - 沖	문서 변화, 인재
辰 + 戌 - 沖	독수공방, 관재
巳 + 亥 - 沖	심신 곤액, 인재

3) 지지충의 강약

충에도 종류가 다양하다. 지지의 충은 그 기세가 다르고 발현되는 결과가 다르다. 상충작용의 기세가 서로 비슷하거나 동등하며 정재(正財), 정관(正官), 정인(正印) 등과 같은 사길신(四吉神)의 교가(交加)와 여타의 신살이 불범(不犯)했을 때는 정통극충(正統剋沖)이라고 한다. 한마디로 지극히 정상적인 충이 일어난 경우라 할 수 있다.

흔히 알고 있는 충은 대부분 정통극충을 기준으로 한다. 그와 비교해서 다른 왕신(旺神)이 충을 하고 칠살(七殺, 편관), 편재(偏財), 비견(比肩)과 같은 육친이 기세하고 해, 파, 신살 등이 가세했을 때에 일어나는 지지의 충을 약강극충(若强剋沖)이라고 한다. 그 결과는 정통극충과 비교할 때 난해하고 거세다.

왕신(旺神)이 희신(喜神)을 극충하며 칠살(七殺, 편관), 효신(梟神), 겁재(劫財) 등과 같은 다양한 흉신에다 형, 해, 파 등과 같은 좋지 않은 육친이나 현상이 중중(重重)으로 가세했을 경우에는 극강중충(剋强重沖)이라고 한다.

이처럼 충의 종류도 만만하게 볼 것이 아니라 다양한 시선으로 살펴야 한다. 충이라는 단순한 이미지와 달리 그 현상과 부딪치는 상황, 주변의 국(局)이 어떻게 짜여 있는가에 따라 그 결과와 발생되는 요소가 천차만별이다. 그 결과를 대략 요약하면 다음과 같다.

정통극충(正統剋沖)

서로 충하는 두 오행이 지닌 기세가 비슷하다. 그야말로 강대강이다. 양대약이다. 중대중이다. 정재, 정관, 인수 등과 같은 사길신의 교가(交加)와 여타의 신살이 불범(不犯)했을 때 일어나거나 발현될 가능성이 높은 현상이다.

발동, 시작, 발현, 사물의 시동, 시발, 발의, 이동, 여행, 떠나감, 냉전, 조화, 기안, 착상, 긴장, 중정, 신중, 주의, 연기, 개척, 발전, 공정 등이 일어난다.

　결국 정통극충이 일어나면 부정적 요인과 긍정적 요인이 동시에 발현되는데, 시작이라는 의미가 매우 강하고 주의를 요하는 일들이다. 부정적 요인은 냉정과 같은 것이며 긍정적 요인이 더욱 많을 수 있는데 기획, 신중과 주의를 요한다.

약강극충(弱强剋沖)

　강한 힘을 지닌 왕신(旺神)이 충을 하고 칠살, 편재, 비견, 겁재 등과 같은 육친이 가세하는 경우다. 또한 해, 파, 신살과 같은 부정적 요인이 가세했을 경우의 충에 대한 해석이다. 변동, 이동, 분리, 해산, 경개, 파산, 원행, 경쟁, 대립, 긴장, 공포, 주의, 조심, 신중, 충격, 반목, 충돌, 송사, 혁신 등이 일어난다.

극강중충(剋强重沖)

　왕신이 희신을 극충하며 칠살, 효신, 겁재 등과 같은 다양한 흉신에다가 형, 해, 파 등과 같은 좋지 않은 육친이나 현상이 중중(重重)으로 가세한 충이다. 상살, 파멸, 관형, 상신, 질병, 수술, 사경, 분열, 사별이 나타난다.

　극강중충은 충의 종류에서도 가장 강한 파괴력을 지녔으므로 발현되면 여하한 경우에도 피하기 어렵고 흉의가 표면으로 드러난다.

자오상충(子午相沖)

자는 수의 왕기이고 오는 화의 왕기이다. 두 음양의 가장 강력한 기운이 상충하니 수화상극이다. 자(子) 중 지장간 계수(癸水)가 오(午) 중 지장간 정화(丁火)와 상극하는 것이니 수화기제(水火旣濟)의 상황이다.

수도(水道), 수리(水利), 조명, 정신, 예민함, 어지러움, 능변, 헷갈림, 기억, 활용, 구설, 지발지사, 어리둥절함, 심신양경수손, 혈압, 신경병이 나타난다.

축미상충(丑未相沖)

축과 미는 토의 오행이다. 축미상충은 토와 토가 충하니 토대토(土對土)의 충돌이다. 축(丑)의 지장간 계수(癸水)와 미(未)의 지장간 정화(丁火)와 충돌하고 축의 지장간 신금(辛金)이 미의 지장간 을목(乙木)과 상충한다. 이를 상극이라고 한다.

토가 토를 만나니 비화(比和)이다. 비화는 같은 기운이 만나는 것이다. 질시가 따르고 부정이 따른다. 따라서 축미충은 이토비화(二土比和)라 정의한다. 달리 토충은 땅을 갈아엎는다고 하여 부정적인 해석보다는 긍정적인 해석도 있다. 땅을 갈아엎는다는 말은 소토(疏土)라고 한다. 새로운 것을 시작한다는 의미이다.

땅이나 집의 이동, 사업의 시작, 직업 변동, 이직, 이사, 영농, 토목, 광공업, 개발, 비(脾), 위(胃), 치(齒), 척추, 입이나 입술의 질환이 생긴다.

인신상충(寅申相沖)

인(寅)은 목이요, 신(申)은 금이다. 이를 금목상극(金木相剋)이라 정의한다. 인(寅) 중 지장간 갑목(甲木)과 신(申) 중 지장간 경금(庚金)이 극하고 인중의 지장간 병화와 신중의 지장간 임수가 상극이다. 이를 금목상쟁(金木相爭)이라 한다. 도로, 교통, 희신, 전달, 이동, 발동, 원행, 개발, 간, 담, 다리, 신경병이 생긴다.

묘유상충(卯酉相沖)

묘는 목이요, 유는 금이다. 묘는 목의 왕기이고 유는 금의 왕기이다. 가장 강한 목의 기운과 가장 강한 금의 기운이 충돌하니 금목상극(金木相剋)이다. 유(酉) 중 신금(辛金)과 묘(卯) 중 을목(乙木)이 극을 하니 그 결과가 지나치게 강하다. 이를 금목상쟁이라 하는데 강한 여파가 남는다. 문호경개, 이동, 집안변화, 장유불화, 수족지지, 말초신경질환 등이 생긴다.

5. 파(破)

파(破)는 깨뜨린다는 의미가 있다. 멈춘다는 의미가 있다. 파는 상호 부딪침이 아니라 삼자(三者)를 분열시키는 것이다. 분열이고 중도 파괴다. 일이 중도에서 어긋난다는 의미이다. 따라서 내 의지가 아니라 누군가에 의한 것이다. 타인에 의한 것이므로 예상하기 어렵다.

파의 구성원리는 조금 특이한 구조다. 구성원리가 조금 복잡하다. 먼저 양의 지지에 해당하는 자인진오신술(子寅辰午申戌)을 살핀다. 양의 지지는 역행하여 네 번째 지지와 짝을 이룬다. 순서를 셀 때는 반드시 자신부터 센다.

자(子)를 예로 든다. 자는 네 번째 뒤로 역행하여 파가 된다. 자(子) 다음은 해(亥), 해 다음은 술(戌), 술 다음은 유(酉)이다. 순서를 세어보면 역행하여 자해술유(子亥戌酉)의 순이다. 모든 양의 지지는 이와 같이 역행하여 네 번째와 파가 된다.

음의 지지는 반대이다. 음의 지지인 축묘사미유해(丑卯巳未酉亥)는 순행하여 네 번째 지지와 결합하는 구조이다. 축(丑)을 예로 든다. 축은 순행하여 앞으로 네 번째와 파가 된다. 축(丑) 다음은 인(寅), 인 다음은 묘(卯), 묘 다음은 진(辰)이다. 축은 진과 파이다. 즉 축인묘진(丑寅卯辰)의 순행으로 축진파(丑辰破)이다.

이와 같은 과정을 겪으면 자유(子酉), 묘오(卯午), 인해(寅亥), 사신(巳申), 진축(辰丑), 술미(戌未)의 여섯 가지 결합이 이루어진다. 따라서 육파라고 한다. 모든 파는 양과 음이 결합한다. 이러한 결과는 특이하게도 이미 육합으로 정해진 지지의 합도 육파에 들어 합과 파가 동시에 일어나는 지지의 조합이 생긴다. 사신합(巳申合)이 대표적이다. 사신합은 합도 되지만 사신형(巳申刑)도 되고 사신파(巳申破)도 되는 특이한 조합을 이룬다.

파에 깨지는 지지(地支)의 조합은 충(沖)이다. 충을 깨뜨린다는 말이다. 운세를 파악할 때 파는 영향력이 비교적 작은 편이다. 그러나 중요하게 작용하는 순간이 있다. 용신(用神)이나 희신(喜神)의 뿌리[根]로 작용하는 지지(地支)가 충(沖)이 되었을 경우다. 용신이나 희신의 뿌리가 충에 당하면 운세가 피폐해진다. 이러한 원국이라면 파가 도움이 된다. 즉 지지에서 중요한 뿌리 역할을 하는 뿌리에 충이 있을 때의 경우다. 충의 구성을 와해하는 파가 작용하면 반전을 기대할 수 있다. 좋지 않은 경우를 좋은 경우로 만드는 것이다. 반대로 좋은 역할을 하는 뿌리에 파가 되면 나빠진다. 이 경우는 양화(良化)가 악화(惡化)가 되어버리는 반대의 경우가 된다.

지지는 다양한 현상이 일어난다. 이 변화가 사주의 간명을 돕는다. 합은 물론이고 형과 충이 작용한다. 파도 작용한다. 일반적으로 합의 작용에 비해 파(破)와 해(害)는 작용력이 미약하다고 한다. 심지어 해를 파악하지 않는 연구가들도 있다. 그러나 모두 무시할 수는 없다.

파는 비교적 나쁘게 작용한다. 사주원국에 파가 있으면 이미 작용력이 있다. 행운 과정에서 파가 온다면 이미 흉화(凶禍)가 있을 것이라고 간명할 수 있다. 대운이나 세운에서 파가 온다면 앞으로 흉한 일들이 일어날수 있다는 것을 암시한다. 나름 파를 기피할 수 있겠지만 피한다고 피할 수 있는 것은 아니다. 파의 또 다른 해석은 일이 멈춘다 혹은 일이 원위치로 돌아간다는 해석이 가능하다.

지지육파					
子酉	丑辰	寅亥	午卯	巳申	戌未

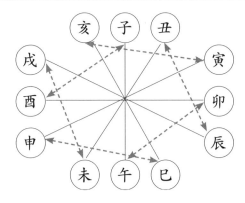

地支破	破의 결과
子 + 酉 - 破	불화
丑 + 辰 - 破	관재구설
寅 + 亥 - 破	용두사미
卯 + 午 - 破	매사 불성
巳 + 申 - 破	손재
戌 + 未 - 破	시비

1) 사신파

근본적으로 파(破)는 깨뜨린다는 의미가 있다. 멈춘다는 의미가 있다. 되돌아간다는 의미도 있다. 지지의 파는 여섯 가지이므로 육파라고 한다. 육파 중 어떤 파라고 해도 일이 깨진다는 의미에서 벗어나지 못한다.

파 중에 가장 무서운 것은 사신파(巳申破)이다. 사신파는 합형파(合刑

破)의 세 가지 현상이 동시에 작용한다. 무엇이 먼저 작용하는가? 합의 작용이 가장 먼저 일어나고 이어 형의 작용과 파의 작용이 일어난다. 사신파는 어느 경우에도 긍정적 기능과 부정적 기능이 공존할 수 있다. 이렇게 좋은 것과 나쁜 것이 공존하는 경우에는 항시 길한 작용이 먼저 일어나고 흉한 작용이 나중에 일어난다. 어느 상황에서든지 동일하다. 항시 길한 작용이 먼저 일어난다는 것을 파악하고 있어야 한다. 그러나 그 결과는 비교적 나쁘게 일어난다. 따라서 사신합은 좋은 작용이 일어나도 좋다고 볼 수 없다.

사신이 함께 작용하면 먼저 합의 작용을 한다. 합의 작용은 대부분 긍정적이다. 원하는 것이 얻어진다. 일이 벌어지고 좋은 방향으로 전개된다. 그것을 통해 이익을 얻거나 좋은 결과를 가져온다. 그것으로 그치면 좋겠지만 다음이 문제다.

사신합의 작용이 끝나면 그 후 형의 작용에 따라 불합리한 상황이 전개된다. 문제는 언제부터 형의 작용이 시작되는지 알기 어렵다는 것이다. 모르는 사이에 일어난다. 형의 작용으로 상해를 당하거나 손해를 본다. 마침내 파의 작용이 일어난다. 마지막 작용으로 이별하거나 분산하는 것이 순서이다.

특히 궁합에서는 사신합을 잘 살펴야 한다. 막연하게 합의 작용으로 파악할 수 없다. 한 명의 사주를 파악하는 사주원국의 사신파도 문제이지만 궁합은 더욱 의기를 느끼게 한다. 즉 궁합에서 서로 사주를 비교하여 월지(月支)에 각각 사와 신이 있어 사산파가 이루어지거나 일지(日支)에도 사와 신이 있어 사신파가 이루어지면 결과가 극히 나쁘다. 예를 들어 남자 사주 월지에 사가 있고 여자 사주 월지에 신이 있다면 궁합에서 사신이 합을 이루고 형을 이루며 파가 이루어진다. 처음에는 좋은 궁합이라 볼 수 있으나 일정 시간이 흐르면 서로 형의 관계에 들고 결국 파가 되어 나쁘다.

사신파의 작용은 처음에 사신합을 거친다. 중간에는 사신형을 거쳐 종말에 파에 해당하는 현상이 드러난다. 사신합은 결국 파에 분열하고 와해된다고 봐야 한다. 이러한 현상은 개인의 사주 개념과 궁합의 개념을 분리한다. 개인 사주에서 사주원국의 작용으로는 어느 정도 피해갈 수 있으나 두 사람의 관계성을 살피는 궁합에서는 피하기 어렵다.

사신처럼 합과 형 그리고 파로 이어지는 경우 반드시 불합리하고 손해 보는 상황으로 해석하는 것은 아니다. 그러나 일반적으로 합이 먼저이고 형이 중간이며 파가 마지막이라는 간명 순서는 크게 변하지 않는다. 그나마 희망적 간명이라면 반대로 해석하는 것이나 그런 간명의 가망성은 적다. 즉 파가 먼저 오고 형, 합이 마지막으로 오는 경우라면 다행이지만 그럴 가능성은 거의 없다. 달리 파악하면 사신에 의해 형하고 파의 결과를 거치는 과정으로 분열이 일어나지만 사신합으로 결합하여 새롭게 이루어진다고 간명할 수도 있겠으나 극히 드문 예의 간명이다.

다시 사신파를 살핀다. 사(巳) 중 지장간 무토(戊土)가 신(申) 중 경금(庚金)을 식신으로 끌어당겨 취하려는 마음에서 합하는 작용에 상호 편승하여 파의 성립을 가세한다. 사 중 지장간 병화(丙火)와 무토(戊土)는 신 중 지장간 경금(庚金)과 임수(壬水)를 상극으로 극하나 이는 일반적인 작용이다.

달리 살피면 신 중 지장간 경금(庚金)과 임수(壬水)가 수극(水剋)을 당한다고 해도 결국 사신합수(巳申合水)를 이루니 신(申)의 능력에 사화(巳火)는 소진되어버리고 수기에 동화한다. 이를 달리 소진동화(消盡同化)라고 한다. 이처럼 드러나는 것이 사신합형파의 결과이다.

이 같은 이치에 따르면 사신의 만남은 합후파(合後破)이다. 순서는 명백하다. 먼저 합하고 나중에 일어나는 현상이 파이다. 이 같은 이치에 따라 일이 진척된다. 처음에는 합의가 일어나고 약속이 지켜진다. 거래가 성사되어 좋은 관계가 시작되지만 오래가지 못한다. 중도에는 서로 의심한다. 결국 배신한다. 사고와 불화가 불처럼 일어난다. 결국 처음의 좋은 관계는 사라지고 손상과 패망으로 파탄하고 만다. 이는 궁합을 볼 때 반드시 살펴야 하는 것으로 사신의 결합은 불행을 암시한다. 즉 남녀 사이에 아무리 사이가 좋은 궁합이라 해도 일지사신합(日支巳申合)이나 월지사신합(月支巳申合)은 불행의 씨앗이라고 보아도 크게 무리하지 않은 간명이다.

사신으로 인한 합형파의 결과로 나타나는 현상은 답답하고 독하다. 합중유독(合中有獨), 희중유우(喜中有憂)라 이루고 나서 망실, 짓고 나서 부숨, 완성 후 개조, 얻은 후 분실, 제조 후 파손, 결합 후 분리, 기쁨인 줄 알았는데 슬픔, 고가신축(古家新築)과 같이 무언가 이루어진 후 나쁜 일이 생기는 경우다. 그뿐 아니다. 이루어진 것이 망가지는 경우에 해당한다. 이미 이루어진 것을 고쳐야 하는 일이다. 이에 해당하는 일은 용해, 재가공, 형질 변경, 수리, 재작성, 수정, 재판(再版), 분쇄가공, 화학처리, 합가(合家), 합성제조 등이다. 사람 몸에 미치는 영향으로는 사신의 사

(巳)가 나타내는 화기(火氣)로 심장, 소장, 삼초, 입, 혀에 관련 있는 병이다. 또 대장, 폐에 병이 오니 이는 사신의 합 과정에서 일어나는 금기(金氣)의 영향이다. 또한 종창, 창기, 선열후한발병, 대소장내증이 일어난다.

1999년 5월 20일(양력) 14시 11분				
천간	丁	壬	己	己
지지	未	申	巳	卯

임신일주에 천간에는 기토의 병립(병존)이다. 월지 사화와 일지 신금이 좌하니 사신합이다. 사신형이다. 사신파이다. 합의 결과가 먼저 오고 이어 형, 파의 순서로 나타난다.

2) 술미파

술미(戌未)는 술과 미가 대립하는 것이다. 술미가 만나면 술미형과 술미파(戌未破)가 일어난다. 사신과 비슷하지만 합의 작용은 없다. 어떤 경우라도 하나의 작용보다 두 개의 작용이 더욱 거센 결과를 만들어낸다.

술미의 만남은 형파의 병합이다. 단순한 하나의 작용에 비하여 그 파장이 매우 심하다. 형이나 파가 하나만 작용하면 그 파괴력은 그다지 강한 것이 아니다. 그러나 형과 파가 동시에 일어나면 그 파괴력이 놀랍게 증대된다. 술미의 만남은 형과 파가 동시에 일어나니 마치 인사신(寅巳申)의 삼형살(三刑殺)에서 일어나는 파괴적 작용과도 같아 그 파장이 강하고 파괴적이다.

술미파는 토대토의 대립이다. 술(戌) 중 지장간 무토(戊土), 미(未) 중 지장간 기토(己土)의 두 가지 토가 각기 비겁으로써 서로 다투는 양상이다. 같은 기운이 다투는 것은 비화(比化)이다. 비화가 이루어지면 그 결과가 자못 비상하다. 형제에 해당하는 오행의 대립이라 결과가 좋을 것 같으나 정반대 결과가 나타난다. 대립하고 질시한다. 서로 피해를 준다. 그 끝이 매우 강하고 예리하며 결과가 반드시 나타나는 것이니 비겁의 다툼으로 생기는 피해가 감히 예상할 수 없다.

비견과 겁재가 만나면 비화라고 한다. 이 두 성분은 형제이며 친구이고 동료이다. 좋고도 나쁜 관계이다. 비화는 때로 합하고 때로 반목한다. 공동의 적을 만나 싸울 때는 합심하여 돈독한 우정이나 형제애를 발휘한다. 이처럼 적에 대해서는 힘을 모아 공동대처를 하여 자신들의 이익을 추구한다.

문제는 형제 사이다. 친구 사이다. 둘이 이득을 다툴 때 문제이다. 이때는 내부적으로 서로 적이다. 개개인의 이득이 걸린 문제에서는 상황이 달라진다. 서로 이익을 먼저 찾는다. 이는 인생살이에 준한다.

형제를 생각해보자. 우애가 좋은 형제라면 모를까! 형제라고 우애가 반드시 좋은 것은 아니다. 좋아 보이는 형제도 재산싸움을 한다. 평소 좋아 보이던 형제라도 막상 부모가 돌아가시고 나면 재산싸움을 시작한다. 심지어 형제가 칼부림을 하기도 한다. 법정다툼도 불사한다. 비화는 같은 현상이 일어난다. 개개인의 이득에서는 서로 죽기 살기로 다투어 이익을 차지하려는 마음이 드러나는 것과 같다.

결과적으로 비견의 관계이지만 미와 술은 결국 견원지간(犬猿之間)과 같다. 위기가 다가오면 힘을 합한다. 그러나 평온해지면 서로 물고 뜯고 싸우는 격이다. 궁합에서도 비화는 결국 다툼의 불꽃을 품고 있는 것이나 같다.

내부적으로 살핀다. 미 중 지장간 정화(丁火)는 술 중 지장간 신금(辛金)을 극한다. 술 중 지장간 신금(辛金)은 미 중 지장간 을목(乙木)을 또 극한다. 이처럼 서로 극하는 과정에서 상호작용에 따라 각자의 이익을 목적으로 한다. 이와 같은 상황적 대립관계에서 이익이 드러나면 서로 탐욕을 드러낸다. 비견이라는 육친이 보이는 형제간의 온화하던 마음이 사라지고 목적만 남는다. 비로소 배신과 기만, 암투를 시작한다.

결국 이러한 감정이 겉으로 드러나기 마련이다. 비화의 대립은 극심하다. 서로 욕한다. 서로 비하한다. 뒷담화가 일어난다. 구설이 따른다. 감정대립이 심화된다. 결국 쟁송(爭訟)까지 서슴지 않는다. 재판에서 재산을 분할하고자 하는 형제의 모습이다. 이것이 곧 파의 작용이다.

믿음이 사라지는 것은 순식간이다. 이와 같이 서로를 해코지하는 현상이 일어난다. 결국 윗사람이 아랫사람을 의심하고 멸시한다. 아랫사람은 윗사람이나 주인을 기만하고 배신한다. 서로가 이익을 얻으려는 마음에 상대를 질시한다. 결과를 바라다보니 마음이 급급해진다. 따라서 술미파가 작용하면 항상 주객의 관계나 상하의 이해관계가 어그러진다. 구설과 시비가 따르니 다툼에 재판이 두렵지 않다. 결국 서로 질시하여 배신하고 암투를 벌인다.

술미파의 결과는 타인과 대립으로 나타난다. 늘 의심과 불안이 따른다. 자신을 이해시키고자 주변 사람들을 회유하려고 한다. 매사 장애가 있고 타인으로부터 방해가 일어난다. 사교에서 실패하고 질타를 당한다.

기만당하고 이용당한다. 그 결과로 구설이 나고 배신당하며 송사가 일어 난다. 술미파가 사주원국에 있거나 운에 오면 병이 일어날 가능성이 높다. 술미는 토대토의 대립이므로 근본적으로 위장과 비장에 병이 있다. 술과 미는 모두 양토(陽土)이며 건토(乾土)이므로 습기를 말린다. 따라서 신장에 영향을 주고 혈액에도 영향을 미친다. 신장에 영향을 주므로 요척통, 좌골신경통을 일으킨다. 허리디스크, 무릎관절에도 이상이 오고 통풍도 괴롭힌다. 근골횡격막동통, 심계정충병 등의 질병이 의심된다.

1976년 10월 22일(양력) 16시 17분			
천간	戊	丁	戊	丙
지지	申	未	戌	辰

정미일주에 토가 강한 사주이다. 사주원국에 토의 오행이 5개나 되므로 토의 성분이 강하게 표출된다. 그러나 표면적으로는 정화의 성격인 다정함, 인간적임, 봉사정신, 문화적인 성격이 나타날 것이다. 월지가 술이고 일지에 미가 좌했으므로 술미파가 이루어졌다. 술미는 형이며 파이므로 그 파괴력이 매우 강하다. 더구나 월주가 괴강이라 때때로 무시할 수 없는 성격이 드러날 것이다.

3) 오묘파

오와 묘의 관계는 오행으로 볼 때 그다지 문제될 것이 없어 보인다. 오화(午火)와 묘목(卯木)은 목생화(木生火)의 관계이다. 생극관계로 보아 묘목이 오화를 상생하는 관계로 보인다. 생의 관계이므로 표면적으로는 아무런 문제가 없어 보인다. 그러나 표면과 지장간은 다르다.

지장간을 파악하면 조금 복잡해진다. 오묘파(午卯破)의 작용은 오(午) 중 지장간 기토(己土)를 묘(卯) 중 을목(乙木)이 상극하는 작용으로 발생한다. 을목(乙木)에 오화(午火)는 식신이나 이는 표면적일 뿐이다. 오의 지장간 정화(丁火)에 을목(乙木)은 효신(梟神)으로 작용한다. 결국 정이 나타내는 화기와 토기의 열화(熱和)로써 무색해지기에 이른다. 이를 통해 파의 작용이 성립되리라 생각된다.

지장간만의 문제는 아니다. 달리 살펴본다. 오화의 처지에 살펴보면 묘목은 도화(桃花)이다. 이처럼 묘목의 작용은 파의 작용과 도화의 작용이 동시에 일어난다고 보인다. 도화와 파의 작용은 불길하다. 일을 하는 족족 실패가 발생할 가능성이 높다. 도화이니 명리를 추구함에도 남녀의 색정관계(色情關係)가 발생할 가능성이 높다. 도화는 오락이며 유흥이기도 하다. 지나친 유흥에 빠지면 이룸이 없다. 도화는 방탕함과 인기이기도 하다. 도박성 오락 등의 놀이에 심취할 가능성이 높다. 결국 손해가 심각해지니 위기에 이르고 이름을 더럽히기 쉽다.

묘 중 지장간 을목은 오 중 지장간 기토를 제극하여 극탈(剋奪)한다. 이러한 과정에서 오화가 지니는 이상은 흐려진다. 오화는 눈[目]을 의미하기도 한다. 사주원국에서 오화가 고립되거나 극을 당하면 시력에 문제가 생기는 경우가 많다. 묘목의 지장간 을목이 오화의 지장간 기토를 제극하니 시력에 문제를 일으킨다. 시력의 초점을 잃게 된다. 때로 난시(亂視)나 색신(色神) 같은 증상이 나타난다.

가장 증세가 심하지만 색맹(色盲)은 반드시 나타난다고 보기 어렵다. 색맹은 유전성이다. 따라서 나타날 수도 있고 나타나지 않을 수도 있다.

색맹은 외할아버지가 색맹일 경우 남성에게만 나타난다. 여성에게는 색맹이 나타나지 않는다.

오묘파가 일어나면 시야가 불안정하여 실시간 착각이 나타나기 쉽다. 사물을 바로 바라보는 시야가 중요하다. 시야가 틀어지거나 부실하면 착각이 오고 의사결정에 문제가 일어난다. 바라보는 것이야말로 올바른 의사결정의 지름길이다. 시선이 올바르지 않으면 판단이 흐려진다. 바른 시선이 올바른 생각을 만든다. 오묘파가 작용하면 시선이 올바르지 않다. 매사 결정력에 문제가 생겨 일에 차질을 초래한다. 의사결정에서 오류를 범하기 쉽다.

도화는 지나친 욕심이기도 하다. 매사 판단에 앞서 지나친 욕심이 강하게 일어난다. 결국 도박이나 사기에 매달리기도 한다. 올바르지 않은 이익에 욕심을 내다 도리어 잃거나 손해를 보는 경우가 발생한다.

사주원국에 오묘파가 있거나 운에 오묘파가 다가오면 흉악한 일이 따른다. 강도가 칼을 휘두르듯 난도(亂刀)와 같은 불길한 일이 따른다. 좋은 일이 있어도 만족할 수 없다. 잠시 호조가 있어도 곧 호사다마(好事多魔)에 이른다. 겉은 화려하나 실속 없는 일이 반복된다. 일을 해도 외화내빈이다. 명성이 허망하다. 늘 불길함이 뒤따른다.

인체 건강에도 영향이 나타난다. 오화가 압박을 받음으로써 화의 오행과 관련 있는 병이 나타난다. 일반적인 눈병, 안질, 녹내장, 백내장의 병이다. 신경시력, 사시가 있기도 하다. 심장과 소장에 병이 온다. 오화의 작용에 대한 문제로 불에 의한 화기가 만연한다. 화재가 일어나고 불과 관련된 일로 여러 가지 피해를 본다. 불에 데거나 화상이 일어날 가능성이 높다.

도화에 의한 여러 가지 현상과 병도 일어난다. 성적인 문제에 치우쳐 일어나는 화류계와 관련된 여러 가지 일이나 사건은 물론이고 성병이 나타난다. 임질, 매독, 에이즈와 같은 병에 노출되고 전립선염 등이 몸을 지배한다. 여자는 임신중독, 생리통, 산후통에 시달리고 성병이나 성기의 약화, 자궁근종 등이 몸을 괴롭힌다.

다양한 병이 몸을 지배한다. 지나치게 민감한 사회풍조병이 정신을 흩트리고 혀, 위장, 비장도 염려된다. 팔과 다리에도 병이 온다. 매사 불안정하여 자주 이사해야 하는 경우가 다변하다. 특히 월지의 충이 오거나 하는 해는 매사 불안하다. 살아가는 과정에 늘 좌불안석의 감정으로 심리적 안정이 불가능하다. 따라서 매사 회피하고자 하는 욕구가 강해진다. 현상과 현실을 회피하고자 방탕한 생활을 하고 이성 간에는 추문이 발생한다. 유행에 민감하게 작용하니 매사 낭비가 심하고 약속을 지연시키고 잘 이행하지 않으니 신용도가 하락한다.

2002년 3월 12일(양력) 11시 17분			
천간	己	己	癸	壬
지지	巳	卯	卯	午

기묘일주에 천간에 기토가 병립하였다. 월지가 묘이고 일지에 묘가 좌했으므로 오묘파가 이루어졌다. 이 경우에는 오묘파가 2개로 작용하기 때문에 그 파괴력이 더욱 세다.

4) 인해파

인해(寅亥)는 합과 파가 함께 일어난다. 지지의 변화 중에는 합과 충이 함께 일어나는 경우가 있고, 합과 형이나 합과 파가 동시에 일어나는 변화도 있다. 이처럼 여러 가지 작용이 있는 경우에는 그 진행의 흐름에서 항시 파에 앞서 합이 먼저 작용한다.

합과 파가 동시에 일어나는 구성에서는 반드시 합이 먼저 일어난다. 합의 결과로 상황이 긍정적으로 진행되어도 결국은 파에게 파괴되고 만다. 인해합(寅亥合)은 횡적인 합으로서 인해합목(寅亥合木), 즉 두 오행이 합하여 목(木)으로 화(化)해 화기오행이 이루어지나 이는 표면적이다.

외적으로는 합을 하였으나 지장간은 서로 극을 하는 관계를 유지한다. 내적으로는 해(亥) 중 지장간 갑목(甲木)이 인(寅) 중 지장간 무토(戊土)를 극한다. 인 중 지장간 병화(丙火)에 대해서는 다시 해 중 지장간 임수(壬水)가 극을 한다. 인 중 지장간 병화(丙火)를 해 중 지장간 임수(壬水)가 극하는 원리가 인해파(寅亥破)의 가장 중요한 원인이다.

대부분 지지변화에서 합이 먼저 오고 파가 나중에 오는 선합후파(先合後破)가 원칙이나 인해합파는 그러한 조건이 성립하지 않는다. 인목의 지장간은 무병갑(戊丙甲)인데 해와의 합 작용에서 무갑임(戊甲壬)으로 이루어진 해의 지장간에서 임수를 생하는 금의 오행이 없다. 즉 표면적으로 인해합하여 목으로 화기(和氣)하는 과정에서 병화(丙火)를 생조하여 먼저 파의 작용이 일어날 수 있다. 뒤이어 합의 작용이 일어나는 원리도 적용이 가능하다. 따라서 통변 과정에서는 선합후파(先合後破)인지, 선파

후합(先破後合)인지도 신중하게 따져 구별해야 한다.

인 중 지장간 무토는 장생지이며, 지장간에 자리한 병화의 생조를 받고 있다. 해 중 지장간 임수는 여전히 위협적이다. 인해가 합하는 과정에서 살핀다. 해의 지장간 임수를 막아주는 인 중 지장간 무토를 다시 해 중 지장간 갑목이 극하는 작용으로 파가 성립된다고 본다. 그렇지만 축진파(丑辰破)나 자유파(子酉破) 등의 다른 파와 달리 먼저 일어나는 것으로 파악되는 합의 작용이 우선하여 뒤따르는 파의 작용은 그다지 위험하다고 보지는 않는다.

인 중 지장간 병화에 대하여 해 중 지장간 임수가 합하고자 하는 작용이 있다. 이때는 인 중 지장간 갑목이 임수로부터 생조를 받아 파합(破合)에 이른다. 이는 결국 합을 반대하는 과정으로 나타나나 합의 과정이 무시되는 것은 아니다. 인해는 표면적으로 합의 관계이고 파에 이르지만 결국 생조의 관계가 있어 합이 작용하고 나중에 파의 과정으로 넘어가는 것으로 본다.

모든 것은 과정과 결과로 나타난다. 인해파로 일어나는 작용을 살핀다. 인해가 만나 합을 이루기 전에 지장간에서 임수가 갑목을 생조하는 것이 중요하다. 즉 이 작용이 겉으로 드러나 간명에 사용된다. 아직 합하기 전이므로 인간사의 과정에서 나타나는 일과 같은 현상이 나타난다. 예약, 준비, 망설임, 내지름, 예비, 예치, 의심, 불안, 회의, 번복, 되돌아봄, 포기, 섣부른 결정, 망연자실, 대기와 같은 일들이 일어난다. 일이 진행되는 중에는 중지, 멈춤, 느려짐, 정지, 되돌아감, 검토, 재검색, 번복과 같은 일들이 일어난다. 일을 추진해도 구설, 참견을 받는다. 일을 진행하는 중에는 가계약, 해약 후 재계약, 파괴 후 원상복구, 건축 후 개축, 조직 후 재정비와 같은 현상들이 수시로 나타난다. 결국 호사다마라는 말을 무시할 수 없게 된다.

인해는 모두 지장간에 무토를 둔다. 이에 따라 무토의 특성이 드러난다. 등산, 트레킹, 여행, 등반, 산야초 채집, 산신제, 기도와 같은 특성이 드러난다. 인해는 불안전한 합과 파이므로 안정감과는 거리가 먼 현상들이 나타난다. 가출, 도망, 도주, 사고치고 도망, 수시로 팽개침, 고향을 떠남, 오락가락, 흐린 후 갠 것과 같은 불안정한 상황들이 나타나기 쉽다. 신체적으로는 수술 흔적, 신체 흠집, 유산, 심신공포, 위장, 한랭 증상이 염려된다. 수족이 차갑기도 하다.

1999년 2월 16일(양력) 9시 17분				
천간	戊	己	丙	己
지지	辰	亥	寅	卯

기해일주이다. 년지가 묘, 월지가 인, 일지가 해이다. 지지의 배치 상태로 보아서는 인묘진 삼합이 이루어지고 있다. 그런데 인과 해는 합이며 파이기도 하다. 이 복잡한 지지의 변화에서 인해파가 작용할지 세밀하게 살펴야 한다.

5) 축진파

축진(丑辰)은 오행상으로 비화(比和)이다. 즉 같은 오행을 만난 것이다. 같은 오행을 만나면 비화라고 한다. 즉 비견이나 겁재를 만나는 것이다. 목이 목을 만나는 것이고 화가 화를 만나는 것이다. 오행이 같은 경우에 비화이다. 특히 궁합을 살필 때 비화는 매우 신중하게 살핀다. 일간이 비화인 궁합은 평소 문제가 없으나 깨질 때는 극렬하여 극의 관계 이상으로 험악하다.

비화라고 해서 지장간도 같지는 않다. 즉 같은 오행이라고 해서 모든 오행이 같은 글자가 같은 지장간을 지니고 있는 것은 아니다. 축과 진은 지장간이 다르다. 축 중 지장간에 있는 신금(辛金)이 진 중 지장간에 있는 을목(乙木)을 극한다. 또한 축 중 지장간 기토(己土)가 진 중 지장간 계수(癸水)를 극하는 일련의 과정에서 파가 성립된다고 보인다.

축과 진이 하나같이 토라 하나 음양의 토가 중첩되어 토중첩이다. 토는 물의 흐름을 막는다. 물의 흐름을 보여주는 계수(癸水)나 자수(子水)에 토의 존재는 물을 막는 것이나 같다. 계수 주위로 모든 마른땅이 에워싼 격이다. 이와 같은 과정으로 수기가 유통되지 못해 불통된다. 이로써 수기가 고갈된다. 결국 수갈(水渴)된다. 수의 흐름이 고갈되거나 막혀버리면 혈기(血氣)가 탁해져 혈액과 신체 내부의 수기 유통이 불순해진다. 결국 매사 질병과 사고가 뒤따른다. 특히 혈액병(血液病)을 무시할 수 없다.

축 중 지장간 계수는 진 중 지장간 무토와 상합(相合)한다. 이러한 이치는 물이 마른땅에 스며드는 것과 유사하다. 또한 진 중 지장간 계수가 축 중 지장간 기토와 혼입한다. 기토는 습기가 많은 땅이니 때로 진흙탕이다. 계수는 냇물이다. 둘이 만나면 이는 진흙탕 물에 물을 더한 격이다.

어느 경우라도 기토와 계수의 합은 혈액 문제가 된다. 몸속의 습기가 탁해지고 걸쭉해진다. 혈액의 병으로 발전한다. 결국 혈기유통이 불순해지고 피가 끈적거리며 걸쭉해진다. 이러한 피의 순환은 심장(心腸)과 신장(腎臟)에 무리를 준다.

기토와 계수는 차가운 기운이기도 하다. 차가운 글자는 한냉(寒冷)하여 신체에 냉증(冷症)을 가져온다. 차가운 글자로 이루어진 사주는 몸을 아프게 한다. 냉병(冷病)이다. 신장에 결정적 영향을 미친다. 또 비장과 위장에 한습(寒濕)이 쌓여 응결을 가져온다. 먹을 욕심은 생기나 소화가 잘 안 된다. 매사 소화불량이 일어나 시간이 흐르면서 위장병으로 자리 잡는다. 결국 맹장염이 오고 췌장이 약해져 병이 온다. 생고기나 육회는 금물이다. 생선회나 민물고기를 먹으면 편충, 촌충, 회충 같은 기생충이 창자 내부에 쌓이게 된다. 폐디스토마 같은 기생충도 몸에 축적된다. 차가운 음식을 먹으면 좋지 않다. 다른 사람은 이상이 없는데 혼자 심한 복통을 일으킨다.

진 중 지장간 을목과 계수는 축 중 지장간 신금과 계수의 도식에 해당한다. 즉 설기시키거나 기운을 빼앗는 것이다. 이런 과정으로 진은 축을 만나면 항상 두려워한다. 이처럼 두려워하니 파가 성립된다. 기의 흐름과 적체로 파가 성립되면 병으로 나타난다. 오장육부 중에서 진이 나타내는 위장에 병이 온다. 축이 나타내는 비장에 문제가 생긴다. 늘 횡격막 관계가 긴축이 되어 복부를 압박해 숨이 차고 고통이 따른다.

토의 문제는 위의 증상으로 나타난다. 축과 진은 토이므로 반드시 위장과 비장의 문제가 나타난다. 위의 문제는 단순히 위로 끝나는 것이 아니다. 위에서 일어나는 소화 문제는 쓸개즙 작용도 문제가 된다. 위는 장소이고 소화액은 작용이다. 위에 뿌려주는 분비액이나 소화액의 작용이 불완전하다. 축 중 지장간 신금과 계수는 진 중 지장간 을목과 계수를 생조한다. 이 현상은 산성(酸性)의 위장액을 과다하게 생조하게 만든다. 결국 지나친 위산 분비를 촉진하여 위산과다(胃酸過多)를 일으킨다. 이로써 점차 강한 위장병의 악화를 가져온다. 위의 병을 피하기 어렵다.

진의 속성이 샘물을 가진 순수한 흙이라면 축은 서릿발처럼 얼어붙은 땅이거나 강가의 자갈이다. 습기 많은 흙과 자갈은 서로 섞여 반죽되는 관계로 보일 수도 있다. 물상(物象)으로 보면 흙과 자갈이 섞이는 것처럼 서로 어울리는 듯 보인다. 사실은 흙이라는 것을 자갈에 묻어버리는 격이다. 결국 진으로서는 피해를 보는 격이다. 이 같은 이치는 결국 흙과 자갈의 배합에 문제가 온다. 이 혼합물로 벽을 쌓으면 부실해진다. 건축물이 무너지거나 균열이 가는 법이다. 이와 같은 이치가 진축의 관계에서 파로 나타난다.

진축파의 관계에서 일어나는 현상은 결국 토붕(土崩)이다. 흙이 무너진다는 뜻이다. 이와 같은 결과로 일상에서 무너지는 일이 많이 나타난다. 집의 벽이 무너진다. 제방과 담장도 무너진다. 축사와 같은 건축물도 무너진다. 차고와 창고가 무너진다. 토굴은 파는 족족 무너져 인명피해를 가져온다. 축대가 무너지고 논두렁도 무너진다.

개인적인 문제가 아니다. 국가를 영도하는 사람이라면 영토가 무너지기도 한다. 결국 국토를 빼앗기거나 전쟁이 나기도 한다. 국경에서 분쟁이 나서 경계가 허물어지거나 국가 수비의 방벽이 무너진다. 대내적으로 법의 문제가 무너지거나 위법 사항이 자주 일어난다. 부하들이 범법행위를 하고 법의 잣대가 오락가락한다. 개헌을 해야 하는 상황이 온다. 수시로 법이나 업무의 전환이 일어나고 재개정이 일어난다. 결국 국가의 기강이 흔들리고 법조항이 유명무실해진다. 스스로 법을 자신의 잣대에 맞추려고 한다.

사주원국에 진축의 파가 있게 되면 개인적인 현상도 나타난다. 주로 흙과 자갈이 섞이는 것과 관련된 변화가 있다. 주택수리와 개조, 개축과 신축, 무너짐의 수리, 붕괴된 집 개축, 전답의 개간이나 정비, 경지정리와 저수지 정비, 논둑이나 댐의 붕괴나 매몰, 농로 유실 후 재건, 장마철의 침수와 재건, 댐 건설과 보수, 조경의 정리 등에 적용된다.

토대토의 파는 충과 같은 병을 가져온다. 토의 작용에 따른 질병이 위장과 비장에 가장 먼저 나타난다. 진토와 축토는 차가운 토이므로 몸에 한습이 온다. 차가운 곳에서 밥을 먹으면 복통이나 소화불량이 있는 것과 같이 몸에 무리가 온다. 설사와 변비는 흔한 일이다. 위염과 위궤양이 오는데 심하면 암으로 발전할 가능성이 있다. 발가락과 손가락 사이에 습기가 있어 습진이 온다. 맹장염과 복막염으로 고생한다. 간장계통에도 병이 오고 창자에는 회충 등이 생겨 영양을 빼앗기며 건강이 무너진다.

1964년 12월 13일(음력) 22시 22분			
천간	乙	己	丁	甲
지지	亥	巳	丑	辰

기사일주이다. 갑진년이라 년지에는 진이 좌했고 월지에는 축이 좌했으므로 축진 파이다. 한습한 토끼리의 파이기에 위장병이 의심된다. 년지와 일지가 파의 관계인데 일지와 시지는 충의 관계이다.

6) 자유파

자유파(子酉破)는 표면적으로 오행으로 금생수(金生水)하였으니 상생이다. 유금이 자수를 생하는 관계이기 때문이다. 이는 명리학의 가장 기초적이며 중요한 오행의 생극관계에 해당한다. 아무리 살펴도 자(子)와 유(酉)의 관계에서 파가 되는 것을 규명하기는 쉽지 않아 보인다.

막연하게 이전부터 전래되어온 공식이라고 설명하기에는 무언가 부족하다. 이유가 있어 파의 관계로 규정되었을 것이다. 다양한 공식을 적용하고 억지로 해석하면 지지의 자수는 천간의 계수(癸水)와 같은 성분이다. 지지의 유금은 천간의 성분으로 따져 신금(辛金)에 해당한다. 이에 적용해보면 이치가 조금은 합당하다. 신금 처지에서 계수는 식신이다. 계수 처지에서 살피면 신은 효신(梟神)에 해당한다. 이를 감안하면 자수는 유금의 생을 받기는 하지만 달리 효신의 작용이 일어난다고 볼 것이다.

【집중】　　　　　　　　　　　　　　　　효신(梟神)

효신살(梟神殺)은 올빼미살이라고 한다. 효신은 올빼미 효(梟)자와 귀신 신(神)자이다. 익히 알고 있듯 신(神)은 신(GOD)이 아니다. 사주팔자의 육신에서 살(殺)작용을 하는 편인(偏印)을 말한다. 편인은 사주를 구성하는 육친에서 4흉신에 속한다. 그러나 사주팔자에 편인이 있다고 모두 효신은 아니다. 일지에 깔린 편인이 있을 경우에만 효신이라 정의한다. 사주에 편인이 있으면 어떠한 형태로든 불행이 찾아온다고 한다. 흉조로 일컫는 올빼미와 비교해서 푸는 것이다.

올빼미는 알을 낳아 새끼를 까서 기른다. 새끼가 자라면서 둥지가 좁아지면 한 마리를 나무 아래로 떨어뜨린다. 아래로 떨어진 새끼는 어떻게든 살아남아 날아올라 어미 가슴을 파먹으며 복수한다고 한다. 올빼미는 중국에서는 더욱 극악하게 표현하는데, 동방불인지조(東方不仁之鳥)라 하여 어미의 보살핌 속에서 태어나 힘이 생길 만큼 자라면 어미의 배를 쪼아먹고 사는 악조(惡鳥)로 알려져 있다. 따라서 효신살은 불효의 살이다. 가까이 있으면 어머니와 대립하고 멀리 떨어지면 그리워한다는 것이 효신살이다.

편인은 실권(失權), 질병, 이별, 고독, 박명, 파재(破財), 색난과 같은 흉한 이치를 나타낸다고 하며 효신살은 총 12개 일주가 해당한다. 갑자(甲子), 을해(乙亥), 병인(丙寅), 정묘(丁卯), 무오(戊午), 기사(己巳), 경진(庚辰), 경술(庚戌), 신미(辛未), 신축(辛丑), 임신(壬申), 계유(癸酉)이며 대표적인 불효자의 명이다. 일지가 편인인 경우가 이에 해당하는데 편인은 사길신의 하나인 식신을 파극하여 도식(倒食)이라고 부르기도 한다.

효신살의 경우는 배우자 자리인 일지에 어머니가 앉은 것이다. 어머니의 보호가 지나친 것이니 과보호가 자식을 망친 것이다. 이를 모자멸자(母慈滅子)라고도 한다. 어머니가 배우자 자리에 앉아 참견하니 아들이 아내 말을 듣지 않고 어머니 말만 들어 부부갈등이 생기고 결국 고부갈등도 생긴다. 따라서 남자 사주에 효신이 있으면 부부이별이 있을 수 있음을 의미하고 여자 사주에 효신이 있으면 식상을 극하여 산액(産厄)이 있거나 유산(流産) 가능성이 높으며 자식으로부터 효도를 받기 어렵다.

효신살 사주는 집 안에 올빼미 그림을 붙이지 않으며 박제 등도 금기시한다. 심지어는 새를 기르는 것도 좋지 않다. 효신살 사주는 잘 풀리면 교육자, 인격을 지닌 덕망가, 지도자가 될 수 있으나 잘못되면 기회주의 성격에 허례허식이 강하다. 부모 도움으로 살아오니 나태하고 고집스러우며 배우자와 대립한다. 만약 자식에게 효신살이 있다면 홀로서기를 가르쳐야 하며 일찍부터 독립성을 키워주는 것이 자식을 위하는 길이다.

자수와 관련된 병을 살핀다. 자수는 물이다. 인체의 물은 혈액과 소변이다. 소변이 흐르는 물줄기를 자수라 볼 수 있다. 결국 자수는 요도(尿道)를 나타낸다. 유금은 균(菌)을 나타낸다. 자유파가 일어나면 요도에 균이 침입하는 것이다. 신장에 균이 침입한다. 혈액에 균이 침입하는 것을 나타낸다. 자유파가 이루어지면 요로에 병이 온다. 요로에 균이 침입하는 것이나 같다. 이렇게 하여 요도염과 같은 요도계통의 병이 발생한다. 전립선염도 같은 현상이다. 대표적인 것이 요로감염이 될 것이다.

여자는 자유파의 작용에서 더욱 심각하게 나타난다. 평상시 요통과 생리통을 앓게 된다. 생리가 시작되면 생리통이 따른다. 자식을 낳으면 산후통이 따르게 된다. 때로는 하혈하고 자식 생산에 문제가 생기기도 한다. 사산과 유산도 조심해야 한다. 나이를 먹으면 요실금까지 의문스럽다. 요실금은 단순한 문제가 아니라 남편의 외도를 의미하기도 한다. 이러한 이치는 자수가 여자 몸에서는 경도를 나타내기 때문이다. 생식기를 나타낸다. 여성의 생식기인 질과 자궁도 자수 범주에 포함된다. 따라서 여자 생식기가 위험한 상태가 된다.

유금은 지지를 구성하는 12개 글자에서 가장 차가운 글자이다. 차가운 심성을 나타내기도 한다. 아울러 한기를 나타낸다. 또 유금은 균을 나타낸다. 여자의 사주원국에 자수와 유금이 함께 존재하는 것은 요도에 차가운 한균(寒菌)이 침입한 것과 같다.

사주에 자유파가 존재함으로써 일어나는 현상은 단순히 여자의 생리통이나 산후통으로 그치지 않는다. 지나치게 차가운 기운으로 유산이나 사산도 일어난다. 그것으로 그치지 않고 젖먹이에 불과한 유아의 재난을 의미한다. 어머니의 몸에서 잉태된 것이다. 아이를 잉태하였다고 해도 자궁 속 아이에게 재난이 일어난다. 이를 질액(疾厄)이라고 한다. 이렇게 자유파를 지닌 사주의 주인은 나이가 들면 주색, 탐색, 패륜의 화가 따를 수 있다. 자신을 도야하고 자숙함이 삶의 방식이 되어야 한다.

사주에 자유파가 이루어지면 남녀를 불문하고 신장에 문제가 있다. 생식기는 물론이고 요도에도 문제가 생긴다. 여자의 경우는 오줌소태와 같은 잔병이 늘 신경을 거슬리게 한다. 여자 사주라면 때때로 자궁염증이 심각하다. 외도를 하거나 남자를 잘못 만나면 임질이나 매독과 같은 각종 성병이 일신을 괴롭힌다. 아무리 몸을 가꾸어도 월경불순과 대하증과 같은 고통이 따른다. 성기는 늘 분비물로 냄새가 나서 불쾌하다. 차가운 기운으로 생리통이 따른다. 남자는 전립선에 문제가 생긴다.

사주 흐름에서 수의 오행은 신장과 연관이 있다. 차가운 물은 신장을 망가뜨린다. 차가운 사주의 주인은 신장이 나쁘다. 신장은 귀와도 연관이 있으므로 신장으로 국한되지 않는다. 귀의 염증이 따르니 피해가거나 막기 어렵다. 코의 질환도 흔하다. 허리디스크와 무릎관절이 붕괴된다. 피의 흐름이 탁해지니 통풍이 오고 당뇨도 일신을 괴롭힌다. 무좀이나 아토피와 같은 피부질환이 오고 폐질환도 흔하다. 입안에 생창이 있고 성대변질로 말하기가 괴로우며 늘 신경이 쓰인다. 감기는 흔하고 때로 기관지염이나 기침, 가래, 자지러지는 기침처럼 호흡기계통의 장애도 생긴다. 결국 다리, 무릎에 신경통이 오고 치통 등이 생활을 힘들게 한다. 수의 흐름은 생식적인 문제를 나타내는 것이므로 수의 오행 문제는 남녀 간에 색정 문제도 일어난다.

자유파는 외적인 심각성도 따른다. 살아가며 도움이 되지 않는 영향을 받는다. 홍수와 우박에 시달리고 기온과 날씨의 변화로 피해를 본다. 외출하면 유난히 우박이 오거나 소나기가 오는 것과 같은 이치다. 계절에 순응하지 못해 아프다. 자유파이므로 닭이나 쥐로 인한 피해가 발생한다. 짐승이나 가축의 피해가 있으니 닭을 키우는 일은 애초에 금물이다.

자는 도화이고 유도 도화이다. 따라서 요정, 주점, 술장사, 나이트클럽, 음식과 같은 업종과 인연이 있다. 도화는 유흥의 기운이 강하다. 따라서 유원지, 해수욕장, 목욕탕, 스케이트장, 당구장, 탁구장, 이발소, 미용실과도 인연이 있다. 물을 사용하는 세차장, 어장도 연관 있는 직종이나 장소이다. 산부인과, 필묵, 침구, 서화, 펜, 빙과류 등도 인연이 있다. 문제는 어느 것이나 직업으로 삼는다고 해도 만족스럽지 않다는 점이다. 오래하면 피해를 보거나 중도에 파탄이 따를 가능성이 농후하다.

1993년 12월 26일(양력) 11시 11분			
천간	癸	辛	甲	癸
지지	巳	巳	子	酉

신사일주이다. 계유년이라 년지에는 유가 좌했고 월지에는 자가 좌했으므로 자유파이다. 일지와 월지가 모두 사화이기에 유와는 모두 사유반합이 된다. 유가 다른 지지와 반합을 이루었다고 해도 자유파에 따른 현상이 사라진 것은 아니다.

6. 해(害)

흔히 '합과 형충파해'라고 말한다. 지지 변화에서 해(害)는 마지막에 자리하였다. 이는 다른 변화와 비교해 해의 변화는 그다지 강하지 않다는 의미가 된다. 그래서인지 쉽게 넘어가거나 해석하지 않는 연구가들도 있다. 그러나 해도 역시 오래전부터 사용하던 기법이고 응용되었으며 사용가치가 있다.

해는 근본적으로 육합(六合)의 구성을 방해한다. 해(害)는 지지육합을 방해하거나 무력화하는 작용을 하는 지지들의 결합이다. 사실 지지는 12자이고 육합은 각기 짝을 지어 여섯 개가 나온다. 이를 방해한다는 의미는 무엇인가? 해를 이루는 조합이 어느 글자와 짝을 지어 해의 관계가 되어도 육합을 방해하는 결과를 가져온다. 그래서 자세히 살펴보면 각 지지의 개별 작용이 합이 되는 상황을 반전시킨다. 즉 부정이면 긍정으로, 긍정이면 부정으로 반전시킨다.

해는 합을 방해한다. 그렇다면 합이 되는 글자가 지지에 자리할 때 합이 되려는 글자와 해가 되는 글자가 있다면 합이 이루어지지 않았다고 해석해야 한다는 말이 된다. 예를 들어보자. 진이라는 지지자가 유와 합을 하는 것은 육합의 법칙이다. 사주원국에 진과 유가 있어 육합이 이루어진다고 하자. 그런데 진과 해의 관계가 있는 묘가 있다면 묘가 합을 방해하여 진유가 있음에도 합을 이루지 못한다는 의미가 된다. 결국 육합이 이루어지는 것을 방해하는 행위가 된다.

육합을 방해하는 행위를 하기 때문에 해(害)라 하였을까? 육합이 좋은 결과라고 가정한다면 이를 방해하니 해가 되는 셈이다. 해는 해치다, 무언가를 방해하다, 훼방을 놓는다는 의미가 담긴 글자다. 육합을 해친다는 의미가 된다. 지지육합의 결합을 방해하니 훼방을 놓는다는 말은 어느 정도 이해가 간다.

그럼 합과 훼방의 관계는 무엇인가? 어떤 의미가 있나? 생각해보자. 예전에는 거주지의 이동이 자유롭지 않았을 것이다. 조선시대가 그랬고, 고려시대라고 해도 다르지 않았을 것이다. 당시 사람들은 평생을 한곳에서 나서 살다가 결국 죽어갔을 것이다. 이사를 가도 다른 마을이나 다른 도시로 간다는 것은 생각지도 못했던 시대였다. 지금과 같은 개념의 이동이라는 것은 어려운 일이다. 교통이 발달하지 않았고 교통수단도 없었다. 고향을 떠나는 것은 공동체에서 쫓겨난다는 의미가 있었을 것이다.

마을을 떠나거나 이동하는 것은 역마(驛馬)이다. 어디론가 멀리 가는 것도 역마이다. 따라서 옛날부터 역마는 매우 거칠고 힘든 일이다. 그런 이유로 사주에 역마살이 들어 있으면 힘들게 사는 운명이라 생각했을지도 모른다. 역마가 들어 있으면 고향을 떠나 떠돌이가 되거나 다른 마을로 도망가는 것으로 생각했을지도 모른다. 이러한 삶의 형태가 유지된 것은 단지 조선만이 아니라 중국 여러 지역도 다르지 않았을 것이다. 따라서 중국이나 조선의 사람들은 대부분 한 마을에서 나서 자라고 죽는 것이 일생이라 생각했을 것이다.

이동이 자유롭지 않으니 활동 지역이 매우 좁았을 것이다. 서로 아는 사이였으며 같이 장사하고 같이 농사짓는 삶을 살았다. 흔한 말로 이웃집 부엌의 밥그릇과 젓가락의 숫자도 아는 삶이었을 것이다. 이처럼 좁은 공간에서 결혼하고, 장사하고, 이웃하고 살았다. 서로 도우며 협동이 이루어졌다. 이처럼 제한된 형태의 삶의 방식에서 서로 돕는 합의 관계는 매우 중요했을 것이다.

우리의 두레며 계가 그런 형태였을 것으로 보인다. 농경사회였다. 반드시 힘을 합쳐야 농사를 짓기에 유리했다. 모두가 힘을 합쳐야 했다. 따라서 합의 관계는 선(善)의 구조였다. 이것을 깨는 관계는 악(惡)이다. 이것을 깨는 사람은 쫓겨나거나 마을에서 배척받았을 것이다. 이러한 사람들의 합을 방해하는 상황은 매우 불합리했을 것이다. 합의 관계를 깨는 사람은 악인으로 낙인찍혔을 것이다. 사람들에게 방해꾼이라 여겨졌을 것이다. 마을 공동체라는 생활의 터전에서 달갑지 않은 사람이라고 여겨졌을 것이다. 결국 다른 사람들에게 해를 주는 사람이라 생각했을 것이다. 이것이 해(害)이다. 이와 같으니 명리학에서 해라는 의미가 어느 정도의 파괴력인지 예측이 가능하다.

육합은 동일한 위치에 자리한 상태의 조합이다. 이와 비교해 육합을 방해하는 조합이 해이다. 해는 동일 경도에 있다. 위치가 수직적이다. 육합이 좌우로 선을 긋듯 이어지는 합의 구조라면 해는 수직으로 선을 긋는 구조이다. 원에 12개 지지를 일정한 간격으로 나열하였다고 생각하면 파악하기 쉬워진다. 즉 육합이 동일한 위도의 위치라 좌우로 이어지는 합의 구성이라면 육해는 수직으로 이어져 동일한 경도에 해당하는 조합이다. 육합은 자와 오를 기둥으로 삼아 차례로 좌우로 합을 맞추어 나간다면 육해는 묘유를 축으로 놓고 수직으로 맞추어 나간다.

사실 해의 작용은 그다지 크지 않다. 따라서 무시하는 연구가들도 많다. 직접적인 작용력이 아니라 작용력을 도와주는 것이라 생각하면 된다. 해는 6개이므로 육해(六害)라고 한다. 자미(子未), 축오(丑午), 인사(寅巳), 묘진(卯辰), 유술(酉戌), 신해(申亥)의 여섯 가지가 된다. 재미있는 것은 해를 적용하다보면 합, 원진과 같은 다양한 요소가 있음에도 해의 구성으로 모여 있다는 것이다.

• 묘진의 해는 진을 해함으로써 진유합을 방해한다. 즉 진유합을 이루

육해(六亥)

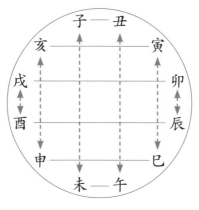

子未	丑午	寅巳	卯辰	酉戌	申亥

는 진과 묘의 만남으로 진이 유와 합하는 것을 방해한다. 결국 묘가 진유합을 방해하는 격이다. 묘진은 해이니 진유합을 방해하는 격이 다. 또한 묘는 묘유충을 이루는 구성이다. 묘가 유를 만나 충을 이루 는데 진이 묘를 만나 묘진해가 됨으로써 묘유충을 방해한다. 해는 단순히 합을 방해하는 것이 아니라 충도 방해한다.

- 인사는 해이다. 인사는 본시 형이기도 하다. 사는 신을 만나 사신합 이 된다. 인이 사신합을 이루는 사와 만남으로써 사가 신과 합하는 것을 방해한다. 인사의 해는 결국 사신합을 방해하는 격이다. 또한 사는 해를 만나 사해충을 이룬다. 그런데 사가 해를 만나 사해충을 이루지 못하게 방해한다. 즉 인이 사와 인사해가 됨으로써 사가 해 를 만나 사해충이 되는 것을 방해한다.

- 축오는 해이다. 또한 원진이기도 하다. 달리 화식(火食)이라고도 한

다. 본시 오는 미를 만나 오미합을 이룬다. 그런데 축이 오를 만남으로써 오가 미와 합하는 것을 방해한다. 결국 축오는 오미합을 방해하는 격이다. 또한 자가 오를 만나 자오충을 이루는데 축이 오와 만나서 축오해가 됨으로써 자오충이 이루어지는 것을 방해한다.

- 자미는 해이다. 본시 자는 축을 만나 자축합을 이룬다. 그런데 미가 축을 만남으로써 축이 자를 만나 합하는 것을 방해하니 자미는 자축합을 방해하는 격이다. 또한 자는 오를 만나 자오충을 이룬다. 자가 오를 만나 충을 이루는데 미가 자와 만나 자미해가 됨으로써 자오충을 방해한다.

- 신해는 해이다. 본시 인은 해를 만나 인해합을 이룬다. 그런데 신이 해를 만남으로써 해가 인과 합하는 것을 방해하니 신과 해의 만남은 해가 인해합을 방해하는 격이다. 또 사는 해를 만나 사해충을 이룬다. 해가 사를 만나 충을 이루는데 신이 해와 만나 신해가 됨으로써 사해충을 방해한다.

- 유술은 해이다. 또한 방합의 반합이기도 하다. 본시 유는 진을 만나 진유합을 이룬다. 그런데 술이 유를 만남으로써 유가 진을 만나는 것을 방해하니 유술의 만남은 진유합을 방해하는 것이다. 또 묘유충을 이루어야 하는데 유가 술과 만나 유술해가 됨으로써 묘유충을 방해한다. 그러나 유술도 방국의 반국(半局)이다.

이처럼 육해는 다른 합과 충을 해(害)하는 역할을 한다. 육합을 방해하는 것으로 그치지 않고 육충을 소멸시키는 작용도 한다. 따라서 모든 것을 풀어버리는 해(解)의 작용이라고 보아도 틀리지 않는다. 일반적으로 합은 좋은 작용을 한다고 믿어졌으며 충은 나쁜 작용을 한다고 믿어왔던 것이 사실이다. 물론 합이라고 해서 반드시 좋은 것은 아니다. 충이라고 하여 반드시 나쁜 것은 아니다. 합과 충의 좋고 그름 이전에 육해를 만나면 모두 소멸되고 만다.

사실 육해는 사주 간명에서 그다지 중요하게 사용되지는 않는다. 또 적용하지 않는 술사나 연구가들도 많은 것이 사실이다. 그러나 해의 역할은 약하지 않다. 그다지 두드러지지 않지만 사주 간명에서 해의 역할은 정체된 기를 뚫어주거나 긴장을 해소하는 작용이 있다.

육해는 달리 상천살(相穿殺)이라 한다. 뚫어준다는 말이다. 상대방 가슴에 심한 구멍을 뚫어버리는 흉한 것으로 여겨지는 것도 사실이다. 그러나 흉한 충을 해소하는 경우도 있다. 지지의 변화와 결합에 지나치게 매이지 말고 사주원국과 흐름에 따라 사용하고 적용하면 많은 것을 파악하여 길한 간명이 이루어지리라 여겨진다.

1) 자미해

자오충(子午沖)을 먼저 생각한다. 자수가 있어 오화를 충(沖)하려고 한다. 그런데 미가 다가와 오미합(午未合)을 해버린다. 결국 합으로 오화를 보호하는 형국이 이루어진다. 자수로서는 참으로 밉상이다. 어찌해볼 수 없는 진퇴양난의 상황이다. 이 경우에는 때리는 시어머니보다 말리는 시누이가 더욱 밉다는 격이다. 이러한 상황은 명리학에서도 적용되는 이론이다. 자수로서는 속이 부글부글 끓을 것이다. 겉으로 드러나지 않는다 해도 공격하려던 오화보다 자신을 방해하는 미토가 더욱 얄미울 상황이다. 심하면 원수 같다는 생각이 들 수도 있을 것이다.

축미충(丑未沖)의 경우도 다르지 않다. 미는 축을 보면 공격한다. 서로 공격한다. 미가 기회를 보아 축을 공격하려고 한다. 공격을 하면 완벽한 축미충이 이루어진다. 이때 갑자기 자수가 나타나 자축합이 되어버린다. 자연적으로 미의 공격을 막아버린다. 미의 처지에서 자수야말로 철천지 원수이다. 이처럼 서로 충을 하려는 순간 나타나 공격하려는 상대를 도와주는 결과가 된다. 이는 은연중 나타나는 암해(暗害)작용이다. 눈에 보이지 않는 공격이다. 눈에 보이지 않게 해를 입히는 경우이다. 보이지 않는 방어와 공격이 더욱 치명적이다. 이는 재산상 손해는 물론이고 사업적으로도 실패를 불러온다. 특히 육해는 사람 사이에 일어나는 인연관계에서 눈에 두드러진다.

자미해(子未害)로 생기는 문제는 매우 심각하다. 사업의 무시무종(無始無終)이 가장 대표적인 것이다. 언제 시작되는지 알 수 없다. 언제 끝날지도 모른다. 드러나는 것이 없다. 무엇인지도 알 수 없다. 이유 없이 영업이 안 된다. 드러나지 않는 화를 당한다. 그야말로 보이지 않는 공격을 당한 격이다.

병이 오고 몸에 무리가 온다. 자는 물이니 신장이다. 미는 척추를 형상화한 글자다. 척추에 병이 온다. 신장에 병이 오니 요통에 시달린다. 허리의 병이 오고 무릎이 아프다. 자는 차가운 글자다. 위에는 한기가 차서 매사 고통을 준다. 위궤양, 위염이 있다. 치통이 뒤따르고 입술 부위에 질환이 쉴 날이 없어 생활이 불편하다. 자수 문제이니 당뇨가 온다. 과식과 음식물로 인한 당뇨가 점차 심해진다.

자미해로 일어나는 여러 가지 현상도 무시할 수 없다. 차가운 물이 농사를 망친다. 농사가 한파에 시달리고 농장이 안정을 잃는다. 목장과 축사, 양계장과 같은 축사시설의 피해가 일어나 복구하기가 힘들다. 주방, 제방, 담장, 건물, 각종 시설물이나 건조물이 무너지고 자수의 영향으로 침수해를 당한다. 미토는 뜨거운 땅이다. 차가운 물의 영향으로 심장결석, 위장병이 온다. 자수의 영향으로 생식기의 병이 오고 여자는 음부, 자궁, 월경, 요도, 방광에 병이 미친다. 신장이 약해지며 귀와 호르몬 등에 병이 생기거나 그로 인한 불편을 겪는다.

1981년 7월 21일(양력) 19시 45분				
천간	丙	庚	乙	辛
지지	戌	子	未	酉

경자일주이다. 월지에 미토가 좌했으며 일지에 자수가 좌했으니 자미해가 이루어졌다. 아울러 년지에 유금이 좌했으니 자유파이다. 시지의 술과 년지의 유는 유술합이 이루어지나 지나치게 멀어 요합(遙合)이다.

2) 오축해

오축해(午丑害)는 상해(相害)로 서로 해를 입는 관계이다. 오도 상하고 해도 상하는 관계이다. 자미해(子未害)와 발생 과정이나 전개가 그다지 다르지 않다. 축이 미를 상충(相沖)할 때 오가 미와 합하여 미를 엄호한다. 즉 축미충(丑未沖)을 방해하는 것이다. 반대의 경우도 있다. 오가 자를 충하고자 할 때 축이 자와 합함으로써 오가 공격을 하지 못하도록 방어하거나 엄호하니 축오(丑午)는 서로 증오하고 원망한다. 결국 축미충(丑未沖)이 이루어지지 않게 해하는 것이다.

오행의 관계에서도 축 중 지장간 계수가 오 중 지장간 정화를 충하고, 오 중 지장간 정화는 다시 축 중 지장간 신금을 상호 극한다. 특히 오 중 지장간 정화를 보호하는 기토가 축 중 지장간 신금을 생하는 관계가 이루어지니 신금이 계수를 생하는 과정에서 오축의 해는 오 중 지장간 정화를 파괴한다.

또한 화식(火食)이라는 말을 한다. 축토에게 오화는 인성이니 어머니와 같다. 오화는 화톳불처럼 어느 경우에도 꺼지지 않는 불이지만 축토를 만나면 힘을 쓰지 못하고 꺼져버린다. 오화는 오로지 축토만이 두려울 뿐이다. 이와 같은 관계가 성립되어 사주에 축토와 오화가 나란히 붙어 있으면 부모복 없는 대표적인 사주이다. 이를 화식이라 하는데 부모의 덕을 입기 어렵다.

오축해가 이루어지면 다양한 현상이 일어난다. 매사 일의 시작과 끝이 불리하다. 공과 사의 구별에서도 불리하다. 일의 시작과 끝은 물론이고 일의 행적이 분명치 않다. 부지런히 해도 무엇을 하는지 알 수 없다. 용두사미가 따로 없다. 따라서 열성을 들여도 성취가 난감하다. 부부불화(夫婦不和)가 수시로 발생하고 심장질환이 있다. 매사 정신이 안정되지 않는다. 수시로 기가 날뛰니 늘 심장이 벌렁거리고 숨결도 거칠다. 마음의 안정도 어려운데 혈압, 빈혈이 오니 생활의 어려움이 따른다.

병도 다양하게 온다. 혀에 생기는 병이 있다. 입안에서 구취가 나고 크고 작은 병이 생겨난다. 심포횡격막의 질환에 노출된다. 위하수체가 있다. 몸으로 파고드는 한기는 늘 몸을 아프게 하고 쟁증에 시달린다. 안정되지 않는 마음의 병은 수습불가다. 중풍, 뇌졸중은 뜨거운 기운으로 일어나거나 차가운 기운으로 일어난다. 각종 정신병이 따르고 건망증이 온다. 젊은 나이에 치매가 나타나고 매사 신경질이 나니 자율신경계 불안이다.

보통의 경우 신경계나 자율신경계는 목(木)의 영역이다. 그러나 오축의 해가 일어나면 자율신경계의 이상이 온다. 오화에 장해가 미치니 눈에도 병이 온다. 오화의 병은 무조건 눈에 영향이 온다. 신경장애로 언어장애가 따르고 상황판단에 미숙이 따른다. 이에 따라 사람에 대한 결례가 있는데 이는 판단이 흐려지기 때문이다. 또한 매사 착각 등이 일어나니 무엇을 하더라도 손실이 따른다. 문화적 관계, 학문적 차이나 괴리감, 의견이나 재물의 상치와 재고를 통한 암투로 불상사가 일어난다.

1964년 9월 2일(음력) 12시 3분			
천간	庚	己	癸	甲
지지	午	丑	酉	辰

기축일주이다. 갑진년이라 년지에는 진이 좌했고 월지에는 유가 좌했으므로 진유합의 관계이다. 일지는 축이 좌하여 월지와 유축합이다. 년월일지가 합하여 금으로 변하였다. 시지는 오화가 좌하니 일지 축과 축오해가 되었다. 한습한 사주이기 때문에 신장병이 의심된다. 또한 축오는 화식이라 부모의 운이 없는 전형적인 사주이다.

3) 인사해

인사해(寅巳害)는 상해(相害)라고 한다. 인사상해는 삼형살의 구성요건이다. 인사해는 인사신(寅巳申) 삼형(三刑)의 일부분이다. 대부분 인사가 자리하면 인사해는 살피지 않고 인사형을 살핀다. 인사신 삼형의 파괴력이 상해와는 비교조차 하지 못할 정도로 파괴적이기 때문이다. 인사상해는 해의 작용에 앞서 삼형살이 가중된 상해이다. 따라서 인사형해(寅巳刑害)라고 부르기도 한다. 겉으로는 인사신 삼형의 기운이 나타날 가능성이 더욱 크다.

형과 해가 동시에 작용하므로 그 파괴력이 폭발적이다. 인사형해의 성립은 인의 지장간 병화가 사 중 지장간 경금을 극하는 것이다. 또한 인 중 지장간 갑목이 사 중 지장간 무토를 극하는 것이다. 아울러 사 중 지장간 경금은 인 중 지장간 갑목을 공격한다. 이처럼 모든 지장간이 서로 극하는 것이 삼형의 반응이다. 상해의 작용은 인이 신을 상충하는 것을 사가 와서 사신합하여 엄호하는데 인에게는 원수와 다를 바 없다. 반대로 신이 인을 충하고자 할 때 해가 다가와 인과 합으로 비호하니 역시 같은 결과가 드러난다. 신과 해도 상해와 다름없다.

인사상해는 해의 작용이 일어나기 전부터 삼형의 작용에 따름으로써 다양한 작용과 흉함이 나타난다. 해의 작용보다 형의 작용이 크다. 이에 따른 결과로 나타나는 현상은 다음과 같다. 원하지 않는 외출, 어쩔 수 없는 출장, 어쩔 수 없는 출행, 망설이는 출장, 전진보다는 후진, 원하지 않는 원행(遠行), 구설로 인한 우환이 따른다.

건강상으로는 악성종창, 후두염, 접촉성 피부염, 버짐, 알레르기, 건성 피부, 두드러기, 아토피, 얼굴 흠집이 나타난다. 피부질환은 보통이고 건조한 피부로 고생한다. 얼굴에 곰보와 같은 흔적이 생긴다. 내부적인 병으로는 간장, 담낭, 편도선, 소장염, 입, 혀, 어깨 결림, 회전근 파괴, 견비통, 테니스 엘보, 팔다리 결림과 쑤심이 생긴다. 이유 없이 수족상이 생기고 피로감이 누적된다.

인간관계도 피곤이 따른다. 동기, 동문, 동창, 오랜 친구, 이웃집 친구, 아는 사람, 사회 친구, 회사 동료, 친척·친인끼리 서로 헐뜯고 배신하는 일이 일어난다. 배신하고자 해서 배신하는 것이 아니다. 어쩌다보니 배신하는 관계가 된다. 그에 그치지 않고 일이 확대일로에 놓인다. 아는 사람이나 모르는 사람 사이에 문제가 일어난다. 서로 질시하거나 사심이 작용하여 문제를 일으킨다. 비판, 모략, 헐뜯음, 뒷담화, 욕설, 비판, 중상이 일어나니 참기 어렵다. 화를 내도 해결되는 일이 없으니 미칠 노릇이다.

단 한 가지 기대는 있다. 삼형살은 권위가 있다. 강한 살기를 지닌 힘이다. 만약 삼형살의 힘이 있어 좋게 작용하면 형해를 제복하여 권위가 있는 직종에 종사하고 권위를 유지할 수 있다. 따라서 직업을 잘 선택해야 한다. 검사, 판사와 같은 법조계가 상급이고 의사, 약사, 간호사, 한의

1964년 12월 13일(음력) 인시			
천간	丙	己	丁	甲
지지	寅	巳	丑	辰

기사일주이다. 일지에 사화가 좌했고 시지에 인목이 좌했으니 인사해이다. 그러나 인사는 해의 작용보다 형의 작용이 더욱 크다.

사가 중급이다. 직접 피를 보는 도살장 근무, 셰프는 하급이다.

4) 묘진해

묘진해(卯辰害)도 상해이다. 서로 해를 주는 관계이다. 동축지해(東軸之害)라고도 한다. 본시 묘는 유와 충의 관계에 있다. 묘와 유가 충하니 묘유충(卯酉沖)이다. 묘는 유를 충하고자 한다. 그런데 묘와는 충의 관계인 유를 진이 합해버린다. 따라서 묘는 충해야 할 대상을 잃어버린다. 상대적인 충의 대상인 유가 진과 합하자 충거(沖去)하고자 했던 묘는 술과 합한다. 이렇게 되면 서로 엄호하는 관계에서 묘진상해, 유술상해가 성립된다.

묘와 진의 관계는 표면적으로 도움이 된다. 진토는 막연한 토가 아니라 물이 있는 토이다. 샘물이 있는 토이다. 묘목은 자라기 위해 물이 필요하다. 묘목이 진토를 만나면 묘목은 진토가 가지고 있는 샘물을 먹고 잘 자란다. 표면적으로 보면 생의 관계가 이루어지는 셈이다. 그러나 묘목은 배은망덕하다. 진토가 내주는 혜택을 저버리고 배역(背逆)하거나 질투한다. 더 나아가 은근히 멸시하는 피해를 준다. 그럼에도 묘목의 낙엽은 떨어져 다시 뿌리의 거름이 된다. 그와 동시에 진토는 본시 유금과 합한다. 진토는 유금의 힘을 얻어 을목을 벌(伐)한다. 이와 같은 이유로 묘진은 상해가 되고 만다.

묘진상해가 일어나면 풀뿌리가 땅을 파고드는 것이나 같다. 사람을 멸시하고 자신을 돕던 사람에 대한 배신과 암해가 있다. 친인에 대한 음모가 난무한다. 음성적으로 공격하는 암충이 일고 비판이 강해진다. 상대를 쓰러뜨리기 위한 모략과 중상이 난무하고 뒷담화가 무성하다. 자신을 드러내기 위한 비신사적인 타인의 공격을 밥 먹듯 하고 자신은 언제 그랬냐는 듯 시치미를 뗀다. 결국 자기 목적에 친척이나 형제 혹은 친한 친구도 보이지 않는다. 육친에게 상해를 입히거나 손해를 입히고 골육을 무시한다. 형제를 돕지 않고 이익을 위해서는 배척하는 무정과 같은 일탈이 일어난다.

묘진해는 나무가 땅을 파고드는 것과 같은 이치가 성립된다. 따라서 땅과 관련된 직업이 좋다. 묘진해가 있는 사주에서 직업적으로 의미하는 것은 토목이나 땅, 건축, 개발과 관련이 있다. 토목건축공사, 도로포장, 건설, 지반공사, 일반건축, 사방공사와 같은 대규모 공사가 해당된다. 소규모나 개인적 의미는 토지개발, 밭갈이, 토지분할, 토지개량, 농업시설, 비닐하우스와 같이 농사에 직접 관계있는 농토 개발이나 개척이 해당한다. 그밖에 나아가 부동산 개발, 부동산 중개, 아파트 분양, 각종 부동산 거래가 해당된다. 초목 분양, 나무 판매, 종자 판매, 종자 개발, 종묘(種苗)도 포함된다.

사주에 묘진해가 성격(成格)되면 풍수(風水) 피해를 보는 경우가 적지 않다. 바람과 비의 폐해가 심하다. 언젠가 벼락 치는 날 산에서 조난당하고 벼락으로 죽은 안타까운 사람들이 있었다. 이러한 경우에 해당한다. 다른 사고로 인한 피해도 나타나지만 바람과 물의 피해는 예상을 넘어선다.

인체에 미치는 병으로는 목의 오행인 묘와 토의 오행인 술의 영향이 있다. 따라서 위장, 비장, 십이지장, 간장병이 나타날 가능성이 높다. 신경성 두통, 치매도 염려된다. 묘진의 물상은 질척거리는 땅의 이끼다. 혹은 샘에 뜬 부초(浮草)다. 작은 나뭇가지다. 길이가 짧은 나무다. 따라서 곤봉이나 지팡이, 싸리 가지 같은 물상이다. 또한 이러한 것에 의한 피해가 예상된다. 죽창과 같은 물상에 찔리거나 몽둥이에 맞는다. 자연현상으로는 돌풍에 휘말릴 가능성이 있다. 번개에 노출되거나 천둥에 당하고 갑자기 쏟아지는 소나기에 고립될 수도 있다. 비가 오는 날 사태가 일어날 수 있다.

1999년 4월 22일(양력) 진시			
천간	戊	甲	戊	己
지지	辰	辰	辰	卯

갑진일주이다. 사주원국에 토의 오행이 지나치게 많으므로 토의 오행이 지니는 성격이 강하게 나타난다. 또한 천간의 일간 갑은 기와 합하여 주변의 영향으로 화격(化格)으로 성격(成格)되어 종격(從格)이 된다. 년지에 묘목이 좌했고 월지, 일지, 시지에 진토가 좌했으니 묘진해이다. 세 기둥이 모두 해의 관계이므로 그 성향과 결과가 강하게 나타난다.

5) 신해해

신해해(申亥害) 또한 상해이다. 상해이니 신도 상처를 입으며 해도 상처를 받는다. 결국 서로 상처를 입는다. 본디 인신충(寅申沖)이다. 즉 신은 인을 보면 공격하려는 마음이 강하다. 사실 신과 인은 만나면 공격하여 충의 관계를 만든다. 그런데 인은 또한 해를 보면 합하려고 한다. 인은 인신충이 되거나 인해합(寅亥合)을 이룬다. 신이 볼 때는 인과 해가 합하므로 공격하거나 상처를 입히기에는 역부족이다. 결국 인을 공격하려는 신에게는 인을 보호하고 방어해주는 해가 증오의 대상이 되고 만다.

해의 처지도 다르지 않다. 해도 사를 만나면 사해충(巳亥冲)이 된다. 해가 사를 공격하고자 하지만 신이 있으면 곤란하다. 신과 사가 만나면 합을 이루어 신이 든든하게 엄호하므로 해가 공격할 수 없다. 따라서 사를 보호하는 신을 해가 시기하고 질투한다. 결국 신해는 교해(絞害)의 관계가 성립된다.

보통의 경우 해(害)의 작용은 충(冲)의 작용과 같이 지장간의 충돌로 일어나거나 지장간끼리 극의 관계에서 성립한다. 신 중 지장간 경금이 해 중 지장간 갑목을 극충한다. 해 중 지장간 갑목은 신 중 지장간 무토를 극한다. 지장간 속 오행이 서로 극충 관계를 이룬다. 신 중 지장간 무토는 해 중 지장간 임수를 극하는 것으로 서로 다투고 극하니 상해가 된다. 지장간의 변화가 드러나는 것이 해의 관계이다.

해 중 지장간 갑목이 신 중 지장간 경금으로부터 수극(受剋)을 받으니 강한 작용력이 일어난다. 그런데 해는 해묘미(亥卯未)의 목국이 이루어져 신금을 만나면 겁살위에 해당한다. 이를 달리 교해라고 하는데 이는 매우 불길한 작용이다. 달리 보면 표면적으로는 금생수(金生水)의 관계이다.

이와 같은 이치에 따라 신해의 만남은 표면적으로는 나쁠 것이 없다. 그러나 지장간의 만남은 극의 관계이다. 그래서 마주 보고 주로 웃으며

무엇인가 시작하지만 후에는 불길하게 비뀌는 것이다. 이러한 결괴는 시
신합(巳申合)과 크게 다르지 않다. 신해가 만나면 처음과 끝이 결코 좋지
못하다. 서로 권리를 다투는 격이다. 겉으로는 달콤하나 속에는 독이 있
다. 꿀 속에 담긴 독이니 겉은 달고 속은 쓰다. 맛있는 것이나 죽음에 이
르는 독약과 같다. 붉게 익은 사과에 든 독이라고 할 수 있다. 따라서 겉
으로는 웃고 있으나 속으로는 칼을 간다. 눈에 보이지 않는 어두운 곳에
서 암암리에 공격하고 위해를 가하니 꼼짝없이 당한다. 평온한 가운데
일이 틀어지고 만다.

　일상에서 드러나는 피해도 많다. 다양한 피해와 현상이 나타날 수 있
다. 길을 가다 날아온 야구공에 뒤통수를 맞는 격이다. 세워놓은 차가 이
유 없이 돌진하여 차사고가 난다. 한때 많이 나타났던 자동차 급발진 같
은 경우다. 버스를 타고 가는데 급정거를 하여 다치는 경우와 같다. 생각
지도 않던 사고가 일어나니 미칠 노릇이다. 최근 자동차 엔진에서 불이
나는 경우가 종종 발생한다. 고속도로에서 잘 달리던 차의 엔진이 불타
는 격이다.

　일상에서 직업적으로도 피해를 본다. 농사를 지으려고 파종할 때는 문
제가 없었는데 싹이 나지 않는다. 파보았더니 씨앗의 겉은 멀쩡한데 속
이 썩어 싹이 트지 않는다. 또는 종자의 눈이 지난겨울 추위에 얼어 번식
되지 않거나 싹이 나지 않는다. 그도 아니라면 비둘기가 모두 파먹은 격
이다. 때때로 예상치 못한 일이 앞을 막는다. 오랜만에 외국 여행을 갔더
니 그 나라에 폭동이 일어난다. 배를 타고 여행을 떠났는데 예고 없던 풍
랑을 만나 배가 좌초한다. 가까스로 섬에 상륙했는데 무인도이다. 이런

일들이 반복되기 쉽고 원하지 않은 결과가 도출된다.

몸에도 피해가 따른다. 원치 않는 상황과 병이 그것이다. 세균 피해를 본다. 대부분 병은 세균에 의한 것이다. 감기가 심하다. 피부병이 심하다. 세균성 질환에 노출된다. 낙태가 따른다. 혈액이 혼탁하다. 피에 관련된 병에 노출된다. 고지혈증, 혈액병, 혈액암, 백혈병, 중성지방 과다, 악성 콜레스테롤, 고혈압, 당뇨는 혈액병이다. 방광염, 자궁에 관련된 병이 있다. 전립선, 성기의 문제다. 간단한 문제로 끝나지 않고 재수 없으면 성관계에서 일어나는 사건에 시달린다. 사소한 성병이나 임질, 매독, 에이즈에 걸린다. 그와 다르게 바람을 피우다 들킨다. 이유 없이 목이 아프고 원인을 모르는 폐질환이 있다. 대소변에 의한 고통이 따른다. 폐, 대장에 병이 오는데 압박을 받는 신금(申金)의 영향이다. 근골통이 오니 밤낮없이 쑤신다. 혈액의 영향으로 백혈병이 올 수도 있다. 때로 알 수 없는 고통이 몸을 지배해 평생 간다.

1995년 8월 26일(양력) 해시			
천간	乙	己	甲	乙
지지	亥	丑	申	亥

기축일주이다. 사주원국이 하나같이 차가운 글자로 이루어져 있다. 이 경우에는 반드시 따스한 기운을 지닌 글자가 필요하다. 이에 따라 용신을 잡을 때는 조후에 따라야 하고 운의 흐름도 잘 살펴야 한다. 월지에 신금이 좌하고 년지와 시지에 해수가 좌하니 신해의 관계는 신해해(申亥害)의 조합이 이루어진다. 지지가 너무 차가운 것이 이 사주의 병이다.

6) 묘술해

묘술해(卯戌害) 역시 상해이다. 앞서 서술한 것처럼 각각의 오행이 대립하거나 충하고 일정한 관계에서는 다양한 변화가 일어난다. 묘와 술의 관계도 그렇다. 앞서 묘진해에서 이미 설명했다. 묘진이 동축지해(東軸之害)라고 정의하면 묘술은 서축지해(西軸之害)라고 할 수 있다. 진과 술은 충의 관계이다. 진과 술이 만나면 진술충(辰戌沖)이다. 토대토의 충이다. 소토라고도 한다. 술은 진을 만나면 무조건 공격하여 충의 관계가 이루어진다. 그런데 유가 있다면 상황이 달라진다. 술이 진을 충하고 공격하려는데 유가 다가와 방해를 한다. 즉 유가 진과 합하여 술을 방어한다. 함께 방어하니 부조방어(扶助防禦)의 관계가 이루어진다. 유가 묘를 만나면 공격한다. 충하고자 하여 공격하면 술이 다가와 묘를 합한다. 결국 묘술합(卯戌合)을 이루니 유가 술을 공격할 수 없게 된다. 결국 유는 술에 대하여 증오를 뿌릴 수밖에 없다. 따라서 묘와 술은 이러한 원한과 숙적 관계에서 상해가 성립한다.

술 중 지장간 정화가 유 중 지장간 신금과는 상극한다. 지장간에서 화극금(火克金)의 관계가 이루어진다. 또한 유금은 술 중 지장간 무의 기운을 도기(盜氣)해 상해를 입힌다. 유금이 술의 기운을 빼내니 결국 설기(泄氣)시키는 현상이다. 이를 도식(盜食), 도기(盜氣)라고 한다.

술 중 지장간 정화가 유 중 지장간 신금을 공격하는 현상이 일어난다. 그러나 완벽한 공격은 불가능하다. 무토가 토생금의 작용으로 신금을 후원하므로 방어가 가능하다. 또한 술 중 지장간 정화의 기운은 무토에 도기되어 힘을 잃어버린다. 공격하고자 하는 의지를 가진 오행이 설기되면 힘을 상실하거나 급격하게 약화된다. 결국 정화가 힘을 쓰고자 하나 설기되어 약해지니 신금이 오히려 정화의 기운을 무시한다.

본시 신금은 이미 만들어진 기물이다. 따라서 보석, 잘 제련된 칼, 반지, 바늘, 작은 액세서리 등으로 푼다. 형체가 갖추어진 금속성 물체라 자신을 녹이려 덤비는 모닥불이 무섭다. 당연히 신금으로서는 정화가 가장 무서운 존재이다. 활활 타올라 자신을 녹이는 정화를 두려워하는 것이 당연하다. 그러나 정화가 힘을 잃어버리니 오히려 정화를 무시하거나 깔본다. 이에 따르는 병이 생긴다. 즉 정화가 무시되고 신금이 득세를 하면 신장병, 뇌신경질환, 치질, 심장판막증과 같은 병이 생긴다. 물상으로 살피면 술의 역할도 드러난다. 술은 개다. 개[戌]는 도둑을 지키는 것이 임무이다. 닭과는 서로 질시하는 관계다. 닭은 주로 이른 새벽에 울어 때를 알리는 특징이 있다. 개와 닭은 서로 주인에게 인정받고자 한다. 이들은 자신들의 장기를 너무 사랑한다. 서로 자신들이 잘났다고 자랑하는 관계다. 아침마다 자신이 일찍 활동함을 자랑한다. 둘은 다른 듯 닮았다.

경쟁은 질투를 유발한다. 경쟁은 시기를 유발한다. 둘 사이는 질투가 생기고 결국 암투로 이어진다. 유술은 합의 관계로 보이나 결과가 그다지 좋지 않다. 따라서 술로 일어나는 해(害)의 결과는 개와 닭의 관계와 같은 형상으로 발전한다. 겉과 속이 다른 결과가 드러난다. 주객지간의 배신이 있다. 서로 뒷담화하고 헐뜯으니 결국 암해가 일어난다. 지나친 경쟁심이 일어나 증오가 피어오른다. 질투가 피어오르고 기회를 보아 잘못을 찾아내 일을 저지른다. 결국 송사(訟事)가 일어나는 원인이 된다. 그

것으로 그치지 않으니 육친과 사이에서 사고나 송사가 난다. 이를 골육 형상이라 하는데 형제끼리 벌이는 재산싸움이 대표적이다. 재산다툼은 필수적인 일이고 결국 송사를 일으켜 법정에서 대립한다.

해(害)는 해를 주는 것이다. 해를 주는 것은 천재지변(天災地變)도 있으나 몸이 아픈 것도 해당한다. 각종 질병이 몸을 겁탈한다. 몸을 해치는 병으로 치아와 입에 직접 작용하는 병이 몸을 불편하게 한다. 치아에 관한 병은 나이가 들기 전에 치아가 빠지는 병이 대표적이다. 치통은 기본이고 치아 관리에 따른 신경으로 고생한다. 입과 관련된 병으로는 언어장애가 포함된다. 말실수도 병으로 대비할 수 있다. 이목구비 변화가 일어나고 상처가 생긴다. 구순열 같은 병이 온다. 입이 틀어지는 구안와사도 조심해야 한다. 볼거리가 오고 입가에 병이 온다. 수족구가 오고 입술이 잘 튼다. 또 다른 병으로는 월경불순이나 생리불순, 신장염, 요슬통, 성병, 치질이 있는데 하나같이 신장이 나빠짐으로써 생기는 병이다. 무릎 통증이 생겨난다. 무릎이 약해지고 병이 오는 원인도 신장 때문이다. 술토의 영향으로 위장과 비장에도 병이 생긴다.

병이 문제이나 행위와 사람 관계에서도 문제가 발생한다. 간사한 행동이 일상화된다. 사주원국에 묘술이 있으면 합의 작용과 해의 작용이 생긴다. 이에 따르는 문제 중 교활함은 피할 수 없는 현상이다. 따라서 언젠가는 주변 사람들이 눈치채고 멀리한다. 교활함은 사람을 잃게 만드는 대표적 요인이다. 교활함으로 상하 간 불목이 따르니 상사와 대립은 피할 수 없다. 교활함은 자신의 이익을 추구함이 강한 성격이다. 따라서 이익을 위한 과정으로 기회주의자적 성격이 드러난다.

대외적으로는 합과 해의 작용이 동시에 일어난다. 결과는 손해로 이어진다. 기물손상은 기본이다. 믿고 맡기거나 내 편이라고 믿었던 심복부하의 밀고에 따른 피해가 발생한다. 흔히 선거와 같이 큰일을 치르고 나서 문제가 발생하면 반드시 참모나 측근에 해당하는 기사의 밀고에 따른 것이다. 항시 자신을 돌아보고 주변을 잘 살펴야 하며 신의 있는 행동이 필요하다. 그것이 이루어지지 않으면 부하들의 배신이 따르고 질시가 있다. 가장 가까운 사람부터 신경 쓰고 우대해야 한다. 그것이 이루어지지 않아 노후에 고생한다. 물려받은 선대유물로 형제와 법적 문제가 일어난다. 결국 가까운 사람으로 인한 암해가 일어난다.

1988년 3월 20일(양력) 12시 23분				
천간	庚	甲	乙	戊
지지	午	戌	卯	辰

갑술일주이다. 이 사주는 수가 없다. 그러나 일지에 진(辰)이 자리하니 수기(水氣)가 없다고는 말할 수 없다. 대부분 사주를 구성하는 글자가 따스한 편이다. 월지에 묘목이 좌하고 일지에 술토가 좌하니 묘술의 관계는 묘술해(卯戌害)의 조합이 이루어진다. 사주원국의 분석에서 묘술은 합의 작용이 일어나기도 한다.

【성보명리】 **형충파해와 합의 적용**

형충파해와 합은 지지 오행의 안정상태인 정(靜)에서 깨어나 변화하는 상태이다. 사주 구성에서 80% 이상이 원국에 형충파해가 있다. 혹 사주원국에 형충파해가 없다 해도 운의 흐름에서 형충파해가 작동한다. 명리가 만들어진 초기부터 형충파해 이론이 만들어지고 적용되었던 것 같지는 않다. 그러나 지금은 점차 강조되는 이론이 나타나고 있다. 《삼명통회(三命通會)》의 〈옥정오결(玉井奧訣)〉에서 형충파해를 논한다.

"천간은 오로지 생극제화를 논하고 지지는 오로지 형충파해를 논한다."

이러한 기록으로 보아 사주 간명에서 지지는 생극의 관계보다 형충파해를 중하게 본 것이다. 많은 연구가가 형과 충은 받아 간명하지만 파와 해는 무시하는 경우가 있는데 신중하게 생각할 여지가 있다.

《삼명통회》의 〈간명구결〉에도 형충파해를 의미하는 구절이 보인다.

"무릇 명(命)은 먼저 간신(干神)의 극제 유무와 지신(支神)의 형충 유무와 간지, 납음, 전투, 항복의 유무를 살펴보라."

형충의 유무는 매우 중요하게 다루어야 한다는 이론이다. 형충파해를 보는 법은 두 가지이다. 첫 번째는 형충파해가 있어도 합이 되면 해소된다. 두 번째는 제(制)를 받는 지지가 왕하면 해로움은 나타나지 않는데 오히려 형충파해로 피제신이 발동한다. 형충파해가 해소되면 오히려 그 복이 크고 길다.

성보명리에서는 천간의 합과 극, 천간의 충은 물론이고 지지의 합충을 살펴 그 숫자와 강도를 보고 사건과 사고를 파악한다. 사주원국에 합극충이 많으면 매사 사건과 사고가 따라다니는 사주이다. 지지에 합충극해파가 많으면 일신이 편하지 않은 사주이다. 원국에 합극충이 적어도 해운의 작용으로 합극충이 많아지면 사고수로 푼다. 그 숫자에 따라 사건·사고 발생, 위험, 위기, 사망까지 다양하게 적용할 수 있다. 특히 지지가 모두 충형파에 해당하면 사망에 이른다고 간명한다.

7. 원진(元嗔)

달리 원진살(元嗔煞)이라 칭한다. 원진(元嗔)은 형충파해와 다르지만 때로 신살뿐 아니라 형충파해와 같은 범주에서 해석하는 경우가 있다. 원진이란 일정한 의미의 해석이 가능하지만 충격이라는 측면에서 분석할 때는 충(沖)에 준하는 충격이나 피해로 분석한다.

원진은 충(沖)되는 지지 전후에 해당하는데, 양지(陽支)는 충이 되는 지지 다음 자가 원진이 되고, 음지(陰支)는 충이 되는 지지의 앞 글자가 원진이다. 따라서 자미(子未), 축오(丑午), 인유(寅酉), 묘신(卯申), 진해(辰亥), 사술(巳戌)이 상호 원진 역할을 한다.

　원진살은 남녀의 궁합(宮合)을 볼 때 많이 사용하는 경향이 있다. 궁합에서 혹자는 띠를 비교하여 평가하는 예가 가장 많은데, 이는 당사주의 영향으로 보인다. 그러나 지금의 명리는 당사주 중심이 아니라 자평명리 중심이고 자평명리의 발전에서 살펴보는 것이 이상적이다. 자평명리는 일간을 중심으로 살핀다. 따라서 실질적으로는 일지 원진의 영향력이 생년보다 더욱 크다.

　원진의 작용은 충에 준한다고 하지만 일부 연구자들의 간명에 따르면 해(害)와 비슷하다는 주장이 있다. 이에 따르는 일반적 간명은 대립과 원망이다. 즉 서로 마주 보고 만나기를 싫어하는 사이를 말한다. 서로 만나면 증오하고 혐오하는 사이를 말하니 기피 대상이다. 대인관계에 상호 불신과 시기, 질투, 원망, 권태로움이 혼합되어 있다. 서로 밀어내는 형국이다. 종래는 고독, 별거, 이별, 이혼으로 연결된다고 간명한다. 그런데 헤어지면 다시 그리워져 보고 싶어 하는 상대이다. 반드시 이혼이라고 푸는 것은 심한 억측이거나 지나친 통변이라는 생각이 든다. 단지 부부 사이라면 떨어져 지내거나 주말부부 정도가 좋지 않은가 하는 간명이 이해가 간다.

　일반적으로 원진살이라고 하면 궁합(宮合)에서 매우 중요하게 다룬다. 남녀 궁합에서 서로 꺼리는 살(煞=殺)을 말한다. 원진살은 궁합을 볼 때

주로 활용한다. 일반적으로 부부 궁합에서 원진관계는 나쁘다고 간명한다. 서로 떨어져 살아야 한다는 간명이 가능하다. 원진살은 미워하고 싸우는 살이며, 인간관계를 방해하는 불화살이다.

궁합을 볼 때는 매우 중요한 이치로 본다. 원국에 원진이 들면 궁론(宮論)을 따져 간명한다. 즉 월지와 일지가 원진이면 부모와 사이가 나쁘다는 식이다. 부부(夫婦) 사이에 까닭 없이 서로 미워하는 한때의 액운(厄運)을 말한다. 즉 원국에는 원진이 아니지만 운의 흐름으로 원진이 이루어지면 부부 사이가 나빠진다. 중요한 것은 궁합에서 일지의 원진은 떨어져 있거나 주말부부와 같은 경우로 이해되거나 헤어져 지내면 어느 정도 해소된다고 간명한다. 그러나 월지의 원진은 부부이별이나 혼인파탄에 가까운 무서운 파괴력을 지닌 것으로 간명하기도 한다.

원진은 총 6개이다. 자미(子未), 축오(丑午), 인유(寅酉), 묘신(卯申), 진해(辰亥), 사술(巳戌)이 원진이다. 이 원진에 따른 각각의 해석은 다음과 같다.

■ 서기양두각(鼠忌羊頭角)

쥐와 양의 관계에 따른 원진이다. 쥐띠와 양띠는 원진이다. 쥐띠인 자년생(子年生)은 양띠인 미년생(未年生)의 머리가 모가 졌다는 것을 꺼린다. 자평명리에서는 년으로 간명하기보다 일주로 살피는 경우가 많다.

■ 우진마불경(牛嗔馬不耕)

소와 말의 관계에 따른 원진이다. 소띠와 말띠는 원진이다. 소띠인 축년생(丑年生)은 말띠인 오년생(午年生)이 자신처럼 밭을 갈지 않음을 불평

한다. 자평명리에서는 년으로 간명하기보다 일주로 살피는 경우가 많다.

■ 호증계취단(虎憎鷄嘴短)

호랑이와 닭의 관계에 따른 원진이다. 범띠와 닭띠는 원진이다. 범띠인 인년생(寅年生)은 닭띠인 유년생(酉年生)의 짧은 부리를 미워한다. 사실 범은 부리도 없으면서 말이다. 자평명리에서는 년으로 간명하기보다 일주로 살피는 경우가 많다.

■ 토원후불평(兎怨猴不平)

토끼와 원숭이의 관계에 따른 원진이다. 토끼띠와 원숭이띠는 원진이다. 토끼띠인 묘생(卯生)은 원숭이띠인 신생(申生)이 늘 종알종알함을 원망한다. 원숭이띠는 달리 잔나비띠라고 한다. 자평명리에서는 년으로 간명하기보다 일주로 살피는 경우가 많다.

■ 용혐저면흑(龍嫌猪面黑)

용과 돼지의 관계에 따른 원진이다. 용띠와 돼지띠는 원진이다. 용띠 진년생(辰年生)은 돼지띠인 해년생(亥年生)의 얼굴이 검다는 것을 싫어한다. 용이 돼지의 코를 싫어한다는 주장도 있다. 자평명리에서는 년으로 간명하기보다 일주로 살피는 경우가 많다.

■ 사경견폐성(蛇驚犬吠聲)

뱀과 개의 관계에 따른 원진이다. 뱀띠와 개띠는 원진이다. 뱀띠인 사년생(巳年生)은 개띠인 술년생(戌年生)이 짖는 소리에 놀란다. 자평명리에서는 년으로 간명하기보다 일주로 살피는 경우가 많다.

원진(元嗔)					
子未	丑午	寅酉	卯申	辰亥	巳戌

8. 합과 형충파해, 원진 조견표

일 지지	子	丑	寅	卯	辰	巳	午	未	申	酉	戌	亥
子		합		형	삼합		충	해/ 원진	삼합	파		
丑	합				파	삼합	해/ 원진	충/ 형		삼합	형	
寅						형/ 해	삼합		충/ 형	원진	삼합	합/ 파
卯	형				해		파	삼합	원진	충	합	삼합
辰	삼합	파		해	자형				삼합	합	충	원진
巳		삼합	형/ 해						합/ 파	삼합	원진	충
午	충	충/ 원진	삼합	파			자형	합			삼합	
未	해/ 원진	충/ 형		삼합			합				파/ 형	삼합
申	삼합		충/ 형	원진	삼합	합/ 파						해
酉	파	삼합	원진	충	합	삼합				자형	해	
戌		형	삼합	합	충	원진	삼합	파/ 형		해		
亥			합/ 파	삼합	원진	충		삼합	해			자형

오행(五行)의 합충형파해(合冲刑破害) 요약

• 간합(干合)

천간(天干)의 음과 양이 여섯 번째 것끼리 합하여 다른 오행이 된다. 이를 화기오행이라 한다. 화기오행은 반드시 양의 오행이다. 오합(五合), 음양합(陰陽合)이라고 하며, 부부와 같이 다정하다는 의미에서 덕합(德合)이라고도 한다. 갑기합토(甲己合土), 을경합금(乙庚合金), 병신합수(丙辛合水), 정임합목(丁壬合木), 무계합화(戊癸合火)

• 간충(干沖)

천간의 음양이 부딪쳐 충돌한다. 파괴, 파산, 이별, 분리, 살상, 비애, 질병, 수술 등을 나타낸다. 일곱 번째 천간끼리 상충(相沖)한다 하여 칠살(七殺)이라고도 한다. 충을 다룰 때는 극도 같이 다룬다. 극은 반드시 같은 음양끼리 일어난다. 갑경충(甲庚沖), 을신충(乙辛沖), 병임충(丙壬沖), 정계충(丁癸沖), 무갑극(戊甲剋), 기을극(己乙剋), 경병극(庚丙剋), 신정극(辛丁剋), 임무극(壬戊剋), 계기극(癸己剋)

• 지합(支合), 육합(六合)

지지(地支)의 음과 양이 합하여 다른 오행으로 변한다. 모두 6개이므로 육합(六合)이라고 한다. 단, 오(午)와 미(未)는 합해도 오행이 변하지 않는다는 이론과 화(火)로 변한다는 이론이 상존한다. 자축합토(子丑合土), 인해합목(寅亥合木), 묘술합화(卯戌合火), 진유합금(辰酉合金), 사신합수(巳申合水). 오미(午未)는 불변화(不變化)라고 하는 이론과 합화(合火)가 된다는 이론이 상충한다.

• 지충(支沖)

음양이 같은 지지(地支)끼리 서로 마주 보며 충을 한다. 지지충으로 반항성이다.

서로 마주 보는 방향으로 충하므로 호충(互沖)이라 한다. 간충(干沖)이 가지가 흔들릴 정도의 충돌이라면 지충(地沖)은 뿌리가 흔들려 상할 정도로 강한 충돌이다. 그러므로 그 화(禍)가 더욱 심하다. 자오충(子午沖), 축미충(丑未沖), 인신충(寅申沖), 묘유충(卯酉沖), 진술충(辰戌沖), 사해충(巳亥沖)

• 형살(刑煞)

형(刑)이란 질서를 어지럽히고 예절에 어긋나는 것을 말한다. 무정하고 횡포하여 불쾌감을 줄 수 있다. 형벌을 관장한다. 아울러 몸이 아프거나 온갖 구설이 일어난다. 사주원국에 있어도 문제이나 운에 들어와도 작용한다. 자묘형(子卯刑), 인사형(寅巳刑), 사신형(巳申刑), 인신형(寅申刑), 축술형(丑戌刑), 축미형(丑未刑), 미술형(未戌刑), 가장 강한 인사신(寅巳申) 삼형, 축술미(丑戌未) 삼형. 이밖에 진진(辰辰), 오오(午午), 유유(酉酉), 해해(亥亥)는 자형(自刑)이다.

• 지지육해(地支六害)

해(害)는 은혜 가운데에 원수가 되어 해롭다는 뜻이다. 거추장스럽고 장애물이 잇따라 일어나는 형태를 말한다. 자미해(子未害), 축오해(丑午害), 인사해(寅巳害), 묘진해(卯辰害), 해신해(亥申害), 유술해(酉戌害)

• 원진(怨嗔)

원진은 살로 다루는 경우가 많지만 형살로도 다룬다. 그 파장은 충(沖)에 준한다. 서로 싫어한다는 의미이다. 원진 따끼리 결혼하면 원망과 불평이 많아 고생한다는 이론도 있다. 자미(子未), 축오(丑午), 인유(寅酉), 묘신(卯申), 진해(辰亥), 사술(巳戌)

❖ 참고문헌 ❖

강헌, 《명리 운명을 읽다》, 돌베개, 2016.

곽동훈, 《운수대통 만세력》, 선영사, 2016.

곽목량, 《오주괘》, 삼명, 2004.

김동완, 《사주명리학》 1~9권, 동학사, 2010.

김상연, 《명 역학의 맥》, 갑을당, 2009.

김재근, 《김재근 선생의 추명명리학 강의》, 천지인, 2012.

노영준, 《사주비결록》 1~3권, 경덕출판사, 2004.

노영준, 《역학의 비결》 1~3권, 경덕출판사, 2004.

다카기 아기미쓰, 노상만 옮김, 《상성과 궁합》, 북마크, 2008.

박일우 편저, 《명리총서 삼명통회》, 명문당, 1978.

박재완, 《명리실관》, 역문관, 1993.

박재완, 《명리요강》, 역문관, 1974.

박주현, 《오주괘관법》, 삼명, 2011.

박진영, 《성명학전서》, 명문당, 1992.

변만리, 《신사주학강의록》 1~3권, 변만리연구회편, 자문각, 2011.

심재열, 《연해자평 정해》, 명문당, 2002.

안종선, 《명리학 교과서》, 산청, 2014.

안종선, 《택일법 교과서》, 산청, 2015.

엄태문, 《사주 단시 래정법》, 역학도서관, 2008.

이경 감수, 《사주만세력》, 동학사, 2010.

이모원·김영하·박영창, 《명리학개론》, 여백미디어, 1988.

이상욱, 《주역작명법》, 명문당, 1993.

이호헌, 《독심술 콘서트》, 창작시대, 2014.

정문교, 《쉽게 풀어쓴 운명》, 봄꽃여름숲가을열매겨울뿌리, 2016.

조용헌, 《조용헌의 사주명리학 이야기》, 알에이치코리아, 2014.

좌등육룡, 《십간사주추명비법》, 남각십간사주연구소, 남각문화출판사, 2003.

고재민, "四柱命理의 宮星과 格局用神論 研究", 대구한의대학교 박사학위논
　　문, 2016.

김성덕, "명리(命理)의 과학적 한계와 철학적 전환", 《인문사회 21》 9권 2호,
　　아시아문화학술원, 2018.

박병수, "『子平眞詮』 명리이론 연구", 경기대학교 석사학위논문, 2015.

박지영, "명리 오색과 한국전통색 오방색의 상관관계와 활용방안", 《국제보
　　건미용학회지》 11권 2호, 국제보건미용학회, 2017.

황금옥·김재원·이필문, "한국 命理辭典의 辭典學的 특성과 知識表象", 《원
　　불교사상과 종교문화》 75호, 원광대학교 원불교사상연구원, 2018, 415~
　　446쪽.

http://nangwol.com/?page_id=254&uid=1972&mod=document

http://www.sonsaju.com/

https://blog.naver.com/aldl2255/220503985455

https://blog.naver.com/wotjd9399/220437172695

http://wonje.co.kr/bbs/board.php?bo_table=info24&wr_id=42

http://www.goodcycle.com/comm/desc/king.asp

https://blog.naver.com/palhyunn/90194804331

https://blog.naver.com/sungbosungbo

명리학상담전화 천지신 www.cunjisin.com/

https://cafe.naver.com/sungbopoongsu

https://ssunris.blog.me/140119849223

https://blog.naver.com/develop-your-life/220776328546

https://cafe.naver.com/saju1472/34

점 잘보는 곳 운세사랑 www.unselove.net

한국역술인협회장 백운산작명원 www.backwnsan.com

전국 공개강의 대통인학술원 대통인학술원.com

동추원, https://ssunris.blog.me/140119849223

https://blog.naver.com/develop-your-life/220776328546

https://cafe.naver.com/saju1472/34

풍수 & 명상 요가 & 식물 & 여행 & 육아

풍수 수납
운명을 바꾸는 정리
안종선 지음

풍수 달인의 좋은 운을 부르는 수납과 정리의 비밀!

풍수 인테리어
운명을 바꾼다
안종선 지음 | 올컬러

인생이 잘 풀리는 풍수 달인의 완벽 인테리어 가이드북!

홍차의 비밀
세계의 홍차 향기를 찻잔에 담다
최성희 지음 | 올컬러

최고의 차 전문가 최성희 교수가 알려주는 세계 홍차 식품백과!

긍정 육아
아이가 성장하는 마법의 말
도로시 로 놀테 · 레이첼 해리스 지음
김선아 옮김

37개국 출간된 전 세계적 베스트셀러!

eBook 구매 가능

골든타임 1초의 기적 [최신 개정판]
박승균 지음

당신의 몸을 살리는 명상 요가 10분
신승철 · 임태우 지음 | 올컬러

아름다운 생활공간을 위한 분식물 디자인
손관화 지음 | 올컬러

대만 수출도서

실내식물 사람을 살린다
손기철 지음 | 올컬러

일본, 중국, 대만에 수출된 세계적 베스트셀러!

3개국 수출도서

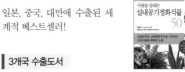

사람을 살리는
실내공기정화식물 50
월버튼 지음 | 김광진 옮김 | 올컬러

새집증후군, 건물병증후군을 치유하는 실내식물 소개!

영국 혼자 떠나도 괜찮아
잉글리 지음 | 올컬러

영국 워킹홀리데이 1기인 저자가 쓴 올컬러 여행 가이드!

eBook 구매 가능

호주 혼자 떠나도 괜찮아
오세종 지음 | 올컬러

워킹홀리데이, 배낭여행, 농장 정보, 이민, 유학, 어학연수 등 정보 소개!

중앙생활사 Joongang Life Publishing Co.
중앙경제평론사 | 중앙에듀북스 Joongang Economy Publishing Co./Joongang Edubooks Publishing Co.

중앙생활사는 건강한 생활, 행복한 삶을 일군다는 신념 아래 설립된 건강 · 실용서 전문 출판사로서
치열한 생존경쟁에 심신이 지친 현대인에게 건강과 생활의 지혜를 주는 책을 발간하고 있습니다.

술술 풀리는 **사주명리 입문**

초판 1쇄 인쇄 | 2019년 4월 15일
초판 1쇄 발행 | 2019년 4월 20일

지은이 | 안종선(JongSun Ahn)
펴낸이 | 최점옥(JeomOg Choi)
펴낸곳 | 중앙생활사(Joongang Life Publishing Co.)

대　　표 | 김용주
책임편집 | 이상희
본문디자인 | 박근영

출력 | 한영문화사 종이 | 에이엔페이퍼 인쇄·제본 | 한영문화사

잘못된 책은 구입한 서점에서 교환해드립니다.
가격은 표지 뒷면에 있습니다.

ISBN 978-89-6141-232-2(03150)

등록 | 1999년 1월 16일 제2-2730호
주소 | ㉾ 04590 서울시 중구 다산로20길 5(신당4동 340-128) 중앙빌딩
전화 | (02)2253-4463(代) 팩스 | (02)2253-7988
홈페이지 | www.japub.co.kr 블로그 | http://blog.naver.com/japub
페이스북 | https://www.facebook.com/japub.co.kr 이메일 | japub@naver.com
♣ 중앙생활사는 중앙경제평론사 · 중앙에듀북스와 자매회사입니다.

이 책은 중앙생활사가 저작권자와의 계약에 따라 발행한 것이므로 본사의 서면 허락 없이는
어떠한 형태나 수단으로도 이 책의 내용을 이용하지 못합니다.

도서
주문　www.**japub**.co.kr
전화주문 : 02) 2253 - 4463

※ 이 도서의 국립중앙도서관 출판시도서목록(CIP)은 서지정보유통지원시스템 홈페이지(http://seoji.nl.go.kr)와
국가자료공동목록시스템(http://www.nl.go.kr/kolisnet)에서 이용하실 수 있습니다.(CIP제어번호:CIP2019011475)

중앙생활사에서는 여러분의 소중한 원고를 기다리고 있습니다. 원고 투고는 이메일을 이용해주세요.
최선을 다해 독자들에게 사랑받는 양서로 만들어 드리겠습니다. **이메일** | japub@naver.com